이 책의 목표는
자녀를 번거롭게 생각하거나 귀찮아하는 문화 속에서
부모에게 자녀의 가치를 상기시켜 주고,
자녀의 출생 직후로 거슬러 올라가,
자녀 양육의 어려움이 어디서부터 시작되었는지를 살피고,
이제 변화되기 위해 선택해야 할 방법을 찾음으로써,
자녀에게 최선의 환경을 만들어 주도록 돕는 것입니다.

다시 시작하는, 엄마 수업
하재성 지음

초판1쇄 발행	2017년 6월 8일
초판2쇄 발행	2017년 9월 11일
발행처	도서출판 이레서원
발행인	문영이
출판신고	2005년 9월 13일 제2015-000099호
기획	이혜성
편집	송혜숙, 오수현
영업	박생화
총무	곽현자

경기도 고양시 일산동구 중앙로 1160 오원플라자 701호
Tel. 02)402-3238, 406-3273 / Fax. 02)401-3387
E-mail: jireh@changjisa.com
Website: jireh.kr / Facebook: facebook.com/jirehpub

책값은 표지에 있습니다.

ISBN 978-89-7435-486-2 03230

신저작권법에 의해 한국 내에서 보호받는 저작물이므로 저작권자의 서면 허락 없이 이 책의 어떠한 부분이라도 전자적인 혹은 기계적인 형태나 방법을 포함해서 그 어떤 형태로든 무단 전재하거나 무단 복제하는 것을 금합니다.

이 도서의 국립중앙도서관 출판예정도서목록(CIP)은 서지정보유통지원시스템 홈페이지(http://seoji.nl.go.kr)와 국가자료공동목록시스템(http://www.nl.go.kr/kolisnet)에서 이용하실 수 있습니다. (CIP 제어번호: 2017009802)

♥

따뜻한 공감으로
자녀와 소통하는 부모

다시 시작하는,
엄마 수업

하재성 지음

이레서원

추천사

자녀 양육으로 씨름하는 독자들을 향한 저자의 따뜻한 마음과 관심, 그리고 풍부한 통찰과 지혜가 잘 어우러진 책이 출간된 것을 기쁘게 생각합니다. 이 책의 탁월성은 부모가 제공하는 '안아 주는 환경'의 중요성을 심리학적 통찰과 임상적 경험 및 성경적 관점으로 잘 풀어내고 있다는 점에 있습니다. 독자들은 엄마·아빠와의 애착 경험 및 '좋은 대상' 경험이 자녀 양육에 중요한 심리적 영양소라는 저자의 주장에 진심으로 동의하면서 이 책을 읽게 될 것입니다.

이관직 총신대 신대원 목회상담학 교수

오늘 우리는 경제적으로 풍족할 뿐만 아니라 과거에는 상상도 하지 못했던 편리함을 누리는 시대에 살고 있지만, 부모가 어떻게 자녀를 양육해야 하는지에 대한 지혜와 기술은 부족한 것처럼 보인다. 이런 결핍으로 인해 아동 상담의 수요가 늘어가는 이 시점에, 하재성 교수의 『다시 시작하는, 엄마 수업』은 기독교 신앙의 관점에서 인격과 영성 함양을 촉진하는 균형 잡힌 자녀 양육의 길을 제시하고 있다.

장정은 이화여대 기독교학과 교수

추천사

저자는 어렵게 보이는 상담 개념을 쉽게 설명하는 탁월한 이야기꾼이다. "사랑이란 아이 때문에 상처를 받는 것이다", "상처가 없다면 사랑이 아니다"라는 그의 직설 화법은 자녀 때문에 고통 받는 부모들에게 큰 위로와 용기를 준다. 무엇보다 자녀와 엄마의 교감, 아빠와의 놀이, 자녀들의 신앙 성장 문제 등을 다루며, 부모 역할 및 부모와 자녀의 관계를 그림으로 보듯 세밀하게 묘사하여, 부모로서 다시금 시작할 수 있다는 꿈을 꾸게 하는 영감 어린 책이다.

홍인종 장신대 목회상담학 교수, 한국목회상담협회장

프롤로그
자녀 양육, 상처가 없다면 사랑이 아니다

상처가 없다면 사랑이 아니다. 시인 시어도어 로스케(Theodore Roethke)는 상처가 있어야 사랑이라고 했다. 사랑은 아프다. 그래서 상처가 남는다. 아이를 기르면서 엄마가 아프지 않다면, 엄마는 아이를 사랑한 것이 아니다. 마음이 아프든, 몸이 아프든, 아이 때문에 엄마가 아픈 것은 지극히 정상이다. 아이가 주는 어떤 상처도 고스란히 받아 내야 하는 것이 엄마이기 때문이다. 상처가 없다면 그것은 사랑한 것이 아니다.

자녀 때문에 받은 상처가 있는가? 그것은 자녀를 사랑했다는 증거다. 엄마가 된다는 것은 상처를 받기로 결심하는 것이다. 자녀가 주는 상처를 고스란히 참아 내기로 결심하는 것이다. 물론 아빠도 마찬가지다.

장애아를 기르는 엄마, 아빠는 더 많은 상처를 떠안고 살아간다. 자녀에 대한 깨어진 기대 때문에 상처를 받고, 상상했던 것보다 훨씬 더 힘든 양육 때문에 상처를 받는다. 자신들의 사후에 아이가 어떻게 될까 걱정하며 상처를 받고, 유산을 남겨 둔다고 해도 그것이 아이를 위해 제대로 사용될까를 걱정하며 상처를 받는다. 상처투성이인 그들은 마치 성인(聖人)처럼 세상을 살아가는 것 같다.

필자가 만난 판사 출신의 어떤 변호사는 자기 딸이 재수생임을 거리낌 없이 이야기했다. 또 다른 일류 대학의 모 교수는 자기 딸이 사람들이 잘 모르는 대학에 다니는 것을 부끄러움 없이 '자랑'했다. 왜 상처가 없었겠는가? 하지만 그 상처를 인정하고 부끄러움 없이 자녀를 받아 줄 때, 그 사랑은 엄마, 아빠를 가장 순수하게 한다. 자녀를 부끄러워하지 않고 자녀의 약점을 품는 부모야말로 진정한 사랑의 사람들이다. 그 사랑 때문에 엄마, 아빠는 상처를 얻는다. 그럴수록 아이들은 더 잘 자란다.

한편, 날카로운 잔소리는 상처받기 싫은 엄마들의 생존 전략이다. 더 이상 상처받을 이유도, 의지도, 여유도 없는 엄마의 조급함이 잔소리로 변한다. 그 잔소리에 아이의 영혼은 질식한다.

"바빠 죽겠는데 엄마 좀 그만 보채."
"이걸 성적이라고 받아 온 거야? 이게 뭐야, 도대체!"
"맨날 양말을 저렇게 뒤집어 던져 놓으면 어떡해?"
"넌 왜 이렇게 엄마 말을 안 들어?"
"무슨 여자애가 이렇게 덜렁대고 부산해?"
"넌, 볼 때마다 공부는 하지 않고 게임만 하고 있구나!"
"돈 좀 작작 쓰고 다녀!"

잔소리는 아이에게 상처받지 않기로 결심한 부모의 생각 없는 처방이다. 자신이 받아야 할 상처를 아이에게 떠넘기는 책임 전가 행위다. 부모가 자녀로 인해 상처받지 않겠다고 다짐하면 자녀가 병들기 시작한다. 잔소리는 자기의 아픔을 회피하는 부모의 자기 방어 수단이다. 그것은 관심을 가장한, 아이 영혼에 대한 부모의 공격 행위다.

일찍 아버지를 여읜 어떤 여성이 있었다. 그녀는 누구나 부러워하는 전문직을 가졌다. 어려서부터 정말 열심히 공부했다. 그래서 꿈꾸던 자리에 올랐다. 하지만 약물 중독에서 벗어나지 못해 고통을 당하고 있다. 그렇게 인생이 괴로운 이유는 엄마의 잔소리 때문이다. 남편을 너무 일찍 잃은 엄마는 오랫동안 그 슬픔에서 벗어나지 못했다. 그 엄마를 기쁘게 하기 위해 이 여성은 오직 공부에만 매달렸다. 하지만 슬프고 예민한 엄마는 그런 딸에게 잔소리를 멈추지 않았다. 눈에 띄는 대로 잔소리를 했다. "똑바로 걸어라. 밥 먹는 게 그게 뭐냐. 여자아이가 옷을 그렇게밖에 못 입니?" 엄마의 쉬지 않는 잔소리에 딸의 영혼은 질식했다. 딸은 살기 위해 약물로 감정을 진정시키려다 중독의 깊은 수렁에 빠지고 말았다.

사랑은 오래 참는 것이다. 사랑이란, 아이 때문에 엄마, 아빠가 상처를 받는 것이다. 잔소리를 한 번 더 참고, 아이를 덜 아프게 하는 것이다. 아이의 낯선 모습을 받아 주고, 아이가 어떤 행동을 하든, 어떤 선택을 하든, 우선 고개를 끄덕여 주면서 수용하는 것이다. 엄마, 아빠가 잔소리를 삼키면 아이의 얼굴이 달라진다. 부모에게 '믿음'과 '기다림'의 어른 대접을 받는 아이는 스스로를 뿌듯하게 여긴다. 자신을 믿어주는 부모 덕택에 스스로를 책임 있는 성인으로 생각한다. 자녀 대신 자신이 상처받는 부모는 좋은 부모다.

누군가의 말처럼 만일 병원의 실수로 부모가 바뀌어 조금만 더 안정된 집안에서 자랐다면, 지금 교도소에 들어가 있는 한국의 4만 5천 명, 미국의 140만 명의 남성 죄수들은 어쩌면 그저 열심히 일하고 세금 잘 내는 평범한 이웃 시민들이 되었을지도 모른다. 차라리 부모가 상처를 받으며, 따뜻하고 안정되게 그들을 돌보아 주기만 했더라면 이들의 인생은 달라졌을 것이다.

　엄마, 아빠가 된다는 것은 맷집이 커진다는 뜻이다. 예상치 못한 어려움이 오더라도 변함없이 아이를 지켜 주는 것이다. 심지어 아이가 부모 마음을 아프게 할 때도 그 아픔을 참고 견디는 것이다. 엄마, 아빠는 부모다. 부모는 참을 수 있다. 그들은 성숙한 어른이며, 경험이 많다. 무엇보다도 두 사람이 한 팀이다. 한 사람일 때보다 두 사람이 한 팀을 이루면 더 큰 어려움을 이겨 낼 수 있다. 엄마, 아빠가 되는 그 순간부터 상처 받는 것은 천성이며 운명이다. 자녀를 있는 모습 그대로 좋아해 주고, 자녀가 주는 상처를 잘 품어 보자. 좋은 부모는 상처를 품는다.

　이 책은 당황해하는 엄마, 아빠들을 생각하며 쓴 것이다. 자기 아이의 약한 모습을 견디지 못하는 아빠들, 내 아이가 남에게 뒤처지는 것을 견디지 못하는 엄마들에게, 자녀는 디지털 방식이 아니라 아날로그 방식으로 키워야 한다는 말을 하려고 이 책을 썼다. 만일 자녀 양육의 복잡한 사례에 대한 구체적인 답을 기대하는 독자라면 이 책을 읽고 실망할지도 모른다. 복잡한 정서적인 문제를 가진 아이는 전문 상담가의 돌봄을 받아야 한다. 하지만 아이를 양육하는 데 가장 기본이 무엇인가를 고민한다면 이 책이 유익할 것이다. 이 책의 처방은 의외로 간단하다. 엄마, 아빠는 아이가 어릴 때부터 껌딱지처럼 아이와 밀착되어 살아야 한다는 것과, 지금이라도 늦지 않았으니 올바른 양육 방법으로 다시 시작하자는 것이다. 이제라도 엄마, 아빠가 아이와 함께해 준다면, 아이는 길고 지루하며 무기력하고 무의미한 비극적인 삶을 피할 수 있다.

목..차..

프롤로그: 자녀 양육, 상처가 없다면 사랑이 아니다 … 6

1장 돌아온 엄마, 회복된 모성애 … 15

모성애보다 강한 적들 … 16
아이에게 반응해야 엄마다 … 22
따뜻한 엄마가 똑똑한 아이를 만든다 … 26
아기의 생존 전략, 귀여움 … 31
"무슨 일이 있어도 엄마가 너를 지켜 줄게" … 35
아이의 존재 자체를 칭찬하세요 … 38
아기가 예측하기 어려운 엄마 … 41
엄마와의 건강한 애착 관계 … 45
아기가 엄마를 포기한다구요? … 48
불안정한 애착 그 이후 … 51
건강한 애착은 사람의 가치를 체득하게 한다 … 54

2장 엄마와의 교감 … 59

아이의 희로애락을 함께하세요 … 60
부모를 당황시키는 아이들 … 63
천생 이야기꾼인 아이들 … 67
따뜻한 질문으로 대화를 시작하세요 … 71
아이에게 감탄사를 낭비하세요 … 75
엄마의 피부가 부드러운 이유 … 80

아이는 자기와 놀아 준 사람을 기억한다 … 83
아이에겐 착한 거울이 필요하다 … 88
'오늘의 내 아이'와 친해지세요 … 91
책 읽어 주기는 바로 지금부터 … 95
중학생, 그들의 앞길을 막지 말라 … 98
"먹고 싶다, 엄마 요리" … 102
할머니는 '후식'이다 … 107

 **3장 아빠의 자리** … 113

아빠와의 놀이는 차원이 다르다 … 114
어릴 때 꺾어 놓아야 한다? … 117
아기처럼 안아 주고, 어른처럼 믿어 주세요 … 121
괴물이 아니라 선물이다 … 127
집 팔아서 공부 시켜라! … 130
조기 유학, 신중해야 할 시도 … 133
아이와 함께 당황해 주기 … 138
자신의 위선을 순순히 인정하기 … 143
아이에게 꿈 같은 존재, 아빠 … 146
아빠가 보여 줄 남성상 … 150
우리 가족만의 행복한 의식을 만드세요 … 154
성 정체성으로 혼란을 겪는 아이들 … 160
엄격하고 무서운 아빠들에게 … 163
그리운 아빠로 기억되기 … 167

 **4장 아이를 쉬게 하라** … 171

아이를 불안하게 만드는 부모 … 172
놀이로 트라우마 치료하기 … 176
아이가 기댈 수 있는 언덕, 부모 … 179
"좀 쉬었다 해라!" … 184
차라리 자신의 종아리를 때려라! … 189
아프다고 말하면 진짜 아픈 것이다 … 193
쉼을 빼앗아 가는 최악의 습관, 비교 … 203

 5장 마음의 건축과 인격의 형성 … 207

"'아직' 이해가 안 된 것뿐이야!" … 208
엄마가 이겨야 아이에게 유익이 될 때 … 211
세상을 긍정적인 방식으로 해석해 주세요 … 214
엄마와 아빠가 함께하는 '학부모 회의' … 221
배려하는 아이로 키우기(1) … 224
배려하는 아이로 키우기(2) … 229
사랑할 줄 아는 아이 … 233
그러나 의심할 줄 아는 아이로 키우라(1) … 237
그러나 의심할 줄 아는 아이로 키우라(2) … 242
의심은 생존을 위한 기술이다 … 247
아이의 감정에 맞장구쳐 주기 … 250
깨어진 계란 vs. 떨어진 계란 … 255

 **6장 영혼의 양육** ··· 259

태초에 '함께'가 있었다 ··· 260
나쁜 가족, 나쁜 '함께' ··· 263
부모가 먼저 아이처럼 되세요 ··· 267
유태인 교육에는 예수님이 없다 ··· 270
율법 대신 사랑으로 가르치세요 ··· 274
엄마 자신의 건강이 중요하다 ··· 277
자녀에 대한 기대, 하나님과 먼저 상의하세요 ··· 281
스스로 하나님을 찾아가는 아이 ··· 284
자녀 교육은 투자가 아니다 ··· 288
잔소리보다는 차라리 무관심이 낫다 ··· 293
아이를 책망한다면서 저주하지 마세요 ··· 296

 **7장 네가 살아 있다는 사실 하나만으로도** ··· 303

내 인생 최고의 선물 ··· 304
엄마가 돌아오기를 기다리는 아이들 ··· 308
열일곱 살? 엄마에겐 아직도 아기다 ··· 313
소중한 것은 아이의 생명! ··· 315
이혼·재혼한 부모라면 더 '특별'해져야 한다 ··· 320
네가 살아 있다는 사실 하나만으로도! ··· 326
부모의 사랑이 아이의 영혼에 예수님을 심는다 ··· 329
엄마가 떠나 버린 자리에 자라는 사랑 ··· 334

에필로그: 아직도 늦지 않았다 ··· 338
주 ··· 341

1장

돌아온 엄마, 회복된 모성애

모성애보다 강한 적들

해리 할로우(Harry Harlow)는 1950년대와 1960년대에 붉은털원숭이(rhesus monkey)를 대상으로 여러 가지 연구를 했다. 엄마 없이 고립되어 자란 새끼 원숭이들 가운데 일부는 죽었고, 다른 일부는 겁에 질린 상태이거나 매우 이상한 행동을 했다. 나이가 들어서도 그 원숭이들은 다른 원숭이들과 잘 지내지 못했다.[1]

　일본에서 만난 30대 중반의 한 남성은 은둔형 외톨이, 즉 히키코모리로 살아가고 있었다. 그는 아버지가 자위대 군인이었던, 자신의 어린 시절을 기억할 때마다, "무서웠고, 겁이 났고, 가능한 한 피하고 싶었다."라고 말한다. 아버지가 그를 심하게 때린 것은 아니었지만, 소심한 그에게 아버지는 공포의 대상이었다. 그는 중학생 때 따돌림(이지메)을 심각하게 겪었고, 아이들에게 폭행도 당했다. 학군을 옮겨 고등학교에 진학해서 이지메에서는 벗어났지만, 고등학생 때에는 그 기억 때문에 공포심으로 치를 떨어야 했다.

　그를 상담했던 사람이 그에게 엄마가 어떤 분이었는지 물었다. 엄마는 말 그대로 '남편의 말을 듣기만 하고, 남편이 시키는 대로 행동하는' 전형적인 일본 여성이었다. 두려움에 떠는 아들의 정서를 이해해 주거나, 아버지에 대한 두려움으로부터 아들을 지켜 주지 못했다. 그에게는 엄마 부재의 상황과 같았다. 엄마의 보호와 위로를 받지 못했을 때, 그런 고민과 고통은 그가 또래 중학생들에게 괴롭힘을 당할 수 있는 약점이 되었다. 그 중학생들이 그에게 가했던 폭력은 몇 번 되지 않았지만, 20년이 지난 지금까지도 그의 삶의 가치를 무너뜨리기에 충분했다.

엄마는 아이를 위한 신체적 보호자이고, 공급자이고, 정서적인 보호자이다. 동물 세계에서도 어미의 부재는 새끼에게 존재론적인 위협이다. 어미가 없으면 새끼도 없다. 어미 없는 새끼는 세상에서 가장 불쌍하다. 잘 자라지도 못하고 친구들에게 따돌림을 당하기도 쉽다. 그런데 요즘 그런 아이들이 너무 흔하다.

엄마 곰은 모성애가 강하다. 성경에서도 "차라리 새끼 빼앗긴 암곰을 만날지언정"(잠 17:12) 어리석은 사람과는 어울리지 말라고 비유할 정도이다. 곰 중에서도 가장 무서운 힘을 자랑하는 것이 몸무게가 780kg까지 자라는 불곰이다. 하지만 새끼 불곰이 태어나서 1년간 생존할 확률은 50%에 불과하다. 야생의 거친 환경 속에서 새끼 불곰 두 마리 가운데 한 마리는 죽는다는 것이다. 새끼 불곰에게 가장 위험한 동물은 의외로 같은 종류의 수컷 곰이다. 수컷 곰은 자신의 새끼가 아닌 다른 새끼 곰들에게 치명적인 위협을 가한다.

새끼를 보호하려는 엄마 곰의 노력은 처절하다. 우선 안전한 양육 공간을 확보하는 것이 최대의 관건이다. 이를 위해 엄마 곰은 새끼와 함께 얼음장 같은 강을 헤엄쳐 건너기도 한다. 먹이를 찾다가도 혹시 다른 곰이 새끼에게 접근하면 쏜살같이 달려와서 그 곰의 앞을 가로막는다. 새끼를 노리는 수곰과 싸우다가 심하게 얻어맞기도 한다. 그러나 엄마 곰은 아랑곳하지 않는다. 엄마 곰은, 덩치가 크고 힘이 센 그 어떤 수곰보다도 강하다.

새끼를 키우는 동안, 엄마는 철저하게 새끼의 시각으로 세상을 본다. 놀랍거나 위험한 상황을 새끼의 눈으로 본다. 엄마는 오직 새끼를 보호하기 위해 쏜살같이 달려간다. 하지만 새끼와 단둘이 안전하게 있을 때는 온 힘을 다해 놀아 준다. 으르렁거리며 무서운 얼굴을 했다가도, 새끼가 너무 귀여워서 살짝 깨무는 흉내를 내기도 한다. 새끼를 끌어안고 하나가 되어 푸른 언덕을 공처럼 구르기도 한다. 수곰에게는 무섭게 대적하는 엄마 곰이 새끼에게는 같은 새끼 곰이 되어 놀아 준다. 엄마를 그리워하는 아이들이 만일 이런 광경을 본다면 이 새끼 곰을 얼마나 부러워할까? 그 아이의 엄마는 자기 아이와 놀아 주기에는 너무 바쁘고 피곤하기 때문이다.

"여인이 어찌 그 젖 먹는 자식을 잊겠으며 자기 태에서 난 아들을 긍휼히 여기지 않겠느냐…"(사 49:15)

젖먹이의 엄마는 잠시도 자신의 아기를 잊을 수 없다. 자신이 죽더라도 아이를 지키려는 것이 엄마의 마음이다. 솔로몬 앞에서 있었던 일처럼, 차라리 아기를 창녀에게 줄지언정 자기 아이가 칼로 나누어지는 것을 눈물로 막는 것이 엄마의 마음이다. 지혜의 왕 솔로몬은 하나님께서 아이를 낳아 본 엄마에게만 주신 모성애의 본성을 정확히 알고 있었다.

모성애는 강하다. 자식 대신 자신이 죽어도 좋다는 사랑, 그것이 모성애다. 그 어떤 본능보다도 강하다. 살고자 하는 가장 기본적인 자기애적

(narcissistic) 본능보다 훨씬 강한 것이 모성애다. 임신 전? 임신 중? 출산 후? 도대체 언제 생겼는지 모르지만, 평범한 한 여성이 자식 대신 죽어도 좋겠다는 이 크고 고상한 마음을 갖는 것은 비단 사람에게만 있는 일은 아닌 것 같다.

일차적 모성적 몰두(primary maternal preoccupation), 이것은 새끼를 잃지 않으려는 암곰의 집중력 같은 것이다. 엄마는 모든 것을 아기의 관점에서 적용한다. 왠지 모르지만 이 시기에 엄마는 오직 아기 생각만 한다. 자신은 굶더라도 자식은 포기하지 않는다. 자식이 배고프거나, 목마르거나, 약하거나, 위험한 것을 엄마는 견디지 못한다. 엄마는 자식의 생존이 오직 자기 손에 달려 있다는 것을 무겁게 느끼며 온통 그것에 자기 힘을 집중한다.

하지만 21세기 대한민국에는 모성애보다 강한 적들이 등장했다. 첫 번째 강적은 산만함이다. 젊은 엄마들을 산만하게 만드는 것은 너무나 많다. 많은 엄마들이 자기 아이는 제쳐 두고 게임, 쇼핑, 페이스북, 카카오톡, 밴드 등에 몰두하고 있다. 심지어 어떤 엄마는 아이가 굶고 있는데도 게임에 빠져 있다. 페이스북과 카카오톡에 몰입한 엄마에게 아이는 귀찮은 존재다. 시외버스를 탄 아이가 불편해서 칭얼대도, 스마트폰에 집중하고 있는 엄마는 아이를 꾸짖기만 할 뿐이다. 그것은 아이에게 엄마 부재의 경험이다. 어떤 철학자의 표현처럼 산만함을 일으키는 적들은 긍정의 과잉을 일으킨다. 게임이나 톡에 몰입함으로써 긍정적인 즐거움을 얻지만, 그 보상이 너무 많아서 아이에게 필요한 실제적인 돌봄이 방해를 받는 것이다. 모성적 기쁨을 능가하는 너무 많은 보상들 때문에 아이들의 생존이 위협을 받는다.

두 번째 강적은 엄마의 자기 연민이다. 이것은 주로 남편과의 불편한 관계 탓이 크다. 무기력하고, 무능력하고, 무책임하고, 무언가에 중독되어 있고, 폭력적인 남편들…. 그런 남자와 결혼한 자기 신세에 대한 연민이 커질 때, 엄마의 모성애는 침식당한다.

세 번째 강적은 분주함이다. 엄마들이 너무 바빠졌다. 아이 돌보는 일을 뒤로 미뤄야 할 만큼 더 중요하게 여기는 일들이 많아졌다. 엄마들의 능력도 많아졌고, 책임도 커졌고, 경제력도 커졌다. 그만큼 모성애는 위축되었다. 엄마들이 회사 일에 관심을 온통 빼앗기고 있기 때문이다. 그 탓에 엄마와 아이가 보내는 절대적인 시간이 적어졌다. 불행하게도 '똑똑한' 엄마들은 시간을 '아껴서' 아이를 만난다. 즉 아이를 위해 시간을 내는 일에 인색하다. 하지만 자녀 양육은 효율성을 허락하지 않는다. 아이에게 필요한 것은 아날로그 방식의 양육, 즉 엄마가 아이와 함께 있어야 하는 절대 시간을 채워 주는 것이다. 아이와 함께하는 시간이 길수록 모성애는 더 건강하기 때문이다.

아기에게는 엄마가 전부다. 아이의 생존은 엄마 손에 달렸다. 먹을 것과 따뜻함과 안전은 오직 엄마에게서만 나온다. 그래도 인간은 곰보다 훨씬 나은 조건에서 산다. 엄마 곁에는 아빠가 있기 때문이다. 수곰들은 자기 새끼나 암곰을 돌보지도 않고 오히려 다른 수컷의 새끼들을 해치거나 잡아먹으려 한다. 하지만 사람인 아빠는 엄마와 아기를 지켜 줄 수 있다. 엄마와 아빠가 힘을 합칠 때 인간은 세상에서 가장 아름답고 영광스러운 만물의 영장, 곧 한 명의 인간 아이를 양육해 낼 수 있다.

이제라도 엄마는 아이를 위해 위험과 손해를 각오해야 한다. 모성애를 가로막는 적들을 물리쳐야 한다. 엄마의 태도 변화가 아이의 인생을 바꿀 수 있다. 아이와 떨어져 있는 시간을 최소화하고, 아이의 관점에 맞춰서 놀아 주자. 만약 아이가 귀찮게만 느껴진다면 엄마는 우선 심리 상담을 받아야 한다. 탈진이나 우울증, 혹은 불안 장애가 의심되기 때문이다.

아이에게 반응해야 엄마다

심리학자 도널드 위니캇(Donald W. Winnicott)은 '주관적 전능감'(subjective omnipotence)이라는 말을 사용했다. 엄마가 아기에게 몰두해 주면, 아기는 마치 자신이 전능자인 것처럼 느끼기 때문이다. 아기가 소망하는 것은 모두 이루어진다. 배가 고파서 젖을 생각하면 젖이 나타나서 배부르게 해 주고, 추워서 언짢은 마음에 칭얼대면 곧 따뜻해진다. 아기는 젖을 창조하고, 아기는 따뜻한 온도를 창조한다. 물론 그것은 아기가 전능해서가 아니라, 아기에게 몰입하고 있는 엄마가 지체하거나 빠뜨리지 않고, 아이에게 필요한 모든 '세계'를 갖다 주기 때문이다. 아기가 주관적 전능감을 느낄 만큼 엄마는 아기에게 몰입하고 신속하게 반응해 주어야 한다.[2]

아기들은 힘이 세다. 말 한마디 할 줄 모르지만, 엄마를 마음껏 부릴 줄 알기 때문이다. 어른인 엄마를 이리저리 뛰게 하고, 아기 자신을 위해 정성을 다하게 만든다. 그래서 이 조그만 아기는 '전능'하다. 아기는 마음껏 이기적이고, 마음껏 자기 숭배적이다. 아기는 그래야 생존할 수 있다.

아기의 울음소리는 대화의 원형(prototype)이다. 아기의 울음은 비록 단선율이지만, 놀랍게도, 명민한 엄마는 기본적으로 여섯 가지 이상의 서로 다른 음조를 분별하고 그 의미를 파악한다. 그 여섯 가지 메시지란, ① 배고픔, ② 피곤함, ③ 과잉 자극, ④ 겁먹음, ⑤ 방귀 배출, ⑥ 포옹의 필요를 호소하는 것이다.[3]

배고플 때 아이는 손을 물고 울거나, 엄마의 젖가슴에 입을 부딪치며 운다. 피곤할 때는 눈을 비비며 낮고 느린 소리로 운다. 명민한 엄마는 그 울음소리에 맞추어 빠르고 적절하게 반응한다. 만일 아기가 사람으로부터 시선을 돌리고 짜증내듯 운다면 아기를 달래야 한다. 밝은 빛을 가려 주거나 소음을 줄이고 자신을 달래 달라는, 즉 과잉 자극을 피하고 싶다는 메시지이기 때문이다. 만일 아기가 비명을 지르듯 날카로운 소리를 내거나 놀란 표정을 지으면, 얼른 아기를 안고 토닥거리며 달래 주어야 한다. 방귀를 배출하기 전에 아기는 불편해서 몸을 뒤척이며 다리를 올리기도 하면서 운다. 엄마에게 자기를 꼭 껴안아 불안을 달래 달라는 요청을 할 때도 아이는 역시 울음을 터뜨린다.

우는 아이는 언제나 엄마의 '즉각적인' 반응을 요구한다. 그것이 젖을 물려 주는 것이든, 아이를 안아서 불안을 달래 주는 것이든, 엄마는 '즉각' 반응해야 한다. 엄마가 이런 즉각적인 반응을 보이지 않을 때, 말할 줄 모르는 아이의 마음에서는 불안과 불만이 커진다. 물론 엄마의 귀를 훈련시키는 것은 아이 자신이다. 아이의 울음이 엄마를 움직인다. 엄마가 먹여 주고, 엄마가 따뜻하게 안아 주기만 하면, 아기의 예민한 6음조 울음소리는 금방 잦아든다. 아이는 행복하고 편안하게 잠이 든다. 아이가 엄마를 만든다.

집에서 가장 힘센 사람은 엄마가 아니라 아기다. 아니, 반드시 아기여야 한다. 엄마가 갓난아기를 힘으로 이겨 버리고, 엄마의 시간표대로 아기를 '관리'하거나 '통제'하기 시작하는 순간, 자칫 평생 이어질 수도 있는 아이의 불안과 불만이 싹트게 된다. (물론 자기 아이를 통제할 수 있다는 엄마의 착각은 아이가 중2가 되는 순간 보기 좋게 깨진다.)

물론 세상에서 가장 힘센 사람은 엄마다. 몸집이 작아도 세상 모든 것을 이길 수 있다. 아이를 위해서라면 세상 사람들을 다 이길 수도 있다. 엄마는 세상에서 가장 힘이 세다. 아기에게는 엄마의 몰두(maternal preoccupation)가 필요하다. 아기에게 몰두하지 않고 산만한 모성애는 아이를 불특정 위험에 빠트린다. 그런 엄마를 둔 아이는 정서 장애, 주의력 결핍 장애, 청소년 우울증에 걸릴 가능성이 크다. 약한 모성애는 아이 인생을 혼란스럽게 한다.

엄마는 아기의 명령을 따라야 한다. 그래서 아기는 힘이 세다. 아기는 엄마를 노래하게 한다. 앉아 있는 엄마를 일어나게 만드는 것도 아기의 손이다. 아기는 엄마보다 힘이 세야 생존할 수 있다. 아이에게 몰두하는 모성애를 가진 엄마는 성숙하다. 성숙한 엄마는 너그럽고 여유롭다. 아이의 요구 때문에 엄마는 자신의 의지를 꺾고, 자신의 욕구를 철수시킨다. 그런 엄마의 돌봄을 받는 아이는 정서적으로 건강해지고, 행복감을 느끼며, 자신감 있게 자란다. 살면서 어려운 일이 있어도 이겨 나갈 수 있는 힘을 이때부터 축적한다.

하지만 모성적 몰두에 약한 엄마는 아기를 비참하게 만들고, 아기를 방치하여 무기력하게 만든다. 아이에게 필요한 '주관적 전능감'의 욕구를 귀찮게 여기고, 아이의 울음소리를 천덕꾸러기의 하찮은 소음으로만 여긴다. 아이에게 '반응하지 않는 엄마'는 '존재하지 않는 엄마'다. 엄마의 차가움과 무반응 앞에서 아기의 요구는 초라하기 그지없는 소음이 되고 만다. 아기는 너무 이른 나이에 자괴감을 맛보게 된다. 그리고 평생 그 불신을 안고 살아간다. '엄마다운 엄마'가 돌아올 때까지, 아이는 비참하게 자란다.

이제 엄마는 아이에게 반응해야 한다. 어린아이의 힘이 엄마에게 먹혀들어야 한다. 아기의 울음소리에 엄마는 최선을 다해 응답해야 한다. 어린아이에게 몰두할 때 엄마는 비로소 '성숙한 엄마'가 된다. 반응하지 않는 엄마는, 적어도 아이에게는, 존재하지 않는 엄마다.

따뜻한 엄마가 똑똑한 아이를 만든다

심리학자 존 볼비(John Bowlby)는 갓 태어난 영아는 오직 한 사람과만 애착을 형성한다고 말했다. 물론 영아의 애착 인물은 대부분 친엄마다. 아이가 낯선 세상을 탐험하는 데 엄마는 안전 기지(secure base) 역할을 한다. 아이가 불안할 때면 언제나 아이를 보호해 주고 위로해 주기 때문이다. 엄마와의 애착 관계는 아이가 자라면서 평생 맺어 갈 인간관계의 원시적 모형이다. 그러므로 엄마와의 애착 관계가 제대로 형성되지 못하면 아이의 인생에 중대한 결과를 초래한다. 볼비에 따르면 0세에서 5세 사이에 애착을 형성하는 중대한 시기가 있다고 한다. 만일 이 시기에 애착 관계가 건강하게 세워지지 않으면 아이는 발달상의 심각한 장애를 겪게 된다. 예컨대 지능지수(IQ)는 떨어지고 타인에 대한 공격성은 높아지는 결과를 초래한다.[4]

따뜻한 엄마가 똑똑한 아이를 만든다. 따뜻한 엄마의 돌봄을 받는 아이는 지능지수가 19포인트 정도나 높아질 수 있다고 한다. 따뜻한 엄마가 있으면 아이는 자신감이 생기고 건강한 자존감이 형성된다. 타인의 도움이 필요하지 않다. 아이는 엄마를 기지 삼아 세상을 탐험한다. 반면에, 자신을 따뜻하게 돌보아 주는 엄마가 없으면 아이의 지능은 낮아지고 공격성은 높아진다. 아이의 말과 생각이 날카롭고 공격적으로 변한다.

마음이 분주하고 산만한 엄마들에게는 아이의 존재 자체가 고통이다. 아이와 함께 있는 것이 괴로움이고 두려움이다. 그런 엄마는 갓 태어난 아이를 일찍부터 떼어 놓는다. 그것은 사실상 아이를 굶기는 일이다. 엄마의 따뜻한 품과 사랑을 굶기는 일이다.

어떤 엄마가 친구에게 이렇게 자랑했다. "우리 아이는 사회성이 얼마나 좋은지 몰라. 아이를 이웃집에 맡겼다가 저녁에 데리러 가면 '엄마, 좀 더 늦게 와! 엄마, 나 여기서 더 놀면 안 돼?'라고 말한다니까."

그러다가 한 번은 낭패를 겪었다. 좀 일찍 아이를 찾으러 갔던 날, 아이를 돌봐 주기로 한 이웃집 할머니는 아이 곁에서 담배를 피우며 화투 놀이를 하고 있었다. 아이는 유아 의자에 묶여 꼼짝도 하지 못한 채 텔레비전만 보고 있었다. 그 광경을 본 엄마는 경악할 수밖에 없었다. 하지만 그것도 잠시뿐, 다시 엄마는 아이를 다른 집에 맡겼다. 자신의 몸매 관리를 위해 수영장에 다니고 친구들을 만나려고 엄마는 아이를 이웃집에 맡겼다. 그 아이는 벌써 엄마와 함께 있는 것이 불편했고, 집에만 오면 텔레비전을 켰다.

어쩔 수 없는 사정이 있어서 어린아이를 다른 곳에 맡겨야 하는 경우도 있다. 하지만 엄마가 아이와 함께 있는 것이 부담스럽다면 이건 뭔가 잘못된 것이다. 그런 엄마들에게 아이는 두려움의 대상이다. 엄마 노릇을 어떻게 해야 할지 모르는 엄마 자신의 한계가 드러난 것이다.

어떻게 엄마가 자기 아이를 두려워할 수 있을까? 실제로 그런 경우가 많이 있다. 갓 태어난 아기가 자기 품에 있다는 것이 두려워서 아기를 멀찍이 두고 자는 엄마도 있다. 그런 엄마에게는 세상에서 아이를 돌보는 것만큼 부담스러운 일이 없다. 아이가 다가오면 우왕좌왕 당황하고, 자기 품의 아기를 얼른 다른 사람에게 넘겨주려고만 한다.

이런 엄마들은 아픈 엄마들이다. 모성애 기능에 이상이 있는 엄마들이지만 자신들은 그 사실을 알지 못한다. 이런 엄마들에게는 아이와의 친밀감이 좀처럼 생기지 않는다. 이것은 모성애의 이탈이다. 아이와 함께 있는 것이 부담스럽고 두렵다. 그 이유는 대개 엄마 자신의 불안정한 어린 시절에서 비롯된다. 어두운 가정 분위기, 자식을 비난하기만 하는 우울한 엄마, 쉽게 분노하고 그 행동을 예측할 수 없는 아빠, 부모의 부재를 경험한 여성들이 '아픈 엄마'가 되곤 한다.

아픈 엄마의 엄마 역시 자신의 아기를 부담스러워 했을 것이다. 그리고 따뜻하게 품어 주지 못했을 것이다. 아픈 엄마들에게 친밀감이란 곧 아픔을 뜻한다. 아기를 따뜻하게 안을수록 아기가 고통스러워할 것이라고 상상한다. 이런 실험이 있었다. 젖을 먹을 때마다 날카로운 가시에 찔렸던 어린 원숭이는 커서 새끼를 낳은 후에 자기 새끼에게 젖을 먹이지 않고 밀어냈다. 젖을 먹이면 새끼가 고통을 당한다는 무의식적 상상이 새끼를 더 멀리 밀쳐 버리게 한다. 아픈 엄마는 물리적으로나 심리적으로 아기를 떨어뜨려 놓고, 자신 역시 멀찍이 뒤로 물러난다. 이런 엄마와 아기 사이에는 따뜻하고 행복한 추억이 있기가 어렵다. 함께 있었던 기억은 고통과 아픔을 줄 뿐이다. 그것은 아이에게도 불행이다. 엄마는 아이를 두려워하고, 아이는 외롭고 공허하다. 그리고 그 아이는 어른이 되어서 또다시 자신의 아이를 두려워한다.

하지만 절망할 필요는 없다. 아프고 미숙한 엄마라도 변할 수 있기 때문이다. 엄마가 용기를 내면 아이를 더 많이 사랑하고 잘 키울 수 있다.

두려움을 떨쳐 내고 아이를 따뜻하게 끌어안는 연습이 필요하다. 물론 아픈 엄마의 힘만으로는 어렵다. 필요하다면 가까운 곳에 있는 상담자를 만나 도움을 요청할 수 있다. 상담을 통해 엄마 자신의 어려움을 자각하고 나면 엄마의 마음에 아이를 품을 공간이 생긴다. 아이가 엄마를 마음껏 의지하도록 자신의 품을 내줄 수 있는 여지가 생긴다.

물론 남편은 힘겨운 삶을 살아오며 마음이 아팠을 아내의 곁을 굳게 지켜 주어야 한다. 오락이나 스포츠나 다른 이성에게 주의를 빼앗겨서는 곤란하다. 고생하는 아내를 격려해 주고, 힘들게 아이를 출산하고 아이를 어떻게 키워야 할지 몰라서 당황하고 있는 아내만 바라보아야 한다. 그렇게 함으로써 아픈 아내에게 용기를 북돋아 줄 수 있다. 사실 출산하는 고통은 이루 말할 수 없이 크다. 보통 우리 인간이 자신의 몸으로 버틸 수 있는 고통의 크기가 45델(del, 고통의 단위)이라고 한다. 하지만 출산 순간에 엄마가 겪는 고통의 크기는 57델인데, 그것은 우리 몸의 뼈 20개가 한꺼번에 부러질 때의 고통과 같다고 한다. 그처럼 아픈 고통을 감내하고 출산한 아내를 두고 어떻게 다른 곳에 한눈팔 수 있겠는가?

물론 아빠들도 처음에 아기를 안으면 쩔쩔맨다. 아기를 안는 방법도 모르고, 어떻게 안아야 아이와 편안하게 시선을 맞출 수 있는지도 모른다. 하지만 그렇다고 해서 물러서서는 안 된다. 자신의 아기를 신기해하고 놀라워하면서, 아기의 성장 과정에 아빠란 존재가 있음을 각인시켜 줄 수 있어야 한다. 좋은 엄마 곁에는 언제나 좋은 아빠가 있다. 좋은 엄마로의 귀환은 아이의 지능을 높이고, 아이의 공격성을 낮춘다.

이제라도 늦지 않았다. 엄마, 아빠는 아이를 따뜻하게 안아 주어야 한다. 시도 때도 없이 뽀뽀해 주고, 사랑한다고 속삭여 주자. 자녀가 고등학생이라고 해도 그렇게 사랑을 표현해 주자. 아빠도 아들에게 뽀뽀해 줄 수 있다. 처음엔 징그럽다고 느낄 수도 있지만 자녀를 안아 줄수록 따뜻함이 올라온다.

 아기의 생존 전략, 귀여움

생후 첫 몇 개월의 경험은 아이의 성격 형성에 중대한 영향을 미친다. 심리학자 위니캇은 유아가 겪는 질적 관계가 평생의 성격을 좌우한다고 보았다. 그에 따르면 아기에게 엄마란 곧 한 인간을 에워싼 '환경'이 된다. 좋은 엄마라는 '환경'이 결핍되었을 때 아기는 자신의 진정한 가치를 알지 못한다. 자신이 죽었다고 느끼기도 하고, 마음이 공허해지고, 무엇을 하고자 하는 자발성이 결핍된 '거짓 자기(false self) 장애'를 겪기도 한다. 엄마가 제공하는 따뜻한 돌봄의 '환경'을 경험할 때 인간은 비로소 자신이 진정 살아 있다는 느낌을 갖게 된다. 이처럼 인간다운 개인의 의미 있는 삶을 가리켜 위니캇은 '참자기'(true self)라고 말한다.[5]

아기는 귀엽다. 무조건 귀엽고 사랑스럽다. 새끼는 다 귀엽다. 물론 지네나 뱀이나 악어 새끼들을 귀엽다고 생각하는 것은 사람에 따라 다를 것이다. 아기들은 엄마를 비롯한 어른들로 하여금 기어코 자신의 생존을 돕게 만드는 치명적인 무기를 갖고 있다. 그건 바로 귀여움이다.

사실 아기가 자신의 생존을 위해 할 수 있는 것은 아무것도 없다. 그래서 귀여운 것이다. 하나님께서는 눈을 뗄 수 없게 만드는 치명적인 매력을 아기들에게 심어 두셨다. 모성애를 제쳐 두고라도 엄마는 자기가 낳은 아기에게서 눈을 뗄 수 없다. 모든 것이 예쁘고 앙증맞은 아기에게서 어떻게 눈을 뗄 수 있겠는가? 아무리 나쁜 인간이라도 자기 아이는 귀여울 수밖에 없다.

아기를 귀엽게 하는 핵심은 몸집에 비해 크고 네모난 머리이다. 그 비율로는 절대 걷거나 뛰지 못한다. 하지만 아기의 큰 머리는 어른의 눈을 고정시킨다. 낮은 코, 티 하나 없이 동그랗고 맑은 눈, 점이나 기미가 하나도 뿌려지지 않은 투명한 피부! 아이의 생명 자체는 신비다. 하나님은 아기들을 귀여움 덩어리, 사랑스러움 뭉텅이로 만들어 놓으셨다. 아기의 모든 것은 사랑이고 귀여움이다.

아기 앞에서 어른의 마음은 녹아내린다. 마음을 누르고 있던 무거운 근심이 다 날아가 버린다. 임신과 출산 과정의 괴로움 때문에 다시는 아기를 안 낳을 거라고 다짐했던 엄마를 웃게 만드는 힘이 아기에게 있다. 할머니, 할아버지에게 손자, 손녀는 웃음을 주는 마법사다. 웃을 일 없이 고생에 찌들어 피곤하게 사는 사람들의 눈을 아기가 무지개로 만들어 준다. "까꿍! 까꿍!" 아기의 웃음은 영혼의 아드레날린이다.

그런 맥락에서 아기는 '닥치고' 사랑스럽다. 아기를 보면 세파에 잊고 살았던 아기들의 언어를 다시 떠올리게 된다. 잊어버렸던 순수함이 다시 찾아온다. 아기는 무조건 귀엽다. 그것은 하나님이 만들어 놓으신 인류 생존의 비밀이다. 다만 아쉽게도 그 시간은 너무나 짧다. 하지만 아기를 아귀처럼 보는 부모들에게 그 시간은 영원만큼이나 길다. 자신의 아기가 두렵거나 귀찮다면 엄마, 아빠의 상태가 정상이 아닌 것이다. 엄마, 아빠가 어딘가 많이 아프다는 뜻이다. 다정다감한 아기를 차갑게 지나치는 아빠는 생명에 대한 경이감을 잃은 것이다. 그들의 마음은 돌처럼 마비되었다.

과거 로마 사회가 그랬다. "아버지의 권력"이라는 법 조항에 따르면, 아버지가 갓 태어난 자기 아기를 안아 올리지 않고 뒤돌아서 나가 버리면, 그 아이는 공회소에 넘겨져서 노예가 되거나 성매매를 위해 키워졌다. 힐러리라는 로마인은 아내에게 편지를 쓰면서, 만일 행운이 따라서 아들을 낳았으면 살리고, 딸이면 없애 버리라고 말했다. 로마인들은 법적으로나 구조적으로 아이를 무자비하게 버릴 수 있는 법적 장치를 갖고 있었다. 그들에게 자녀란 소유물 그 이상도, 그 이하도 아니었다.

미국에서는 엄마가 정신적으로 불안정하면, 아이가 태어나자마자 법원의 명령으로 입양을 보낸다. 필자는 병원에서 망상장애를 가진 산모를 만난 적이 있는데, 그 산모도 출산 직후 아이를 떠나보냈다. 엄마가 아기의 아름다움과 귀여움조차 부담스러워한다면, 아기가 엄마를 알아보기 전에 입양을 보내는 것이 아이의 인생을 위해 더 나을지도 모른다. 태어난 지 6개월이 지나면 아이는 '되돌아올 수 없는 전환점'(no-turning point)을 지난다. 엄마를 알아보고, 엄마만 찾는다.

엄마, 아빠가 아이를 키우기로 했다면 그것은 정말 잘한 선택이다. 이젠 평생 헤어지지 않고 그 아이와 모든 행복과 고생을 함께하기로 다짐했기 때문이다. 반려견이 늙어도 주인이 계속 돌봐야 하는 이유는 주인과 함께 늙어 왔기 때문이다. 하물며 자신의 몸으로 낳은 자식을 어떻게 버릴 수 있겠는가? 어디로 보나 귀여운 아이의, 이 귀하고도 짧은 시절을 놓쳐 버린다면 부모는 평생을 두고 후회할 것이다.

내 아이가 귀여운 적이 한 번도 없었는가? 이제라도 늦지 않았다. 내 아이를 싫어하는 이유를 잊으라. 정신을 차리고 다시 보면, 아이가 미운 얼굴을 가진 것이 아니라 부모인 내가 악마의 눈을 가졌음을 알게 될 것이다.

"무슨 일이 있어도 엄마가 너를 지켜 줄게"

위니캇은 '일차적 모성적 몰두'(primary maternal preoccupation)라는 어려운 용어를 사용했다. 유아에게 가장 중요한 환경은 다름 아닌 '좋은 어머니'이기 때문이다. 좋은 엄마는 임신 말기부터 자연스럽게 아기에게 몰두하기 시작한다. 아이를 출산하고 젖을 먹일 생물학적 기능을 수행해 가야 하는 단계에서도 자기보다 아이에게 몰두하는 변화를 경험한다. 유아에게 '좋은 환경'이 되어 주기 위해 엄마는 자기 자신에 대한 관심으로부터 벗어나기 시작한다. 자신이 먹고 싶은 음식이나 입고 싶은 옷과 같은 자기중심적인 주관적 흥미보다 아기의 바람에, 자신의 건강 상태나 통증을 돌아보는 신체적 관심보다 아기의 존재와 욕구에 모든 관심을 쏟게 된다.[6]

동물도 마찬가지지만, 태어난 후에 인간 아기는 누군가가 돌보지 않는다면 생존 자체가 불가능하다. 단순한 돌봄이 아니라, 집중적인 돌봄이 필요하다. 단순히 먹을 것만 주는 것이 아니라 따뜻한 돌봄이 필요하다. 그것은 아기에 대한 창조자의 집중력이다. 아기에 대한 창조자의 집중된 관심을 엄마가 대신 실행하는 것이다. 그러므로 출생한 아기에 대한 엄마의 몰두는 아기의 탄생을 환영하는 대대적인 팡파르와 같다.

야생 오리들은 한 번에 열 마리 정도의 새끼를 부화한다. 따뜻한 봄, 숲속의 작은 웅덩이마다 어린 새끼들을 이끌고 다니는 어미 오리들이 많다. 오리 가족은 어두운 풀숲과 작은 웅덩이에서 같이 산다. 하지만 채 몇 주가 지나지 않아 새끼 오리의 숫자는 급격하게 줄어든다. 어떤 어미는 새끼들을 다 잃고 딱 한 마리만 거느리고 다닌다. 호시탐탐 새끼를 노리는 하늘의 매나 독수리는 말할 것도 없고, 생각지 못한 질병과 숲속의 천적들이 새끼들을 앗아 간다.

엄마 오리의 처지는 안타깝고 딱하다. 새끼가 위험에 노출되어도 새끼를 지킬 수 있는 무기가 없기 때문이다. 매처럼 날카로운 발톱도 없고, 독수리처럼 큰 날개도 없고, 닭처럼 상대를 쪼아 아프게 할 수 있는 주둥이도 없다. 뒤뚱거리며 걷는 모습에서는 그 어디에서도 명민함 같은 것을 눈곱만큼도 찾아보기 어렵다. 그저 끝까지 남아 있는 새끼 몇 마리를 데리고만 다닐 뿐이다.

그래도 엄마 오리는 처량하거나 가련하지 않다. 오히려 당당하다. 그들은 마지막까지 절대 새끼 곁을 떠나지 않는다. 엄마 오리들에게 하나님께서는 어떤 상황에서든 자기 새끼를 떠나지 않는 법을 가르쳐 주셨다. 걸을 때 같이 걷고, 헤엄칠 때 같이 헤엄치고, 길을 건널 때 같이 건너며 새끼들을 호위한다. 마침내 스스로 창공을 마음껏 나는 큰 오리가 되기까지 엄마 오리는 새끼를 떠나지 않는다. 이것이 오리가 멸종되지 않는 이유다.

아기를 위해서라면 엄마는 무엇이든 할 수 있다. 그리고 어떤 일이든 해야 한다. 그러나 그 어떤 일을 하는 것보다 더 중요한 것은 아기 곁을 떠나지 않는 것이다. 아기와 함께 있을 때 안심이 되고, 아기를 잠시라도 못 보면 불안해야 하는 것이 엄마다. '엄마가 없어도 아무렇지 않은 아픈' 아이들, 그들은 '아기가 없으면 더 편한 무심한' 엄마들에 의해 만들어진다.

불안정한 애착은 엄마와 아이와 사회 모두에게 불행의 씨앗이다. 엄마의 불안은 아기의 불안이 되고, 아기는 세상을 안심할 수 없는 곳이라고 경험하게 된다. 오리는 바쁜 엄마들에게 교훈을 준다. 이른 봄, 아기와 함께 엄마 오리와 새끼 오리를 구경하러 가 보자.

이제부터 엄마는 자신의 몸매보다, 복장보다, 음식보다, 일보다, 아이의 바람을 먼저 생각해야 한다. 엄마에게 아이가 2차적으로 중요한 존재가 되면, 아이에게도 엄마는 2차적인 존재가 되어 버린다. 이것은 단순한 우선순위의 문제가 아니라, 엄마와 아이의 앞길에 예상치 못한 결과들을 가져올 수도 있는 판도라 상자이다.

아이의 존재 자체를 칭찬하세요

심리학자 르네 스피츠(Rene Spitz)는 '낯선 사람에 대한 불안'(stranger anxiety)이라는 말을 사용했다. 아기가 태어난 지 8개월이 되면 아기는 엄마의 얼굴과 타인의 얼굴을 구별한다. 이때부터 아기는 낯선 사람의 얼굴을 보면 불안을 느끼고 회피하려 한다. 아이는 자신이 본 사람이 엄마가 아니라는 사실 때문에 낯선 사람을 회피한다. 낯선 사람의 존재에서 아기는 엄마의 부재를 느낀다.[7]

낯선 사람은 아기 눈에 낯설어야 한다. 아기가 낯선 사람을 불안해하여 시선을 피하는 것은 당연하고 자연스럽다. 엄마가 없을 때 아기는 엄마의 부재를 느낀다. 하지만 엄마가 돌아오면 낯선 사람에 대한 불안은 빨리 해소된다. 만일 엄마의 부재가 예상치 못할 정도로 길어지면 아이의 자아는 부자연스럽고 불규칙하게 작동하기 시작한다. 엄마가 언제 돌아올지 예측할 수 없으면 아이는 당황한다.

아기는 엄마만 바라본다. 다른 무엇도 필요 없다. 엄마면 된다. 좋은 엄마는 아기의 시선과 기대를 기꺼이 허락한다. 불안정한 엄마는 아기의 기대와 시선을 부담스러워한다. 어른인 엄마에게는 친구도 있고 일도 있지만, 아기에게는 오직 엄마만 있다.

엄마를 의지하면서도 동시에 엄마를 싫어하는 것은 전형적인 불안-양가감정 애착이다. 불안-양가감정의 애착 상태에서는 엄마, 아빠의 훈육이 먹히지 않는다. 아기가 이미 엄마 없는 자기만의 독립된 생존 방식을 터득했기 때문이다. 불안한 관계의 뿌리를 살펴보면 애초부터 아이에 대한 엄마의 따뜻함이 없었음을 알 수 있다.

칭찬은 고도의 지성적 행위이다. 건강하고 견고한 애착(attachment)은 엄마의 지성적 칭찬으로부터 시작된다. 아이의 존재 자체에 대한 무조건적인 환영과 칭찬이 그것이다. 하지만 불안한 엄마는 아이를 칭찬하는 것이 불필요하다고 여긴다. 그런 엄마는 아이를 어떻게 달래야 하는지, 어떻게 격려해야 하는지 모른다.

여섯 살인 아이들에게 아홉 쪽짜리 간단한 그림책을 보여 준다. 그 책에는 몇 가지 그림이 나온다. 우선 엄마와 아이가 비행기 가까이에 서 있다. 엄마는 비행기를 타고, 아이는 손을 흔든다. 우편배달부 아저씨가 집에 혼자 있는 아이에게 소포를 건네준다. 아이는 소포를 열고, 거기서 장난감 비행기를 꺼낸다. 아이가 눈물을 흘린다.

이 그림책에 대한 아이들의 반응은 몇 가지로 나뉜다.

"엄마가 떠나서 아이가 슬퍼요!" 안정된 애착 관계를 경험한 아이는 엄마를 그리워하는 아이의 마음을 그림을 통해 정확히 읽어 낸다.

"엄마가 올 때까지 집 밖에서 놀면 돼요!" 안정된 애착 관계를 가진 아이는 그림 속의 아이를 위해 건전한 대안까지 제시한다.

하지만 불안한 애착 관계를 가진 아이들은 똑같은 그림을 보면서 무관심으로 일관한다.

"이 아이는 배고파서 우는 거예요!"

"아무것도 안 하고 가만히 있으면 돼요!"

엄마를 그리워하는 아이의 마음을 애써 무시하고, 엉뚱한 해석을 내놓는다. 그리고 엄마를 어떻게 기다려야 할지에 대한 대안은 여전히 수동적이다.

끝으로, 불안한 애착 관계 가운데서도 양가-해체감정을 가진 아이들은 이 그림을 보며 격앙한다.

"이 아이는 모든 걸 다 부수고 싶어 해요."
"비행기는 폭발할 거예요."
"엄마는 죽었어요. 아무도 아이를 찾을 수 없어요."

끔찍하지 않은가? 따뜻한 사랑과 그리움에 관한 그림을 어쩌면 이렇게 정반대로 해석할 수 있을까? 그 대답은 아이 자신의 애착 상태에 있다. 여섯 살 난 이 아이들의 애착 상태는 생후 6-12개월에 이미 측정되고 예견된 것이었다. 인생은 짧다. 그리고 아기의 일생에서 가장 중요한 시간들이 엄마, 아빠가 분주한 사이에 너무 빠르게 흘러가 버린다.

이제라도 엄마는 아기에게 무한 애정과 무한 칭찬을 쏟아야 한다. 애정과 칭찬에 이유는 없다. 아이를 조종하려고 계산된 칭찬이 아니라 순수하고 실제적인 칭찬이어야 한다. 그리고 아이가 낯설어하는 사람에게 아이를 함부로 노출시키거나 맡기지 말아야 한다.

아기가 예측하기 어려운 엄마

심리학자 마가렛 말러(Margaret Mahler)는 아이를 돌보는 사람이 중요함을 주장했다. 유아에게는 '안전한 의지처'를 확보하는 것이 중요하다. 엄마는 아이에게 거울이자 기준점이다. 안정적이고 편안하며 따뜻한 엄마는 아이에게 즐거움과 유쾌함을 제공한다. 그것이 미숙한 아이의 자아를 성숙하게 하고, 아이가 독립적인 인격체로 기능하게 한다.[8]

아기에게 엄마는 안전 기지이다. 모든 선박과 항공기가 쉬고 체류할 수 있는 기지가 필요하듯, 아기에게는 기지로서의 엄마가 필요하다. 좋은 엄마는 아기에게 안전하다. 왜냐하면 아기가 예측할 수 있는 방식으로 자신을 돌보아 주기 때문이다.

아기에게 엄마는 감정의 주유소이다. 좋은 엄마는 아기가 혼자 있도록 내버려 두지 않는다. 아기가 자고 있으면 조용히 해 주지만, 아기가 눈을 떴을 때는 바쁘게 다른 일을 하면서도 아기와 눈 맞추기를 멈추지 않는다. 아기가 안전한지, 아기가 외롭지는 않은지, 혼자 울고 있지는 않은지, 엄마는 잠시도 눈을 떼지 않는다. 놀이터에서 혼자 노는 아이라도, 자신을 보고 있는 엄마의 무릎만 만지고 나면 아기의 기분 좋은 감정은 쾌속 충전된다. 낯선 세상을 호기롭게 탐험할 수 있는 에너지를 빠르게 충전받는다.

메리 에인스워스(Mary Ainsworth)는 엄마와 아이의 애착 관계를 획기적인 방법으로 실험했다. 우선 엄마와 아이가 방에 함께 있다. 아이는 그 방을 탐험한다. 그런데 낯선 사람이 방에 들어와 엄마와 이야기한다. 잠시 후 낯선 사람은 남고 엄마는 방을 나간다. 낯선 사람과 함께 있을 때, 그리고 잠시 후 엄마가 다시 돌아왔을 때 보여 주는 아이의 반응이 애착의 형태를 나누는 기준이 된다. 애착은 안정된 애착(secure attachment)과 불안정한 애착(insecure attachment)으로 나뉜다. 불안정한 애착은 다시 양가/의존-불안정, 회피-불안정, 해체-불안정 등으로 나누어진다.

안정된 애착 관계 속에서 자란 아이는 엄마와 함께 있을 때 그 낯선 공간을 자유롭게 탐험한다. 이것저것 둘러보고 만지기도 한다. 잠깐씩 엄마에게 돌아와서 따뜻한 애정을 충전하고, 다시 방 안 곳곳을 돌아다닌다. 낯선 사람도 담담하게 만난다. 엄마가 있기 때문에 걱정하지 않는다. 그러다가 엄마가 방에서 나갈 때는 눈에 띄게 당황해하고 불안해한다. 하지만 엄마가 다시 돌아오면 금방 행복해하며 엄마를 환영한다.

좋은 엄마는 아이에게 잘 반응해 주고 따뜻하게 양육한다. 아이에게 반응할 때는 일관성을 가지고 지속적으로 반응한다. 낯선 환경이라도 아이 스스로 탐험할 수 있는 기회를 준다. 아이는 엄마로부터 쉽게 위로받는다.

하지만 불안정한 애착 관계 속에서 자란 아이는 모르는 사람을 만날 때 심한 스트레스를 받는다. 엄마가 잠깐이라도 나가 있으면 불안을 느끼고, 엄마가 돌아오면 엄마에게 저항한다. 아이의 감정은 둘로 나누어진다. 엄마 곁에 머물고 싶지만 동시에 불편하기도 하다. 엄마를 가까이 하고 싶지만, 엄마가 자신을 아는 척하는 것조차 부담스럽다.

그 이유는 엄마의 양육 방식에 일관성이 없기 때문이다. 언제 엄마가 있을지 혹은 언제 떠날지 몰라 아이는 상습적인 불안을 느낀다. 아이는 엄마를 예측할 수 없고, 따뜻하게 함께 있어 줄 엄마를 기대할 수 없다. 그것은 지금까지 엄마가 아이에게 보여 준 태도 때문이다. 아기의 입장에서는, 자기가 필요로 할 때는 엄마가 없고, 꼭 필요하지 않을 때에는 엄마가 나타나 자신에게 집착하기 때문이다.

불안정한 애착을 일으키는 엄마의 특징은 아이보다 다른 일에 더 관심을 빼앗기고 있다는 것이다. 아이보다 더 중요한 우선순위가 반드시 있다. 그것이 사람이든, 일이든, 아니면 엄마 자신이든, 아이는 결코 엄마의 일차적인 관심사가 아니다. 아기는 엄마에게 보이지 않는 항의를 하지만 결코 자신이 원하는 만큼 엄마의 관심을 얻지 못한다.

아이가 내성적이고 수동적일수록 엄마는 아이를 더 방치한다. 그런 아이는 상처도 더 많이 받는다. 자기중심적인 엄마는 아이가 조용히 있으면 자신의 처지를 이해해 주는 것이라고 마음대로 생각해 버리기 때문이다.

아이는 엄마를 원하지만 엄마는 '다음에, 다음에!'라며 아이의 필요를 외면한다. 그것은 아이에 대한 거절이다. 그런 엄마는 하루 일을 마치고 퇴근하고 와서 아이를 다시 만나도 아이와의 접촉을 피한다. 아이를 돌보기에는 엄마가 너무나 피곤하다.

이런 아이들은 자신에게 필요한 것들을 엄마로부터 불쑥불쑥 받는다. 뜬금없이 용돈이나 선물을 받는다. 언제 칭찬을 받을지도 예측하기 어렵다. 무언가를 받는 것이 반드시 부정적인 것은 아니지만, 아이는 왠지 불안하다.

　안전 기지인 엄마가 흔들려서는 안 된다. 안전 기지가 흔들리면 아이의 세상이 흔들리게 된다. 불안한 애착의 근원은 엄마의 일관성 없는 양육이다. 그런 엄마는 바쁘고 산만하다. 엄마 자신의 인생조차도 이리저리 흔들려서 아이를 붙들어 줄 기준점이 되지 못한다. 그런 엄마는 불안해하는 아이를 보며 더 불안해한다. 그 두려움 때문에 아기에게 쉽게 분노한다. 아기는 그 분노를 내면화하면서 우울해하고, 자신과 세상을 미워하고 공격한다.

　이제라도 엄마는 아이를 배려한다며 아이를 혼자 두고 다니지 말라. 엄마가 언제 나타날지, 언제 사라질지 몰라 아이가 불안해하지 않게 하라. 아이에게 믿음을 주고 약속을 지키라. 엄마의 일관성에서 아이는 신뢰를 배운다.

# 엄마와의 건강한 애착 관계

스피츠는 출생 직후 양육 시설에 맡겨진 아이들을 관찰했다. 그 아이들은 신체적인 돌봄은 받았지만 양육자와의 정서적인 교감은 경험하지 못했다. 그 아이들은 한결같이 우울해하고 위축되었으며 병약해졌다. 석 달이 지나도록 정서적 지원을 받지 못한 아이들은 시야가 좁아지고 운동 능력이 떨어졌다. 점점 생기가 없어지고 꼼짝하지 않고 누워 있는 바람에 매트리스가 움푹 파일 정도였다. 두 해가 지나기 전, 그 시설에 있던 아이들의 삼분의 일이 죽었다. 네 살이 되도록 살아남은 아이들 중 겨우 몇 명만이 앉거나 설 수 있었고, 걷거나 말할 수 있었다. 하지만 석 달 안에 엄마를 만난 아이들은 이렇게 황폐해진 모습으로부터 회복되었다. 스피츠의 연구는 애정 어린 양육자의 손길이 없는 양육이 아이들에게 치명적임을 단적으로 보여 준다.[9]

아이는 엄마의 젖만 먹는 게 아니라 애정을 먹는다. 우유만 준다고 아이가 자라지는 않는다. 일대일의 지속적이고 안정된 돌봄의 관계가 없다면 아이의 정서는 메마른다. 자신을 사랑해 주는 사람과 교감하며 아이는 건강한 인간으로 자란다. 좋은 엄마는 아이에게 몰두한다. 아이가 불안해하지 않도록 아이의 필요에 명민하게 반응한다. 또 필요한 만큼 물러나기도 한다. 아이를 살피면서도 아이가 혼자 있을 시간을 준다.

애착 실험에서 엄마를 회피하는 아이는 엄마가 자신을 떠나도 아무런 감정을 표시하지 않는다. 엄마가 돌아와도 반갑게 달려가거나, 화를 내지도 않는다. 누구와 함께 있건 상관하지 않는다. 심지어 방에 아무도 없어도 아이의 감정은 동요하지 않는다. 엄마를 대할 때와 낯선 사람을 대할 때, 아이의 태도에는 아무런 차이가 없다.

이건 매우 심각하다. 그 아이는 아주 차갑고 무관심한 꼬마 인간이 돼버린 것이다. 엄마를 필요로 하지 않는다는 뜻에서 그 아이는 이미 아이가 아니다. 우려스러운 것은, 그 외톨이 아이 속에 있는 분노, 우울증, 외로움, 공격성이 어떻게 발현될까 하는 점이다.

아이와 건강한 애착을 형성하지 못하는 엄마들의 공통점은 스트레스다. 여기서 스트레스란 따뜻함을 경험하지 못한 개인적 스트레스와 모성적 몰두를 방해하는 현실의 환경적 스트레스를 말한다. 만일 엄마가 아이였을 때 학대당한 경험이 있거나 자신의 엄마로부터 격리된 적이 있었다면, 그 엄마는 지금 자신의 아이를 돌보는 데 어려움을 겪게 된다. 아울러 현재의 어려운 재정 상태, 인간관계의 갈등 역시 모성애를 방해한다.

의외로 많은 엄마들이 아이와의 친밀감을 형성하지 못하고, 아이와의 신체적인 접촉을 어색해한다. 이런 엄마들은 아이에게 따뜻한 시선을 주는 것조차 어려워하고, 아이 돌보는 것을 두려워한다. 엄마의 그런 감정을 아기는 알아챈다. 안타깝게도 아기는 그런 엄마를 바꿀 수 없다. 그런 엄마를 전부로 알고 자라기 시작한다.

물론 대부분의 아이들은 열악한 환경 속에서도 최선을 다해서 자란다. 하지만 일부 아이들은 자신이 받은 대로 엄마에게 되돌려 준다. 청소년이 되면서 자기 방에서 나오지 않거나 게임에만 빠져 있는 것은 자신이 경험한 양육을 그대로 흉내 내고 있을 뿐이다. 자녀가 엄마에게 기대고 따뜻한 품속에서 자랄지, 아니면 엄마를 외면하고 홀로 생존하기로 결심할지, 그것은 전적으로 아기를 안은 엄마의 손에 달렸다. 청소년기에 이르러 엄마의 눈에 그토록 낯설어진 아이의 모습은, 결국 엄마 자신이 보여 준 '텅 빈 사랑'의 결과일 뿐이다.

엄마는 아기에게 돌아와야 한다. 엄마와의 건강한 애착 관계는 잠재력이며 씨앗이다. 그것은 평생 흔적이 남는 것으로, 건강한 인간관계를 맺기 위한 잠재력이기도 하다. 안정된 애착을 경험한 아이는 신체적, 정신적으로 건강하게 자란다. 그 아이는 한 인간으로서 평생 수행해야 할 고차원적인 자기 통제 및 조절 장치를 가장 효율적으로 작동하면서, 사랑과 행복을 자기 아이에게까지 전해 주는 좋은 부모가 될 것이다. 하지만 불안한 애착을 경험한 아이들은 자라면서 자기 조절 능력과 대인 관계 형성에 심각한 결함이 있을 수 있다. 어떤 애착을 경험하는가 하는 것은 건강한 인격 성장을 위한 결정적인 과정이다. 엄마만 돌아오면 된다. 아기를 위해서라면 무조건 따뜻한 엄마가 되어 아기에게 다시 돌아오라.

이제라도 엄마는 아이에게 달려와야 한다. 더 이상 아이 주위를 맴돌며 망설이지 말라. 아이를 눈앞에 두고 다른 계산 하지 말라. 무조건, 그리고 힘 있게 아이를 안아 주어야 한다.

아기가 엄마를 포기한다구요?

존 볼비(John Bowlby)는 엄마가 젖을 먹이기 때문에 아기에게 애착이 생긴다고 주장하는 행동주의자들의 이론을 반박했다. 볼비에 따르면, 애착이란 "사람과 사람 사이의 지속적인 심리적 결속력"이다. 아이에게 음식만 먹여 준다고 아이의 불안이 해소되는 것은 아니라는 뜻이다. 엄마와 분리되었을 때에는 음식이 있건 없건, 아이는 강한 스트레스를 경험한다는 사실을 그는 관찰했다.[10]

아이에게 최악의 스트레스는 엄마와의 분리에서 온다. 아이가 말로 표현하지는 못해도 그로 인한 스트레스는 강력하다. 음식을 먹여 주는 것은 이차적인 문제에 불과하다. 핵심은 엄마다. 엄마와의 지속적이고 안정된 관계가 유지되지 않으면, 아이는 평생 남을 상처를 받는다. 자기 혼자 남게 되면 갓난아기는 엄마를 돌려 달라고 강력하게 항의한다. 아기는 그것만이 자신이 살 수 있는 길임을 본능적으로 알기 때문이다. 그것은 생애 첫 외침이다. 그 외침을 들은 엄마가 즉각 아이 곁으로 돌아오면 아이는 안심한다.

정신의학자 존 볼비가 관찰한 것처럼, 나치의 런던 폭격으로 엄마를 잃은 아기들은 엄마가 없다는 사실에 강력하게 저항했다. 아기들에게는 누구의 도움도 소용이 없었다. 낯선 간호사가 주는 우유는 쳐다보지도 않았다. 그러나 엄마가 돌아올 수 없다는 현실은 변하지 않았다. 폭격으로 숨진 엄마들은 아기에게 돌아오지 못했다. 절박하게 항의하던 아기들은 지치기 시작했다. 아기들은 이제 엄마의 존재를 접어야 했다. 강력한 저항이 잦아들면서, 아기들은 깊은 절망을 느끼며 엄마와 감정적으로 결별했다. 아직 말도 하지 못하는 그 작은 영혼들이 마침내 엄마란 존재를 마음에서 떠나보낸 것이다. 이것은 평생 계속될 깊은 절망과 상처이다.

하지만 아기들의 인생은 계속 이어진다. 이제 아기들은 자기 혼자서 또 다른 세상을 맞이한다. 처음 저항할 때와는 정반대로 자신을 향한 모든 도움의 손길을 환영한다. 그게 누구라도 좋다. 어떤 도움이든 상관없다. 자신을 도와서 살 수 있게만 해 준다면, 간호사, 의사, 남자, 여자, 그 누구라도 기꺼이 받아들일 준비가 되어 있다. 어쩌면 아기로서는 아직 사용해서는 안 될, 융(Jung)의 '페르소나' 즉 대인 관계적 에너지를 너무 일찍 생성하고 소모하기 시작한다.

여기까지 온 아기들에게 낯선 사람이란 없다. 수줍음이나 두려움은 사치다. 생존을 위해 낯가림은 일찌감치 포기했다. 자신을 사랑해 주기만 한다면야, 자신의 생존을 도와주기만 한다면야, 어떤 손길이든 마다할 이유가 없다. 이제 자신의 생존은 엄마 대신 자기 자신의 손에 달렸기 때문이다.

그러므로 낯선 사람에게라도 조금 더 귀엽게, 조금 더 사랑스럽게 보여야 한다. 누구에게든 예의 바르게, 환하고 밝게 방긋 웃어 주어야 한다. 그래야 사람들이 자신에게 필요한 애정을 줄 테니까…. 그 결과 인위적인 사랑스러움이 첨가된다. 아기의 모습을 벗고 아이로 자라면서 깍듯한 예의와 공손한 말투를 다른 아이들보다 훨씬 더 빨리 습득한다. 어른스럽고 성숙하다는 칭찬도 일찍부터 듣는다.

그런 칭찬을 듣는 것이 나쁘지만은 않다. 생존하는 데 도움이 되기 때문이다. 자기를 바라봐 주는 사람이라면 누구에게든 손을 벌린다. 누구든 품만 열어 주면 달려가 안길 준비가 되어 있다. 너무나 슬프고 아픈 조숙함이다. 결국 자신에게 해로운 부메랑이 되어 돌아오겠지만, 자신의 생존이 걸린 마당에, 낯선 사람들의 작은 호의를 거절한다는 것은 사치일 뿐이다. 엄마로부터 멀어진 아이들은 이런 애착 상실의 과정을 거쳐 '독립된 영혼'이 된다. 그 상처는 치명적이다. 일찌감치 '자립'한 아이들에게는 늦게 나타난 엄마가 이제는 불필요하고 거추장스러운 존재다. 많은 낯선 사람 중 한 사람일 뿐, 특별한 정서를 불러일으키는 '진짜 엄마'가 아니다.

이제부터 엄마는 아이 밥을 제때 잘 챙겨 주어야 한다. 하루 세 끼 밥보다 더 중요한 밥은 엄마 자신이다. 엄마가 밥이고, 간식이고, 후식이다. 아이는 엄마를 먹고, 엄마를 마시고, 엄마를 호흡하고, 엄마를 즐거워하고, 엄마를 씹고, 엄마를 삼킨다. 제발 지금 그 자리에, 아이와 함께 있으라.

불안정한 애착 그 이후

심리학자 해리 설리반(Harry Sullivan)은 '공감적 연결'(empathic linkage)이라는 말을 사용했다. 이것은 양육자(주로 엄마)의 감정이 아이에게 전염되는 현상을 가리킨다. 설리반에 따르면, 엄마로부터 아이에게 전염된 불안은 초점도 없고 분명한 원인도 없으며 형체가 없는 긴장처럼 경험된다고 한다. 불안은 아기의 모든 욕구를 해체한다. 무서움을 주고, 빠져나갈 수 없는 긴장을 불러일으킨다. 불안해진 아기는 먹을 수도, 안길 수도, 잠을 잘 수도 없다. 아이에게 불안을 야기하는 것은 양육자다. 그러므로 아이에게는 두 가지 유형의 엄마, 즉 '불안하지 않은 좋은 엄마'와 '불안한 나쁜 엄마'가 존재한다.[11]

친밀감은 아기의 영혼의 탯줄이다. 친밀감은 사랑과 신뢰라는 생명의 양분을 아이에게 실어 나른다. 그러므로 아기를 돌보는 엄마는 안정된 정서를 가져야 한다. 아빠는 엄마를 지켜 주어야 하고, 엄마는 아기를 지켜 주어야 한다. 엄마가 아이에게 몰입할 수 있도록 아빠는 산만하지 않아야 한다. 아기를 돌보는 아내의 마음이 어떤지 묻고 확인하는 것은, 엄마와 아기의 건강한 애착을 돕기 위한 아빠의 몫이다.

안정된 애착과 불안정한 애착은 매우 상반된 결과를 초래한다. 안정된 애착 관계에서 자란 아이는 자라면서 성적(性的)으로도 점진적으로 성숙해지기 때문에, 성인이 되어서도 이성과 안정적인 애정 관계를 유지한다. 그런 사람은 충분히 준비된 나이에 자신의 아이를 갖게 되며, 아기를 낳았다면 따뜻하게 잘 기를 수 있다. 또한 아기의 생존을 위해 시간과 자원을 충분히 투자한다.

하지만 불안한 애착 관계를 경험하며 자란 아이는 성적으로 조숙해진다. 그래서 이른 나이에 이성과 교제하며 이른 나이에 첫 임신을 경험한다. 이성과의 애정 관계가 매우 불안하고 오래 지속되지 않으며, 자신의 아이와도 불안하거나 회피적인 애착 관계를 갖게 된다.

사랑받은 아이가 사랑할 줄 안다. 다른 사람의 호의를 감사함으로 받을 줄도 안다. 인간관계는 개인적인 독립을 추구하는 것이 아니라 건강한 상호의존(interdependence)적 관계를 추구하기 때문이다. 유아기의 건강한 애착 관계 경험은 성인이 되어 애정 관계를 맺고 유지하는 능력의 기본이 된다. 사랑을 주는 것도 편안하고, 사랑을 받는 것도 편안하다. 안정적인 애착을 경험한 사람은 자신이 사랑과 돌봄을 받을 만한 가치가 있다고 생각한다.

불안정한 애착 환경에서 자란 사람들은 주고받는 사랑이 부자연스럽다. 남에게 사랑을 주는 것도 어렵고, 누군가가 자신에게 다가와 친밀한 사랑을 주려는 것도 불안해한다. 사랑받을 능력을 빼앗긴 것이다. 자신을 위한 사랑이 그다지 필요하지 않다고도 생각한다. 사랑받지 않아도 그다지 문제가 없다고 여기고, 다른 사람의 관심과 사랑을 감사하게 받을 줄도 모른다. 그 결과 죄책감이나 무기력에 쉽게 빠진다. 사랑을 기꺼이 받지 못하는 것은 다른 사람을 사랑하는 능력 역시 망가졌다는 뜻이다. 사랑을 감사하며 받을 수 있는 사람이 다른 사람을 사랑할 수 있다.

그런 사람들은 신앙생활에서도 불안정한 모습을 보인다. 안정적인 애착을 경험하지 못하고 자란 청소년들은 갑작스럽고 급한 회심을 경험할 가능성이 크다. 특히 하나님의 무조건적인 사랑 이야기는 이런 청소년들에게 매우 큰 위로를 준다. 사랑의 하나님으로부터 오는 영적 보상은 이런 청소년들에게 큰 흡인력을 갖기 때문이다. 하지만 갑작스러운 회심은 인간관계의 어려움을 초래한다. 회심은 하나님과의 경험이지만, 신앙생활은 공동체와의 관계를 포함하기 때문이다. 올바른 인간관계 형성과 하나님에 대한 신앙을 어떻게 함께 풀어 가야 할지, 그것은 회심자와 공동체 모두의 공통된 과제다.

유아기의 불안정한 애착은 그 대가가 너무 크다. 아이가 평생 스트레스를 받거나, 따돌림과 폭력의 가해자 혹은 희생자가 될 가능성이 있기 때문이다. 자신감이 없고, 자존감이 낮으며, 자신의 장단점을 성찰하기가 어려운 어른이 되기 쉽다. 엄마는 아기 곁에 있어야 한다. 가능한 한 오래, 따뜻한 태도로, 산만하지 않고 불안하지 않게, 아이와 함께 있어 주어야 한다. 아빠는 엄마가 아기에게 집중할 수 있도록 그 곁을 지켜 줌으로써 엄마의 모성애가 산만해지지 않도록 도와야 한다.

이제 엄마는 어떤 불안이든 엄마 차원에서 먼저 해소해야 한다. 가장 바람직한 길은 좋은 상담자를 만나 보는 것이다. 좋은 상담자는 엄마와 아이의 관계의 질(quality)을 평가해 줄 것이다. 만일 아빠가 엄마를 불안하게 하는 것이 있다면 즉시 그 일을 멈추고 엄마에게 집중해야 한다.

 ## 건강한 애착은 사랑의 가치를 체득하게 한다

사랑이 없어도 아기를 키울 수는 있지만, 사랑이 없는 비인격적인(impersonal) 방식으로는 아기를 자율적인 인간으로 키울 수 없다고 위니캇은 말했다. 아이에게 결정적인 것은 먹을 것이 아니라 사랑이다. 유아의 욕구 충족도 중요하지만 유아의 특성에 맞는 엄마의 반응이 핵심이다.[12]

안전 기지로서의 엄마를 경험하지 못하면 분리 불안이 커서 아이는 지지를 조작한다. 다른 말로 하자면, 사랑이 아닌 것을 사랑이라 여기며 거기에 매달린다는 뜻이다. 청소년기를 지나 성인이 되면서 섹스를 사랑이라 해석하기도 한다. 그러다가 자신에게 닥쳐오는 위험을 감지하지 못해서 더 큰 고통을 받는다. 하지만 엄마에게 충분한 사랑을 받은 아이는 따뜻한 엄마를 닮는다. 사랑하는 법을 배우고, 다른 사람이 아파하거나 위험에 빠지는 상황을 신속하게 느끼고 반응한다.

"엄마, 저 베이비 위험해! 위험!"

채 두 살도 되지 않은 딸이 텔레비전을 보다가 깜짝 놀랐다. 제대로 발음하기도 어려워서 "우-위험"이라고 두 번이나 외쳤다. 아니나 다를까, 텔레비전에 나온 한 어린아이가 크고 날카로운 칼을 들고 장난을 치고 있었다.

다른 사람이 처한 위험과 그의 아픔과 슬픔에 공감하는 것은 아이 자신이 받은 공감에서 나온다. 귀여움과 사랑스러움을 보고 감탄하는 것 역시 자신에게 감탄해 준 사람들을 만난 경험에서 나온다. 다른 사람에 대한 가치는 우선 부모의 태도로부터 직접 흡수하는 것이다. 자기 자신에 대해 공감·수용·사랑·관심을 받은 아이들은 자연스럽게 다른 사람의 처지를 더 잘 공감한다.

순천 낙안읍성의 고성(古城) 관아에 가면, 태형 틀에 묶여 곤장을 맞는, 실물 크기의 사람 모형이 있다. 그 모형의 엉덩이는 벗겨져 있고 살갗은 피멍이 벌겋게 들어 있다. 나는 그 모습을 사진에 담고 싶었다. 그런데 서너 살쯤 돼 보이는 여자아이가 좀처럼 비켜 주지 않았다. 아이의 표정은 일그러져 있었다. 엄마에게 몇 번이나 이야기하고 있었다.

"엄마, 이 사람 아파. 이 사람 아파."

나는 속으로 생각했다.

"너의 엄마가 너를 참 잘 키우셨구나!"

결국 나는 그 아이와 모형을 함께 사진 안에 담을 수밖에 없었다. 사진 속에서 그 아이는 지금도 여전히 슬프고 안타까운 동정의 눈으로 그 험상궂은 '아픈 사람'을 어루만지고 있다.

엄마의 공감은 넓고 깊고 다양해야 한다. 게임에 빠진 아이에게도 공감할 수 있어야 한다. 아이에게는 게임이 친구이고 삶의 의미이다. 아이가 게임과 그렇게 친해질 동안, 엄마는 그만큼 아이와 친해지지 못했다. 이제부터라도 공감하려는 노력이 필요하다. 게임이 아이에게 얼마나 즐거운지, 어떤 점이 재미있는지 관심 있게 물어야 한다. 게임을 하면서 알게 된 정보들에 주목해 주고, 아이의 게임 능력과 이해력을 우선 칭찬해 주어야 한다. 칭찬은 고도의 지성적인 행위이자, 아이의 잠재력을 이끌어 낼 수 있는 강력한 장비다. 자신의 특별한 모습, 이상하거나 부적응적인 모습까지 공감받은 아이들은 장차 자기 자신과 부모를 존중할 것이다. 가난하고 외롭고 힘든 사람들에 대한 관심도 공유하려 할 것이다. 존중받은 아이는 다른 사람들을 존중할 줄 안다.

어떤 청년은 어릴 때 자신과 놀아 준 아버지를 무척 좋아했다. 의식적으로나 무의식적으로나 아버지를 닮고 싶었다. 그는 아버지의 말씀 때문에 꿈을 갖게 되었다. 아버지는 초등학교 3학년이었던 그를 자전거에 태우고 많은 노인들과 아이들이 있는 곳을 지나가면서 그에게 부탁했다. "나는 네가 저런 사람들이 잘 살 수 있도록 도와주는 사람으로 자랐으면 좋겠다." 그는 정말 그런 사람이 돼야겠다는 결심을 가지고 자라게 되었다.

사람의 가치는 그 자체가 목적이다. 우리에게는 우리와 우리 자녀들이 평생 봉사하며 섬겨야 할 이웃들이 있다. 그들은 우리의 봉사를 받을 가치가 있고, 우리는 그들을 위해 봉사해야 할 목적이 있다. 우리 삶의 가치는 이웃을 위해 어떤 유익한 일을 하며 사는가에 달려 있다. 어떻게 그들에게 도움이 되는 사람이 될 것인가? 그 출발점에 공감이 있다.

아이가 어떤 꿈을 가지든 칭찬해 주라. 그 꿈이 하루에 열 번도 더 바뀌어도 받아 주어라. 그 꿈이 다른 사람들에게 어떤 유익이 되는지 서로 대화하라. 다른 사람들을 어떻게 돕고 싶은지 말하게 하라. 자기 이익만 찾는 세상에서 우리 아이들만은 다른 사람을 염두에 둔 꿈을 꾸도록 도와야 한다.

이제라도 엄마는 아이가 웃음을 터뜨리는 코드를 파악해야 한다. 아기든, 아동이든, 청소년이든, 내 아이에게 맞는 반응을 해 주고, 아이가 좋아하는 자극을 해 주라. 엄마가 주는 감동을 경험한 아이가 세상에 감동을 주는 아이가 된다.

 **공못맘(아이가 공부를 못하게 만드는 엄마)이 될 수 있는 비법**

1. 성적이 나쁠 때마다 즉각 화를 낸다.
2. 아이가 틀린 시험 문제를 집요하게 물고 늘어져, 결국 아이를 우울하게 만든다.
3. 아이를 의심하고 안 믿어 준다.
4. 아이 키우는 데 드는 비용 걱정을 아이 앞에서 자주 한다.
5. 아이 컨디션이 좋지 않을 때도 쉬라는 말은 절대 하지 않는다. 오히려 공부하는 자세가 틀렸다고 꾸중한다.
6. 아이에게 부모 자신의 꿈을 강요한다.
7. 엄마 자신 때문에 아이의 스트레스가 상승하고 있다는 것을 모른다.
8. 공부가 전부라고 강조한다.
9. 절대 칭찬하지 않는다.
10. 영재들과 비교해서 공부하기 싫게 만든다.

♥

2장

엄마와의 교감

 ## 아이의 희로애락을 함께하세요

좋은 엄마는 수용적이다. 불안을 느끼는 아이에게 민감하게 반응하되, 느긋한 태도로 아이를 안심시킨다. 그렇지 못한 엄마는 아이의 불안을 받아 주거나 처리하지 못하며, 아이를 불안한 상태에 방치한다. 엄마는 불안과 좌절을 경험하는 유아를 달래고 위로할 수 있어야 한다. 엄마는 아이의 감정을 처리할 수 있는 능력이 있어야 한다. 그럴 때 유아는 엄마의 능력을 경험하고 흡수하며, 시간이 경과함에 따라 엄마의 능력을 자신의 능력으로 동일시하게 된다.[13]

건강하고 민감한 엄마는 아이의 두려움을 알아채고, 그것을 밝고 가벼운 웃음으로 바꾸어 줄 줄 안다. 반대로 우울하여 민감하지 못한 엄마는 불안한 상황에 아이를 방치한다. 아이가 엄마를 바라보며 기대하는 것을 읽지도 못한다. 그럴수록 아이는 엄마의 불안을 자기 것으로 내면화하여 불안한 아이로 자란다. 민감한 엄마는 집중된 시선, 발 빠른 반응, 정성스러운 음식으로 쉬지 않고 아이와 교감한다. 엄마가 민감하지 못하고 아이에게 소홀하면, 아이의 인내심은 점점 바닥을 드러낸다.

척박한 환경에서도 아이들은 잘 자란다. 아빠를 잃고 슬픔에 잠긴 엄마를 바라보는 딸, 시장에서 장사하는 가난한 엄마를 바라보는 아들은 남들보다 일찍 성숙해진다. 불쌍한 엄마에 대한 연민도 많고, 공부도 더 열심히 해서 꿈을 성취한다. 하지만 이런 아이들이 대인 관계에서는 어려움을 겪을 수도 있다. 어린 시절에 가난하고 힘든 가정 형편 때문에 지속적인 친구 관계를 맺지 못했을 뿐만 아니라, 힘들고 우울한 엄마의 한숨을 자기 것으로 내면화했기 때문이다. 이것 때문에 아이들은 깊은 우울감이나 약물 중독을 경험하기도 한다.

반면에, 따뜻한 엄마와 함께 자란 아이는 의사 표현에 자신감이 있다. 엄마의 따뜻한 지지를 받고 자랐기 때문이다. 이런 아이는 대인 관계를 잘 맺는다. 자신과 타인의 경계선을 선명하게 가지고 있고, 인간관계를 주도적으로 이끌어 갈 수 있다. 엄마와 인격적 관계를 맺는 것은 건강한 인간관계를 맺기 위한 연습 과정이다.

유아기나 아동기에서부터 이미 엄마와 떨어져 자란 아이들은 자기 절제 혹은 자기 경계선이 약하다. 사람들과 함께 어울려야 하는 취미 생활은 유지하기 어려워한다. 엄마가 부재했던 시기에 그들은 자신에게만 몰입해 있었다. 고립된 상태에서 고집해 온 자신만의 어두운 생각과 습관들이 대인 관계를 부담스럽고 힘들게 만든다.

좋은 엄마란 아이에게 질문을 잘하는 엄마이다. 어떤 것이 가장 좋은 선택일지, 크고 작은 일에 아이의 의견을 구한다. 아이는 그런 엄마에게서 생각하는 법을 훈련받고, 자신을 위해 최고의 것을 선택하는 연습을 한다. 좋은 부모는 가족을 위한 중요한 결정을 내릴 때 아이들에게 의견을 묻는다. 그렇게 함으로써 자신의 생각을 표현할 줄 아는 아이로 키우는 것이다.

물론 중요한 일의 최종 결정은 부모의 몫이다. 부모는 그 책임을 아이에게 미루어서는 안 된다. 하지만 시간과 자원의 손해를 감수하고서라도 부모가 자녀들의 의견을 들어 줄 때, 아이들은 부모의 신뢰를 경험하고 자신이 큰일에 참여했다는 자부심을 가진다.

우리 아이의 '잃어버린' 유아기, '지나쳐 버린' 아동기, '안타깝게 놓쳐 버린' 청소년기, 어떻게 할 것인가? 아이가 다 컸다고 이제 기회가 없는 것은 아니다. 자녀가 대학생이 되고 직장인이 되었어도 부모는 늦은 숙제를 해야 한다. 늦었다고 주저앉는 것이야말로 패배주의다. 낮에 바빠서 숙제를 못했다면 밤 12시를 넘겨서라도 숙제는 해 놓아야 마음이 편하다. 아이들은 아직도 기다리고 있다. 따뜻한 엄마, 인격적인 아빠를! 아이들은 여전히 포기하지 않고 부모와의 따뜻한 관계가 회복되기를 기대하고 있다. 자녀가 어두운 고독에서 벗어나 건강한 대인 관계를 맺고 주도적인 인생을 살아가도록, 우선 변해야 할 사람들은 바로 엄마와 아빠이다.

이제 아이를 달래 주는 엄마, 아빠가 되라. 아이란 흥분하고, 기뻐하고, 자랑하고, 분노하고, 지나치고, 오만하고, 과잉 행동을 할 수도 있는 존재이다. 아이의 어떤 감정이라도 엄마, 아빠라면 달랠 수 있다. 아니 반드시 달래져야 한다. 아이의 희로애락의 순간에 엄마, 아빠와 함께했던 기억이 많아야 한다.

 ## 부모를 당황시키는 아이들

심리학자 하인츠 하트만(Heinz Hartmann)은 아이를 '잠재력'으로 보았다. 싹을 틔우기 위해 봄비를 기다리는 씨앗처럼, 어린아이의 잠재력을 발현시키기 위해서는 적절한 환경이 필요하다. 아이의 잠재력 성장을 위해서는 '평균적으로 기대할 만한 환경'(average expectable environment)이 필요하다. 그것은 곧 아이를 있는 그대로 수용해 주는 환경을 가리킨다. 그런 환경 안에서 아이는 타고난 잠재력을 자연스럽게 펼쳐 갈 수 있다.[14]

아이에게 그렇게 특별한 성장 환경이 필요한 것은 아니다. 일상적이고 평범한 환경이면 충분하다. 여기서 환경이란 아이 자신에게 집중해 주는 사람이다. 그것은 특별한 누구네 집에만 있는 것이 아니라, 모든 엄마들이 자연스럽게 베푸는 돌봄과 사랑의 환경이다. 좋은 돌봄의 환경이란 아이의 가시와 상처를 품어 주는 곳이다.

아이가 주는 상처가 있는가? 놀라지 말라. 필자의 생각에는 어쨌든 아이가 자라는 이유는 부모를 '당황'시키기 위해서이다. 내 아이가 그럴 줄 몰랐다는 부모에게는 안타까운 일이지만, 모든 아이들은 부모를 당황시킨다. 심지어 어린 예수님도 혼자 성전에 남아 계시는 바람에 아버지 요셉과 어머니 마리아가 당황해서 며칠씩 그를 찾아다녔다.

부모를 당황시키는 아이에게 부모가 힘과 권위로 보복하는 것은 자녀를 노엽게 하는 일이다. 승부는 이미 정해졌다. 연륜으로, 경험으로, 말로, 지식으로, 아이는 부모의 상대가 되지 못한다. 그러나 부모가 분노를 표출하는 대신, "○○야, 너 혹시 무슨 일 있니?"라고 물어 준다면, 아이는 틀림없이 부모의 돌봄을 고마워할 것이다.

자녀에게 분노하지 말라. 분노는 아이의 잠재력을 억압한다. 아이의 잠재력은 하늘에서 받은 꿈이다. 부모는 아이 곁에 잠시 머무르는 멘토이고 상담자일 뿐이다. 그 하늘 꿈의 주인공은 아이 자신이다. 분노하는 대신 고개를 끄덕여 주고, 아이의 새로운 모습에 놀라 주라. 맞장구쳐 주고, 안타까워해 주라. 아이 속에 숨은 보물을 함께 찾아 주라. 따뜻하게 코치해 주라. 꿈은 아이들이 꾼다. 그 꿈을 살아 내는 것도 아이들이다. 부모는 아이의 '보조 자아'(auxiliary ego)이다. 핸드폰에 보조 배터리가 있는 것처럼, 본체인 아이를 돕기 위해 보조 자아인 부모가 존재한다. 말 그대로 부모는 아이의 인생을 돕는 존재이다. 그런 보조 자아가 지나치게 근엄하거나 아이가 질식당할 정도로 철두철미하다면 주인공인 아이가 설 자리가 없어진다. 좋은 부모는 아이를 위해 적절하게 물러설 용기가 있다.

물러서는 것은 보조 자아인 부모이어야 한다. 만일 본체인 아이가 설 자리가 없다면 그 아이는 우울증을 앓는다. 푹 싸서 안아 주는 품이 없으면 아이는 환자가 된다. 엄마 품에 충분히 있지 못한 아이는 자주 아프다. 나중에라도 잊지 않고 병에 걸린다. 태어난 세상에 자기 자리가 없는 아이는 우울하고 아프다. 차라리 엄마, 아빠가 조금 더 아프고 말지,

더 많은 세월을 살아야 할 아이를 아프게 하는 것은 공정하지 못하다.

어떤 여자아이가 열 살에 골목에서 자살을 시도했다. 달리는 차에 뛰어들었는데, 다행히 차가 급정거했고, 평생 들을 욕을 그 운전사에게 다 들었다. 그 여자는 30년이 지난 지금도 그저 죽고 싶을 뿐이다. 그 여자는, 아들을 기다리는 집안의 여섯 번째 딸이었다. 아무도 그 아이를 반기지 않았고, 아무도 그 아이에게 신경 쓰지 않았다. 그래서 평생 죽고만 싶었다. 태어났을 때 자기 자리가 없는 사람은 마치 화 입은 사람 같다. 자녀의 자리는 부모가 만들어 주는 것이다.

엄마의 부재는 '아이를 위한 자리'의 부재이다. 그래서 아이는 또 아프다. 현관문 비밀 번호를 누르고 아무도 없는 집에 들어가 부모를 기다려야 하는 어린아이는 아프다. 엄마 잠옷을 찾아 엄마 냄새를 맡으며, 엄마의 흔적을 그리워하는 아이는 사실 아픈 것이다. 아무리 넓은 집에 살아도 아이는 엄마를 그리워하며 여전히 아프다.

하지만 엄마가 아이를 받아 주면 아이는 꽃처럼 피어난다. 엄마가 참아 주면 아이는 숨을 쉰다. 엄마가 일을 조금만 적게 하면 아이는 설 자리가 생기고 안도의 한숨을 내쉰다. 엄마가 조금만 더 일찍 집에 들어오면 아이는 세상을 두려워하지 않는다.

"너네들이 아무리 그래도 우리 집에는 엄마가 있다!"

아이 인생의 품위와 배려는 엄마, 아빠와 함께 있을 때 생긴다. 아이들과 함께 있으면서 부모는 비로소 '엄마, 아빠'가 된다. 엄마, 아빠가 매일 아이를 우선 선택하고 다른 것을 포기할 때 아이들은 행복해진다. 엄마는 아이 곁을, 아빠는 엄마 곁을 지켜야 한다. 행복과 자유와 미래는 여기에서 온다.

이제부터는 하루에 한 번이라도 내 아이의 이름을 따뜻하게 불러 주자. 엄마, 아빠에 대한 아이의 기대를 더 이상 무시하지 말라. 아이가 부모에게 바라는 기대 충족을 더 이상 늦추지 말라. 아이들의 소원은 크지도, 복잡하지도 않다. 아이의 잠재력을 발현시키기 위해서는 평균적인 엄마, 아빠가 되면 충분하다. 분노를 절제하고, 기꺼이 아이의 보조 자아, 곧 아이 인생의 조연이 되어 주라.

천생 이야기꾼인 아이들

친엄마 없이 인형 엄마를 안고 자란 새끼 원숭이들은 친엄마 아래에서 자란 원숭이에 비해 ① 훨씬 겁에 질려 있었고, ② 다른 원숭이들과 어떻게 지내야 하는지 몰랐고, ③ 쉽게 따돌림을 당하기도 하고, 자신을 지킬 줄도 모르고, ④ 짝짓기에 어려움을 겪었다. ⑤ 그렇게 자란 암컷들은 엄마 노릇을 제대로 하지 못했다. 이것을 관찰한 해리 할로우(Harry Harlow)는 원숭이가 정상적으로 성장하기 위해서는 생후 몇 개월이라는 핵심 기간에 친엄마처럼 자신이 매달릴 수 있는 대상과의 상호 작용이 반드시 있어야 한다고 결론지었다.[15]

보호받지 못하는 아이는 겁에 질려 자란다. 자신감이 없고, 자기를 지키기 위해 목소리를 낼 줄도 모른다. 하지만 사랑하는 부모님과 함께 있으면 아이들은 모든 것을 가진 것이다. 아이들이 본래 핸드폰과 게임을 더 좋아할 것이라고 생각하는 것은 부모의 착각이다. 식당에서 아이에게 핸드폰 게임을 하라고 허락하는 것은 부모다. 아이와 같이 있을 때 무엇을 해야 할지 모르는 부모들의 대표적인 병적 증상이 아이를 조용하게 만들려고 게임을 허락하는 것이다. 아이의 게임 중독은 부모가 아이에게 자리를 내주지 않았기 때문이다. 아이들이 가장 재미있어 하는 것은 게임이 아니라 엄마, 아빠랑 대화하는 것이다.

아이들은 타고난 이야기꾼이다. 우선 자기 이야기 하는 것을 좋아한다. 재미있었던 이야기, 속상한 이야기, 실수한 이야기, 창피했던 이야기, 민망했던 이야기, 안 하고 싶었던 이야기까지…. 아이들의 이야기는 끝이 없다. 또 아이들은 엄마, 아빠의 이야기를 듣고 싶어 한다. 엄마, 아빠는 무엇을 좋아하는지, 우선순위가 무엇인지, 어떻게 공부했는지, 어떻게 성공했는지, 실패했을 때는 그 실패를 어떻게 감당했는지, 몸에 어떤 상처가 있는지, 어떤 우스꽝스러운 일이 있었는지…. 그런 이야기를 끝없이 듣고 싶어 한다. 부모의 이야기에 자신들도 참여하고 싶어 한다.

아직은, 이야기를 할 때 예의 바르게 행동하거나, 다른 사람의 이야기를 잘 들어 주는 법은 모를 수도 있다. 그래서 부모가 필요하다. 초등학교 2학년 아이가 화장실에서 친구에게 말했다.

"야, 너 대모산 안 가 봤지?"
"아니, 나 가 봤어!"
"너희 집에서 멀지?"
"아니, 가까워!"
"너, 그 산꼭대기가 얼마나 높은지 모르지?"
"나 아빠랑 꼭대기까지 다 가 봤어!"
"…"

그래도 아이들은 말해야 한다. 말하지 않는 아이는 무기력해진다. 이야기는 자신이 주체임을 확인하는 중요한 작업이다. 물론 말이 적은 아이들도 있다. 하지만 부모는 그것을 방치하지 말고, 어떤 노력을 들여서든, 적어도 부모에게는 아이가 자신의 이야기를 하도록 이끌어 주어야 한다. 잘 물어봐 주고, 대답에 적절하게 반응해 주어야 한다. 아이가 하는 이야기는 자신을 주인공으로 만드는 드라마이며 소설이다. 부모가 자기 이야기를 들어 줄 때 아이는 생기발랄해진다. 자기가 주인공이 될 때 아이는 삶의 기쁨을 느낀다.

그러므로 아이와 대화해야 하는 엄마, 아빠는 아이들에게 너무 근엄하거나 무거운 어조로 말하지 말아야 한다. 때로는 우스꽝스럽고 자연스러운 인간미를 아이들에게 보여 주기도 해야 한다. 자신의 엉뚱한 실수나 예기치 못했던 당황스러운 일에 대해 함께 웃으며 대화할 수 있어야 한다. 불필요한 권위의식을 내려놓고, 아이들에게 편안한 이야기 파트너가 되어 주어야 한다. 아이들은 자기들 앞에서 망가지는 엄마, 아빠 때문에 행복감을 느낀다. 아이들은 그런 엄마, 아빠를 사랑하고 이해한다. 그리고 엄마, 아빠에게 친구가 된다.

문학을 좋아하는 엄마와의 대화가 즐거우면 아들은 혼자서도 문학책을 손에 쥔다. 엄마와 여유롭게 대화했던 그 따뜻한 시간들을 자신의 인생 내내 기억하며 행복해한다. 아빠와 함께 낚싯대를 잡고 있을 때 아들은 자신의 두려움과 꿈과 사랑을 아빠에게 이야기할 수 있다. 아들은 아빠에게 끊임없이 묻는다. 그 시간에는 아빠든 아들이든, 갓 잡은 물고기 지느러미의 가시나 낚시 바늘에 손이 찔려 피가 나도 행복하다. 아들과 아빠의 이야기는 끝이 없다.

자식과 함께 있어 주고, 자식에게 눈높이를 맞추며 대화를 이어 가는 부모는 아이의 인생을 살 만하게 해 준다. 아이가 흥미진진한 인생을 상상하고, 꿈꾸고 도전하게 한다.

대화는 아무런 조건 없는 환영이다. 아이는 환대의 대상이다. 아이가 가정에서 환영받고 있다는 최고의 증거는 대화이다.

하지만 그런 환영을 받지 못하고 자라는 아이들이 많이 있다. 엄마, 아빠가 아이들에게 조건을 걸기 때문이다. "네가 아들이라면", "공부를 잘하면", "시키는 대로 하면" 자식으로 받아 주겠다고 차갑게 협박하기 때문이다. 부모 자신은 하나님의 사랑을 무료로 받아 놓고, 정작 아이를 사랑하는 일에는 조건을 건다.

아이의 마음은 살피지 않고 자신의 체면을 먼저 생각하는 부모는 자기 마음만 살피는 이기주의자이다. 자신이 상처받지 않기 위해 천국의 영혼을 가진 아이에게 깊은 상처를 준다. 자신의 체면을 구기지 않기 위해 아이를 아프게 한다. 자기 연민에 몰입하여 아이의 마음은 조금도 궁금해하지 않는다. 아이의 감정을 느낄 수 있는 능력도 없다.

이제라도 엄마, 아빠는 아이에 대한 사랑의 조건(if)을 내려놓으라. 그 조건들은 엄마, 아빠의 마음에 숨어 있다. '누구네 집 아이' 혹은 '엄친아'의 그림자가 그 뒤에 숨어 있다. 다른 사람들과의 상호작용은 까다로운 머리가 아니라 따뜻하고 너그러운 가슴에서 흘러나와야 한다. 아이와 허물없이 대화하라. 사소한 일, 웃긴 일, 읽은 책, 만난 사람 등에 대해 뭐든지 대화하라. 때론 광대가 되고 때론 개그맨이 되어, 아이들 앞에서 망가지라. 아이들은 웃으면서 행복해지고, 엄마, 아빠와 친구가 된다.

따뜻한 질문으로 대화를 시작하세요

개그맨이 여섯 살 어린아이에게 물었다. "얘야, 몇 살이니?" 아이는 화를 냈다. "아저씨는 나한테 관심도 없으면서 나이는 왜 물어요? 물어보려면 제 고민이 뭔지 물어봐 주세요." "그래? 그럼 네 고민이 뭔데?" "왜 우리 엄마는 아침마다, 나한테 물어보지도 않고 밥을 물에 말아서 주는지 모르겠어요."

엄마는 누구를 위해 아침마다 밥을 물에 말아서 아이에게 먹였을까?

아이를 위해? 아니면 엄마 자신을 위해?

아이를 길러 본 엄마라면 이 문제의 답을 쉽게 맞힐 것이다. 어떻게든 아침밥을 먹이지 않고 아이를 유치원을 보냈을 때 엄마들은 큰 죄책감을 느낀다고 한다. 아이에게 아침을 먹이는 것은 분명히 아이를 위한 일이다. 그렇지만 아이의 생각은 묻지도 않고 무작정 무엇이든 먹여 보내겠다는 것은 엄마 자신을 위한 것이다. 나는 과연 누구를 위한 엄마인가?

아이가 자랄 때 엄마, 아빠의 마음은 급하다. "이 시기를 놓치면, 이 기회를 잃으면, 이제 돌이킬 수 없는 일들이 생길 거야." 그래서 잠시도 긴장을 늦출 수 없다. 혹시 다른 아이들보다 뒤처질까 봐, 혹시 우리 아이의 학습 진도만 늦을까 봐, 정말 불안하다. 아이를 학원에 보내고, 과외 선생님도 붙이면서 부모들은 많은 노력을 한다.

그래서 얻는 것도 많다. 아이들이 많이 배운다. 학습 진도도 빠르고, 성적도 오른다.

"다른 애들보다 조금도 뒤떨어져선 안 돼!"

다른 집 아이들과 비교하며, 아이를 잠시도 쉴 틈 없이 몰아붙이는 것, 그것은 과연 누구를 위한 것인가?

물론 아이의 생각을 물어보면 문제는 더욱 복잡해진다. 밥을 물에 말아 먹이는 것만큼 쉬운 것이 어디 있겠는가? 아이에게 물었을 때 계란 프라이를 해 달라거나 베이컨을 구워 달라고 하면 엄마의 일은 복잡해진다. 아이 말대로 못해 주면 더 미안하다. 그래서 묻지 않고, 무조건 밥을 물에 말아서 준다. '닥치고 먹인다.' 그러고 나면 어쨌든 엄마는 밥을 먹였다는 생각에 뿌듯해지고, 상처받을 일도 없다. 하지만 상처받지 않는다면 사랑하지 않는 것이다.

기다림은 사랑이다. 기다리는 사람의 마음은 아프다. 내가 사랑하는 사람이 혹시 오지 않을까 봐, 혹시 늦을까 봐, 신경 쓰이고 힘들다. 사랑은 기다림이다. 그래서 아프다. 엄마, 아빠가 아이를 믿고 기다려 주는 것은 답답하고 아픈 일일 수 있다. 그러나 그 기다림은 아이에게 믿음과 신뢰를 준다.

부모가 아프지 않으면 아이가 아프다. 아이들이 많이 아프다. 부모의 과도한 기대, 눈 감고 무조건 자녀를 밀어붙이는 부모, 부모의 폭언과 폭력…. 아이들은 자기 이야기를 전달할 기회조차 없어서 아프다. 그런 상황에 있는 아들들은 누구건, 무엇이건 한 방 치고 싶어진다. 그리고 칠 만한 그 무엇이 없는 딸들은 자기 자신을 친다. 그래서 우울해진다.

밤늦게까지 거실은 행복하고 즐거웠다. 하지만 아파트 현관문의 번호를 누르는 아빠의 기척이 들리자마자 전등과 텔레비전이 순식간에 꺼져 버린다. 아이들은 신속하게 각자 자기 방으로 흩어져서 방문을 닫는다. 혹시 술에 취한 아빠에게 걸리면 밤새도록 잔소리를 들어야 하기 때문이다. 그런 가족을 우리는 '바퀴벌레 가족'이라 부른다.

그래서 이제는 어른이 된 친구끼리 서로 묻는다.

"자네 형제들도 바퀴벌레로 커 왔는가?"

부모가 아이 대신 아파 줄 수만 있다면? 그렇게만 된다면 아이는 건강하고 자유로워질 수 있다. 아이에게 묻고 아이의 말을 들어 주는 것은 부모에게도 나름 힘겨운 선택이다. 엄마, 아빠도 자기의 시간과 자원을 희생해야 하기 때문이다. 아이에 대한 기대를 접는 것은 어려운 일이다. 아이가 자신의 말을 행동으로 증명해 보여 줄 때까지 기다려 주는 것은 엄마에게 손해와 상처다. 엄마, 아빠도 아프다. 하지만 참을 줄 아는 엄마와 아빠 아래에서 자라는 아이는 자유롭고, 건강하고, 해맑고, 착하고, 똘똘해진다.

만일 내 아이를 잃게 된다면? 상상조차 하기 싫은 일이지만, 만일 그런 일이 생긴다면, 마치 다윗이 죽은 압살롬을 두고 통곡하듯, 세상의 모든 엄마들은 토하듯 진실을 말할 것이다. "너 대신 차라리 내가 죽었더라면…."

하지만 살아 있는 아이에게 엄마들은 아무런 거리낌 없이 강력하게 요구한다. "네가 나에게 상처를 주겠다고? 그게 무슨 말이야? 자식이 부모 말을 듣는 게 당연한 거 아냐?"

이제 엄마, 아빠는 질문하는 사람이 되어야 한다. 우선 아이에게 묻고, 아이가 이해되지 않으면 아이를 보내 주신 하나님께 질문해야 한다. 질문은 존중이다. 하나님은 아이 속에 어마어마한 잠재력을 숨겨 놓으셨다. 그 놀라운 보물은 오직 질문할 때 찾을 수 있다. 한 번 질문에 보물 하나! 아이는 엄마, 아빠에게 질문을 받을 때 신나고 살맛이 난다.

아이에게 감탄사를 낭비하세요

해리 할로우에 따르면 애착이란 아이가 "피부로 느낄 수 있는 위로"를 엄마가 베풀어 줌으로써 생기는 것이다. 유아에게는 마음을 따뜻하게 위로해 줄 그 어떤 것이 필요하다. 유아는 그것을 만지거나 거기에 매달릴 때 위로를 받는다. 유아는 그런 생물학적 필요를 자연스럽게 가지고 태어난다.[16]

아이는 피부로 엄마를 느낀다. 자신을 만져 주고, 씻겨 주고, 안아 주는 엄마를 느끼며 편안하게 잠이 든다. 엄마의 따뜻한 몸을 느끼지 못한다면 유아는 위로를 받을 수 없다. 아이는 자기가 기대하는 대로 안아 주는 엄마 때문에 위로를 받는다.

아이를 안아 주는 엄마에게 아이는 놀라움 그 자체다. 좋은 엄마는 아이를 마주할 때마다 놀라고 칭찬한다. 엄마가 감탄해 주지 않으면, 아이는 자신감이 떨어지고 우울해진다. 어른이 되어서도 힘이 없고, 삶에 의욕이 없고, 분별력 없이 친구를 사귄다. 부모가 아이의 존재 자체를 경이롭게 쳐다보고 놀라고 칭찬하지 않는다면 아이는 환영받지 못한 것으로 인해서 평생 우울해하며 고통스러워할 수 있다.

심리분석학자 하인츠 코헛(Heinz Kohut)은 유아기부터 아기가 가지고 있는 '과대 자기'(grandiose self)를 엄마가 칭찬과 감탄으로 반영해(mirror) 주어야 한다고 역설한다. 아이의 존재를 무조건 '찬양'해 주지 않으면 건강한 성장은 없다. 아이의 '자기'(self)는 폭발해 버린 수류탄 조각처럼 파편화되고, 아이는 안정된 인격체로 성장하지 못하거나 지속적인 대인 관계를 유지하기 어려운 자기애적 장애자가 되기 쉽다.

학교 폭력, 가출, 흡연으로 문제를 일으켰던 중학생이 상담실에 '체포' 되어 왔다. 한쪽에는 엄마, 다른 한쪽에는 아빠가 앉아 있었다. 폭력에 연루된 아이라고 하기에는 너무나 깨끗하고 맑은 얼굴을 한 남학생이었다. 마침 아이의 손안에 상담실 화분이 있었다. 작고 고운 이파리들이 나 있었다. 아이는 그걸 만지고 있었다. 상담자인 필자는 그 아이의 이력을 생각할 때 그 잎들을 뜯을 줄 알았다. 하지만 아이는 작은 이파리들을 쓰다듬고 있었다. 상담이 끝난 후, 며칠 후에 그 아이의 엄마에게서 전화가 왔다. "아들이 강아지를 사 주면 나쁜 친구들과 어울리지 않겠다고 말하는데 어떻게 할까요?" 나는 주저 없이 말했다. "심성이 고운 아이입니다. 한번 믿어 주시지요."

이 아이의 상태는 단순한 품행장애라기보다는 엄마의 부재에서 비롯된 우울증적 품행장애이다. '반사회성적 성향'의 전조 증상이 되는 단순 품행장애는 훨씬 파괴적이다. 다른 사람의 집이나 신체적 경계선을 넘는 행위에서 흥분을 느끼고, 다른 사람의 약한 부분은 자신들이 이용해도 된다고 믿는다. 하지만 우울증적 품행장애를 가진 이 아이의 행동은 파괴하거나 다른 사람을 이용하는 것이 목적이 아니라, '도와 달라는 내면의 외침'(cry for help)이었다. 그저 엄마가 자신을 다시 따뜻하게 안아 주기를 기대했던 것이다. 소위 '문제' 청소년이라도 그 누군가에게 뜨거운 관심을 받으면 다시 자기 자리로 돌아올 수 있다.

그 아이에게 변화를 일으킨 가장 중요한 요인은 엄마의 귀환이었다. 그 엄마는 아이가 느낄 수 있도록 집으로 돌아왔다. 6년 전, '아이가 이만큼 컸으니 됐다.'라고 생각하면서 옛날 직장으로 되돌아간 것이 잘못임을 엄마는 깨달았다. 이제부터는 적어도 아들이 고등학교를 졸업할 때까지 아들 곁에 있기로 했다. 엄마는 아들을 위해 다시 제자리로 돌아왔고, 그 덕택에 아이도 자기 자리를 찾았다.

식물의 잎을 진지하게 감상하는 능력, 강아지를 귀여워할 수 있는 능력(물론 강아지를 돌보는 것은 별개의 문제다), 흙과 나무와 새와 물고기와 물과 하늘과 별들을 경이롭게 바라보는 아이의 능력은 부모의 돌봄에서 온다. 그리고 그것은 하나님을 발견해 가는 능력이기도 하다.

하나님은 세상을 처음 만드시면서 보시기에 참 좋았다고 하셨다. 하나님께는 만족과 감탄의 탄성이 있었다. 부모도 아이도 그런 하나님을 고스란히 닮았다. 아이들에게는 이런 감탄사가 일상생활이다. 아무런 장난감이 없어도, 게임기가 없어도 상관없다. 흙에, 돌에, 풀에, 곤충에 담긴 즐거움을 찾으면서 아이들의 하루해는 금방 저문다. 채소밭에서 처음 보는 익지 않은 토마토, 길 곁에 선 키 큰 해바라기, 한 번 심으면 쑥쑥 자라서 황금빛으로 변하는 벼, 겉은 날카로운 가시지만 그 속에는 탐스러운 알맹이 삼 형제가 들어 있는 밤, 올챙이와 개구리, 피라미와 미꾸라지…. 조우하는 장소도, 시간도, 느낌도 다르지만, 이 모든 것은 아이를 놀라게 한다. 생명의 신비에, 그로 인한 상상의 세계에 아이들은 푹 빠진다. 삶은 풍성해지고 여유로워진다. 감탄하는 능력은 감탄을 받는데서 시작된다.

아이들에게는 어른이 필요하다. 아이들과 함께 세상의 신비를 탐험해 줄 수 있는 어른이 꼭 필요하다. 레이첼 카슨(Rachel Carson)은 『센스 오브 원더』(The Sense of Wonder, 에코리브르)라는 책에서, 아이의 인생에는 경탄의 감각을 가진 어른이 적어도 한 사람은 반드시 있어야 한다고 말한다. 그래서 아이의 놀라움에 호응해 주고, 아이가 흥분과 기쁨으로 세상을 재발견해 갈 수 있도록 도와야 한다고 말한다.

아픈 강아지를 불쌍한 마음으로 쓰다듬는 딸, 비가 내려 생긴 조그만 웅덩이에서 헤엄치고 있는 새끼 오리를 보면서 아기 목소리로 감탄하는 아들, 작은 생명체를 보며 기쁨이 가득해지고 신기해하는 아이로 키워야 한다.

"아, 쟤들 좀 봐. 너무 귀여워!"

그리고 그들 곁에서 함께 놀라워하는 엄마, 아빠가 되어야 한다.

감탄의 말은 그전에 자신이 먼저 받은 감탄사에서 흘러나온다.

"어머나, 어쩜!"

"까꿍!"

아기의 존재 자체에 우선 감탄하라. 하나밖에 없는 생명체에, 아무런 조건 없이 감탄사를 쏟아부으라. 그 감탄사를 과장하라. 그리고 필요 이상으로 낭비하라. 이 얼마나 특별하고 소중한가? 자신이 낳은 아기에게 감탄하고 그 감탄을 반복하라. 아이가 이룩한 미완성 작품 하나에도, 작고 서투른 낙서 하나에도 엄마와 아빠와 주변의 모든 어른들은 함께 감탄해 주어야 한다. 아이가 그린 그림이 엉성하더라도 레오나르도 다빈치에게 줄 만한 감탄사를 연발하면 아이는 평생 그림을 사랑할 것이다. 어차피 감탄은 낭비되어야 하는 것이다. 그 멋진 감탄사를 아껴 두었다가 후회하지 않도록, 아이가 몇 살이든 감탄할 준비를 하고 있으라.

모든 감탄은 하나님께로 귀결된다. 하나님이 지으신 세계, 귀엽고 앙증맞은 강아지, 총총거리며 숲으로 뛰어가는 토끼, 새들과 귀여운 동물들을 아이와 함께 보며, 엄마는 "하나님은 정말 대단하시지?"라고 말한다. 그럼 아이들은 "네, 하나님은 정말 좋은 분이에요."라고 화답한다. 그럴 때 하나님은 젖먹이의 눈에도 발견되어 주신다.

죄로 가려진 인간의 눈은 경탄할 일로 가득한 세상에서 암흑만 본다. 하지만 아이들은 자연 속에 기록된 하나님의 마음을 본성적으로 읽어 낸다. 누가 가르쳐 주지 않아도 안다. 봄날의 예쁜 꽃은 하나님이 만드셨고, 하나님 마음도 꽃처럼 향기롭고 예쁘다는 것을 알아차린다. 물론 아이 자신이 다른 무엇보다 더할 나위 없이 아름답다는 것을 알게 된다. 여기에는 한 가지 조건이 있다. 아이를 향해 마음껏 감탄해 줄 줄 아는 어른 한 사람이 반드시 필요하다.

이제라도 아이에 대해 과장하여 반응하라. 그것이 아이에게는 세상에 태어난 존재로서 누리는 기쁨이다. 아이에 관한 한, 존재에 관한 한, 마음으로 경탄하고 눈빛으로 놀라워하라. 경탄할 줄 모른다면 그런 엄마, 아빠는 무딘 영혼이며, 놀라워하는 반응이 없다면 무면허 양육자다. 아이에게 오버하라. 만져 주고, 쓰다듬어 주고, 붙들어 주라. 그럴 수 있는 시간이 지나가기 전에 후회 없이 감탄사를 낭비하라.

# 엄마의 피부가 부드러운 이유

새끼 원숭이 여덟 마리가 태어나자마자 엄마로부터 떨어져서 두 대리모가 있는 우리 안으로 옮겨졌다. 여기서 두 대리모란, 철사로 얼기설기 엮어 놓은 '엄마', 부드럽고 푹신한 수건으로 만든 '엄마'다. 푹신한 엄마에게는 젖이 없었고, 철사 엄마에게 가야만 젖을 먹을 수 있었다. 하지만 새끼 원숭이들은 젖이 없어도 푹신한 엄마와 더 많은 시간을 보냈다. 새끼 원숭이들은 배고플 때만 철사 엄마에게 가고, 젖을 먹은 후에는 언제나 푹신한 엄마에게 와 있었다. 무서운 인형을 가까이 가져가자, 새끼들은 푹신한 엄마에게 피했다. 두려워하는 새끼들을 안심시키는 데는 푹신하고 따뜻한 엄마가 더 큰 효과를 발휘했다.[17]

'철사 엄마'든 '수건 엄마'든 둘 다 진짜 엄마가 될 수는 없다. 하지만 여리고 연약한 새끼가 생존하기 위해서는 먹이보다 따뜻함이 우선이다. 따뜻함에 기대는 것이 생명체의 본성이다. 그래서 엄마의 몸은 아빠보다 부드럽고 푹신하다. 엄마의 피부가 부드러운 이유도 우선 아이의 생존을 위해서인 것 같다.

마음이 차가운 엄마를 둔 딸들에게는 삶에 대한 의욕이 없다. 이성과의 관계는 불필요하게 깊고, 짧다. 사람을 의지하면서 위로를 받지만 금방 배신을 당한다. 그런 배신이 반복되면 다른 일을 제대로 하기 어렵다. 거기에다 부모의 이혼은 아이들의 입장에서는 가장 큰 상처이며 지금까지 부모가 주었던 애착과 사랑에 대한 배신이다. 차라리 처음부터 사랑을 몰랐더라면 견디기가 더 나았을지도 모른다. 세상에서 가장 질겨야 할 모성의 끈이 너덜너덜해지면서, 아이들은 혼자서 살아남아야 한다는 절박함에 성급한 이성 관계라는 썩은 동아줄이라도 붙잡는 것이다.

초원에 방목하는 양들은 겁이 많다. 한편으로는 고집도 세고 무모하다. 목자가 양 떼를 이끌고 간다. 그러다 물을 만나면 양들은 그 앞에서 주저한다. 그때 목자는 '가장 질긴 끈 하나'를 이용해서 물을 건넌다. 목자는 무리에서 제일 어린 새끼 하나를 목에 걸치고 물에 뛰어든다. 당황한 어미 양이 이리저리 뛰다가 목자를 따라서 물에 뛰어든다. 그러면 나머지 양들도 고민할 것 없이 덩달아 물에 따라 들어가 모두들 무사히 물을 건넌다. 양들에게도 가장 질긴 끈은 어미의 모성애다.

좋은 엄마가 되기를 원한다면 자신의 아이에게 따뜻해야 한다. 그 무능력한 핏덩어리를 불쌍히 여겨라. 아이의 입장에 서고 아이에게 공감하라. '공감'이란 아이의 입장에 서서 그 아이를 불쌍히 여기는 것이다. 왜냐하면 "생명이 시작되는 그 순간부터, 생명이 없는 세상의 횡포로부터 유아를 보호하는 것이 바로 공감"(L. Hummel)이기 때문이다.

사슴이나 망아지는 태어나서 얼마 지나지 않아 걸을 힘을 얻는다. 새끼 고래는 태어나자마자 엄마와 함께 헤엄칠 능력이 있다. 하지만 출생 직후의 인간 아기는 자기 생존을 위해서 아무것도 할 줄 모른다. 앞도 제대로 못 보고, 걷지도 못하고, 위험을 피하지도 못한다. 그 아이를 살리는 것은 오직 엄마의 따뜻한 마음뿐이다.

가장 천천히 자라지만 인간 아기는 말보다, 사슴보다 위대하다. 그는 땅의 지배자로 자랄 것이다. 그를 키우는 가장 결정적인 양분은 엄마의 따뜻함이다. 엄마와 아기는 원래 천부적인 교감을 느끼며 살도록 만들어졌다.

엄마가 먹기 전에 아기를 먼저 먹이라. 엄마가 잠들기 전에 아이를 먼저 재워라. 엄마가 즐겁기 전에 아이를 먼저 웃겨라. 엄마 자신의 힘든 처지를 비관하고 싶은 시간이 올 때조차도 아기에게는 친절하고 따뜻해야 한다. 엄마는 아무리 바빠도 아이 먹을 것은 반드시 먼저 챙겨 두어야 한다. 엄마는 혼자 살아갈 수 있지만, 아이는 엄마 없이 결코 생존할 수 없다. 훗날 아이가 컸을 때 "난 우리 엄마 같은 엄마를 만난 게 너무 감사해."라는 말을 할 수 있도록, 엄마는 아이를 먼저 배려해야 한다.

이제 엄마는 다이어트 계획을 중단해야 할 것 같다. 아이가 푹신한 엄마에게 안겨 쉴 수 있도록, 무서울 때 안전하게 피할 수 있도록, 엄마는 넉넉한 몸매를 유지해야 하지 않을까? 아이에게 먹을 것을 우선 챙겨 주고, 아이가 남긴 것은 엄마가 다 먹어야 할 것 같다. 그렇게 얻은 힘으로 부지런히 아이를 안아 주자.

# 아이는 자기와 놀아 준 사람을 기억한다

위니캇은 '거짓 자기 장애'라는 말을 사용했다. 이것은 인간의 주관성과 사람됨의 장애를 가리키는 용어다. '거짓 자기 장애'의 가장 큰 원인은 심한 학대와 심각한 박탈에 있지 않다. '거짓 자기 장애'는 어머니가 아기를 대하는 일반적인 태도와 양육의 질 때문에 발생한다.[18]

표 나지 않게 아이를 괴롭히는 나쁜 어른들이 있다. 그들은 아이를 힘들게 하는 가장 효과적인(?) 방법을 알고 있다. 그것은 바로 아이에게 사랑을 주지 않는 것이다. 심하게 학대받거나 박탈감을 느낄 일이 없다 하더라도 사랑받지 못하는 아이들의 고통은 크다. 관심과 사랑을 주지 않는 양육은 자녀가 평생에 걸쳐 가져갈 절망을 느끼도록 하기에 충분하다.

아이는 자기와 놀아 준 어른을 기억한다. 놀이는 사랑이다. 아이들은 야구, 축구, 낚시, 게임, 여행을 함께해 준 어른을 기억한다. 큰아버지는 투망하러 가실 때마다 어린 나를 데리고 다니셨다. 그래서인지 지금도 나는 낚시를 좋아한다. 어른이 놀아 줄 때 아이는 '특별한 사람'이 된다. 사랑한다면 놀아 주어야 한다. 함께 노는 것, 함께 있는 것이 어색하다면 사랑하는 방법을 모르는 것이다.

냉정한 엄마는 아이와 놀아 주지 않는다. 아이가 다가오는 것조차 싫어한다. 그런 엄마에게 세상에서 가장 귀찮은 것은 자기와 놀아 달라는 아이의 요구다. 그런 엄마의 소원은 단순하다. "제발 같이 시간을 보내 달라는 이야기만 하지 않았으면…", "바쁘고 피곤하니, 제발 내 곁에 오지 않았으면…"이라고 생각한다.

차가운 아빠는 아이와 시간을 공유하지 않는다. 그런 아빠는 아이들을 '시끄러운 존재'로만 여긴다. 그저 아이가 '조용히', '가만히', '자기 혼자' 알아서 잘 있어 주기만을 바란다. 그것이 아빠인 자기를 도와주는 일이라 생각한다. 차가운 아빠들은 아이에게 무관심하고, 자기 눈에 거슬리면 호통을 치며 아이들의 발랄한 생기를 통제하려 애쓴다.

좋은 엄마와 아빠는 아이와 놀아 준다. 놀이는 인생 연습이다. 놀이는 재미있는 인생 연습이다. 한 번 태어나 한 번 사는 우리네 인생은 즐거워야 한다. 어려움도 많지만, 놀이는 어려움을 넉넉하게 웃어넘기도록 도와준다. 아이는 놀이를 하면서 엄마, 아빠와 친해진다. 친구를 알기 전에 엄마, 아빠와 먼저 친구가 된다. 아이는 자기를 보며 감탄해 주는 두 어른을 차지한다. 친구나 낯선 사람들은 언제나 그다음이다.

아이가 엄마 말을 듣지 않아 속상한가? 원리는 단순하다. 먼저 아이와 놀아 주면 된다. 엄마가 아이의 말을 들어 주면, 아이도 엄마 말을 듣는다. 상대의 말 들어 주기를 먼저 실천해야 하는 사람은 엄마다. 먼저 깨닫는 것이 엄마이기 때문이다. 엄마가 재미있게 놀아 주지도 않으면서 엄마 말을 잘 들으라고 하는 것은, "나는 바담 풍(風) 해도 너는 바람 풍 해라!"라는 말이다. 엄마는 시간이 아까워서, 피곤해서, 귀찮아서 아이랑 놀아 주지 않으면서, 아이에게는 엄마 말 들으라고 요구하면, 아이는 저항한다.

시간이 짧으면 어떤가? 놀이는 아이를 자신 있고 적극적인 인간으로 만든다. 부모가 매일 놀아 주면 아이는 지능 높은 아이가 된다. 많이 놀아 줄수록 아이도 엄마, 아빠와 '놀아 준다.' 창의적으로 함께 놀아 주면 아이는 엄마, 아빠의 마음을 이해하는 아이가 된다. 아이는 자신과 놀아 준 엄마, 아빠를 결코 잊지 못한다.

하루 10-15분 정도 엄마가 아이와 놀아 주는 실험이 있었다. 엄마는 아이에게 어떤 지시도 하지 않았다. 그저 아이가 원하는 대로 따라 주었다. 아이에게 놀이 친구가 되어 주었다. 딱 한 주간의 실험이었지만 아이는 달라졌다. 이 실험에 참여한 아이들에게서는 긍정적이고 밝은 기분이 두드러지게 나타났다. 그런 긍정적인 기분을 경험한 아이들은 그렇지 않은 아이들에 비해, 바닥에 떨어진 장난감을 주우라는 엄마의 지시에 훨씬 적극적으로 순종했다.[19] 자신을 사랑하는 어른을 리드해 본 아이는 그 어른의 리더십을 인정한다.

좋은 엄마는 아이의 놀이 세계를 먼저 인정한다. 차가운 엄마는 아이의 놀이 세계를 무시하고 아이를 닦달하며 자신의 기대만 채워 줄 것을 요구한다. 좋은 엄마는 아이가 좋아하는 것을 함께 좋아해 준다. 이것은 노력이 필요하다. 피곤한 것은 누구나 똑같다. 피곤하다는 것이 놀이를 함께하지 못할 핑계가 될 수는 없다. 혹시 아이의 놀이에 전혀 관심이 없더라도, 엄마는 적어도 연기는 할 수 있다. 그래도 괜찮다. 어른이라면, 아이가 눈치채지 못하게 아이 놀이의 최고 파트너인 척 놀아 줄 수 있다.

함께 놀이를 하면서 아이에게 잘한다고 칭찬해 보자. 아이의 기분을 존중해 주면, 아이는 기억한다. 그리고 반드시 따뜻하게 되갚으려 한다. "엄마가 좋아하는 것이라면 나도 뭐든지 해 줘야지!" 좋은 엄마는 아이가 원하는 놀이가 무엇인지 안다. 물론 대부분의 아이들은 원래 착해서 엄마가 원하는 거라면 무엇이든 하려 한다. 아픈 엄마라도 상관없다. 우울한 엄마가, "너 죽어, 왜 안 죽어!"라고 말해도 아이는 그 엄마를 기쁘게 하기 위해 죽고 싶은 마음으로 살아간다. 그런데 자신이 죽지 않고 자라는 것이 이상할 뿐이다. 놀이는 아이를 자발적으로 부모에게 순종하는 아이로 만든다. 바쁜 엄마는 아이와 노는 데 인색하다. 똑똑한 엄마에게 놀이란 그다지 생산적인 일이 아니다. 그런 엄마들은 아이들에게 그저 글자 한 자라도 더 가르치고, 영어 단어 하나라도 더 외우는 아이를 만들려고 한다.

하지만 놀이는 아이의 인생 건설 작업이다. 놀이는 아이의 상상력을 실현한다. 노는 시간에 모든 친구들이 초청된다. 상상 속에서 친구들이 여기저기서 뛰쳐나온다. 놀이 속에서 아이는 자기 존재의 가치를 마음껏 향유한다. 자신은 중요하고, 자신은 특별하다는 것을 느낀다.

필자가 어렸을 때, 갓 결혼한 고모부가 와서 놀아 준 적이 있다. 놀이가 없이 조용한 집에서 지내다가 어른과 처음 놀았던 것이라서 그 기억이 지금도 생생하다. 어른과 동등한 파트너가 되고, 어른이 나를 친구처럼 대해 주었던 기억은 40년이 지난 지금도 잔잔한 기쁨이다. 주일 아침, 교회 가는 길에 장마로 시냇물이 불어나서 황토 물이 된 적이 있다. 그때 나를 업고 물을 건네주셨던 아버지의 넓은 등과 어깨를 잊지 못한다. 빠르게 흐르는 물을 내려다보며, 거기에 잠긴 아버지의 발이 물만큼 빠르게 상류로 올라가는 것 같은 착시가 어지러워 눈을 꼭 감았던 어린 시절의 기억도 감사할 뿐이다.

　아이와 시간을 나누어 쓰지 않는 부모는 인색한 이기주의자이다. 이제 다른 일을 중단하고 아이와 놀아 보자. 산만한 생각과 걱정을 멈추고 아이 얼굴에만 집중해 보자. 이제 아이와의 놀이는 엄마, 아빠의 몫이다. 공부 걱정을 잊을 수 있다면 뭐든지 재미있는 놀이다. 아이가 즐거워한다면 성공한 놀이다. 아이와 놀아 준 지 얼마나 되었는가?

아이에겐 착한 거울이 필요하다

엄마는 유아의 경험을 대신 처리한다. 유아가 자신의 경험을 스스로 처리하고 조절할 수 있는 능력을 발달시킬 때까지 엄마는 유아를 대신해서 경험을 조절해 준다. 이는 아이가 놀라지 않도록 부드럽게 달래어 주는 것, 자극에 압도되지 않도록 과잉 자극으로부터 보호하는 것 등을 의미한다. 그것은 곧 엄마가 유아의 '보조 자아' 역할을 하는 것을 의미한다. 유아는 엄마의 신호를 수용한다. 그것은 단순한 지각 이상으로 엄마의 감각을 흡수하는 것을 뜻한다. 엄마가 만들어 주는 정서적 분위기에 따라 유아는 그것이 안전한 것인지, 좋은 것인지, 먹는 것인지, 무서운 것인지 알게 된다.[20]

아이가 자라는 동안에도 아이의 인생에서 주인공은 엄마가 아니라 아이다. 아이는 주연이 되고 엄마는 보조 출연자가 된다. 좋은 엄마라면 자신이 제2바이올린 연주자 같은 역할을 하더라도 얼마든지 아이가 자랑스럽고 기쁘다. 엄마는 자신보다 아이를 앞세우며 자신의 나르시시즘 곧 자기중심적인 자기애적 사랑을 철수한다. 그래도 여전히 만족스럽고 행복하다. 그런 면에서 우리는 프로이트의 이론 하나를 교정해야 한다. 왜냐하면 엄마의 '자식 사랑'은 자신만을 사랑하는 나르시시즘의 한계를 뛰어넘기 때문이다. 핏덩어리 같았던 아기를 성숙한 인간으로 만들기 위해 엄마는 자신의 모든 것을 기꺼이 희생한다. 아이는 그 '행복한' 자기희생적 사랑의 양분을 감각적으로 수유한다. 아기는 엄마를 먹고, 엄마에게서 자기 자신을 본다.

그리고 아이는 엄마에게 묻는다. 아이는 성장하면서 질문이 많아진다. 자기가 어떤지, 자기 옷이 괜찮은지, 외모는 어떤지, 자신의 말이나 행동이 괜찮았는지…. 외모를 단장하기 위해 거울이 필요하듯, 아이들에게는 삶을 가꾸기 위해 부모라는 거울이 필요하다.

자녀가 어른이 되어도 엄마는 그에게 기준이 된다. 아이들은 이상한 사람이 되고 싶지 않다. 엄마의 따뜻한 대답과 무조건적 지지가 아이를 떳떳하게 만들어 준다. "네가 이상한 것이 아니야. 너에게는 사람들이 부러워할 만한 멋이 있어."라고 대답해 주는 거울…. 곧 엄마는 착한 거울이다.

"얘, 가만히 앉아 있는 것보다, 너처럼 벌떡 일어나서 나이든 사람들을 섬기는 게 사람들 보기에는 훨씬 좋아!"

늙은 엄마의 이런 격려 한마디가 중년의 딸에게도 자신감을 준다. 그래서 딸에게는 평생 엄마가 필요하다. 딸에게 엄마는 영혼의 친구다. 엄마란 유효 기간 없이 자식이 평생 먹을 수 있는 젖이다. 그래서 엄마는 평생 필요하다. 언제나 내 편이 되어 주고 이야기를 들어 주는 엄마, "그래도 네가 잘했다. 엄마는 언제나 네 편이야!"라고 다독거려 주는 엄마, "너는 어릴 때도 명랑하고 밝았어!"라고 말해 주는 엄마가 필요하다.

엄마라고 다 엄마는 아니다. 경청해 주기, 공감하기, 편들어 주기, 고생 많았다고 다독거려 주기, 서로 이야기를 들어 주면서 잘했다고 칭찬해 주기. 그런 일들이 딸을 딸 되게, 엄마를 엄마 되게 만든다.

어떤 딸들에게 엄마란 벽 같은 공포이고, 지긋지긋한 부담이다. 다 떨쳐 버리고 훌훌 날아서 벗어나고 싶은 지옥이다. 엄마에게 복수하느라 엄마가 가장 싫어하는 스타일의 남성과 결혼했다가 자기 인생만 더 비참해진 딸들은 또 얼마나 많은가?

어떤 아들들에게 엄마란 짜증과 분노 유발자다. 죽고 싶을 만큼 절망에 빠지게 한다. 사랑하는 아들이 그렇게 애원하는데도 그 아들을 버리고 떠난 엄마는 아들의 눈에서 피눈물이 흐르게 한다. 자기 살겠다고 아들을 버린 엄마, 정조를 버린 엄마를 보며, 그 아들은 일생 동안 절망하고 분노한다.

엄마는 아이에게 돌아와야 한다. 아이에게 정직해야 하고, 부정한 남자관계를 멀리해야 한다. 자녀를 사랑하는 엄마는 그 자녀에게 생명의 젖이다. 결국 모든 엄마에게는 예수님과 성령님이 필요하다. 한 사람의 인간으로서 가장 엄마다운 모습을 그 안에서 비로소 회복할 수 있기 때문이다.

이제 엄마는 아이의 장점을 자세히 찾아야 한다. 아이에 대한 부정적인 평가나 판단의 말은 혼자 삼키고, 아이의 장점은 떠오르는 대로 칭찬해 주라. 아이에 대한 자신의 불안과 염려에 동요하지 말라. 부모의 가장 큰 적(敵)은 과도한 기대와 바닥없는 불안이다. 그것을 이기는 방법은 아이에게 '착한 거울'이 되는 것이다.

'오늘의 내 아이'와 친해지세요

에디스 제이콥슨(Edith Jacobson)은 유아의 정신 속에 좋은 경험과 불쾌한 경험이 축적된다고 말한다. 이 두 가지 모두 엄마에 대한 경험이다. 좋은 경험은 애정이 많고 아이를 따뜻하게 대해 주는 '엄마 경험'이다. 그런 경험은 행복하고 만족스러운 자기상(自己像)으로 축적된다. 반대로 불쾌한 좌절의 경험은 '무정한 엄마 경험'이다. 그런 경험 속에서 아이의 정신은 불만스럽고 화나는 자기상을 축적한다.[21]

엄마들에게도 직업은 중요하다. 하지만 직업을 가진 엄마들의 죄책감은 크다. 경제적인 보상이 있지만 그게 눈에 들어오지 않을 만큼 아이들에게 늘 미안하다. 남들만큼 아이들을 제대로 기르지 못하고 있다는 죄책감, 집에 들어오면 이미 피곤하고 지쳐서 아이를 따뜻하게 돌보아 주지 못한다는 안타까움!

전업주부이기에 아이들의 과외나 스터디 그룹을 주도할 수 있는 '돼지 엄마'(엄마 돼지가 새끼 돼지를 이리저리 데리고 다니듯, 또래 학부모들에게 영향을 미치는 정보와 실력을 가진 엄마를 가리키는 말)를 보면, 직장에 있는 엄마들은 불안이 가중된다. 자기 아이들이 다른 아이들보다 뒤떨어지는 것 같기 때문이다. 아이에게 집중하지도 못하고, 교육을 위해 필요한 정보를 순발력 있게 공급하지 못하는 것 같아서 마음도 무겁다.

더구나 아이가 산만해서 담임선생님의 지적을 받거나 공부에 집중하지 못해서 학업 성취도가 낮으면 엄마는 무한 책임을 느낀다. 가능한 한 일을 줄이고 아이에게 집중하려고 한다. 그래도 언제나 아이와 일 사이에 끼어 불안과 죄책감을 느낀다. 일하는 엄마들의 마음은 무겁다.

그런 엄마들일수록 자식에 대한 비교의식도 강하다. "누구네 아이는 ○○대학에 들어갔대. ○○선생 아이는 유학 갔고…." 다른 집 아이들과 자신의 아이를 비교하면서 엄마의 마음은 수시로 비참해진다. 그러면서도 바쁜 스케줄에 묻혀 아이를 돌볼 시간이 없으니, 아이들이 '혼자서도' 공부를 잘해 주기를 기대한다.

하지만 현실은 호락호락하지 않다. 엄마는 성취욕이 강하고 자기 일을 관리하는 데 탁월한 능력을 갖고 있지만 아이를 기르는 것은 결코 만만하지 않다. 그럴수록 아이를 대할 때 여유가 더 없어진다. 엄마는 아이에게 점점 더 화만 내고, 아이는 마음에서부터 엄마를 멀리하고 엄마의 기대치에서 벗어나기 시작한다.

온종일 직장 일로 바빴던 엄마가 퇴근하자마자 아이에게 여러 가지를 지시하고 아이가 절대적으로 그 말에 순종해 주기를 바라는 것은 서로에게 부담스러운 일이다. 공부까지 완벽하게 하라고 요구하는 것은 사실 비현실적인 요구이다. 선생님이 학생을 대하듯, 혹은 회사에서 상사가 부하 직원에게 지시하듯, 아이에게 공부하라고 요구하기 전에 엄마는 먼저 아이의 명랑한 친구가 되어야 한다.

엄마는 귀가할 때마다 먼저 '오늘의 내 아이'와 친해져야 한다. 오늘의 아이는 어제의 아이와 다르기 때문이다. 아이에게 주목하고, 아이의 표정을 읽어 주고, 아이의 안부를 물어 주고, 미리 생각해 두었던 메뉴대로 맛있는 음식을 만들어 아이에게 먹여야 한다.

아이와 놀아 본 적이 없는 엄마가 아이의 친구가 되는 것은 어렵다. 엄마 편에서 곱절의 노력이 필요하다. 우선 밥을 잘해 주는 엄마로 변신하라. 무서운 잔소리를 멈추고, 함께 있는 것이 기대되고 즐거운 엄마가 되라.

일하는 엄마들에게는 나름대로의 경제권이 있다. 전업주부 엄마들에 비해 일하는 데서 얻는 보상도 있다. 전문직이거나 직장 안에서의 위치가 확고할수록 남편이나 자녀들의 존경심도 커진다. 여러 가지 면에서 자신이 결정권을 행사할 수도 있다. 그런 보상에 기대어서라도 일하는 엄마는 아이들에게 너그럽고 여유 있는 엄마가 되도록 감정 표현을 조절해야 한다.

반면 전업주부 엄마들은 오직 가정을 위한 봉사에서만 자기 존재의 의미를 찾는다. 아이들을 위해 힘겹게 수고하지만 그 보상은 매우 미미하거나 천천히 주어진다. 엄마는 집안일에 지치고 피곤하다. 아이들이 전업주부인 엄마를 자랑스러워하지 않는 것 같을 때는 직장을 그만둔 것에 대해 때늦은 후회를 하기도 한다. 아이들을 위해 모든 것을 포기하고 살고 있는데, 정작 아이들이 자라서 부모 곁을 떠나고 나면 그 빈 공간을 어떻게 채워야 할지, 미래에 대해 불안한 마음도 크다.

아이에게 조그만 장애가 있어도 그것은 '엄마의 책임'으로 다가온다. 엄마는 온몸으로 그 책임감을 느낀다. 엄마가 잠깐 자리를 비운 사이 아이가 다쳤다면 그것도 엄마의 책임 같다. 아이가 공부를 못하는 것, 아이가 감기에 걸리는 것, 심지어 아빠가 감기에 걸리는 것도 엄마의 책임

같다. 기대는 언제나 크고, 도움은 언제나 모자란다. 엄마가 스스로 자신에게 걸어 놓은 기대치도 그에 못지않은 스트레스를 준다. 더구나 아이에게 어려운 일이라도 생긴다면 엄마의 인생은 완전히 달라진다.

이처럼 엄마가 죄책감을 느낄 만한 상황에서는 부부의 동행이 더 중요해진다.[22] 딜레마에 빠져 지친 엄마를 위해 아빠는 반드시 같이 마음을 합하여 엄마의 스트레스를 줄이는 방법을 찾아야 한다. 아내가 지쳐 있을 때는 빨리 집에 돌아와 아내의 일손을 덜어 주어야 한다. 어떤 식으로든 남편은 아내 편이 되어야 한다. 기분은 다스리고, 짜증은 삼켜야 한다. 아내 탓만 하지 말고 아내의 손발이 되어 주어야 한다.

직장 맘이라면 이제 귀가할 때, 아이가 좋아하는 것을 한 가지씩만 생각하라. 그것이 간식이든, 아이가 좋아하는 깜짝 선물이든, 우선 아이의 환심을 사라. 엄마 혼자서 아이를 책임진다는 것은 불공평하며 억울하다. 하지만, 아빠 한 사람으로는 모자라지만, 엄마 한 사람이면 아이에게 충분하다. 엄마…. 그래서 엄마다.

# 책 읽어 주기는 바로 지금부터

어린아이는 단순한 것만 구별할 수 있을 뿐이다. 아이가 인식하는 중요한 구별은 자신을 돌보는 양육자가 불안한가, 그렇지 않은가 하는 것이다. 양육자의 편안한 상태와 불안한 상태가 아이에게 미치는 영향은 너무 크다. 그래서 아이는 각각의 상태를, 같은 한 엄마의 두 가지 상태가 아니라 서로 다른 두 엄마로 경험한다.[23]

정서적으로 불안한 아이를 똑똑하고 안정되게 키우는 한 가지 방법이 있다. 그것은 아이를 입양 보내는 것이다. 아이를 따뜻하게 배려해 주는 가정으로 입양을 보내면 아이는 아이큐도 높아지고 신체적으로도 잘 자란다. 이것은 필자가 박사 과정에서 교수에게 질문하여 얻은 답이다. 하지만 그것만이 정답은 아니다. 만일 아이를 입양 보낼 생각이 없다면 또 다른 대안이 있다. 함께 책 읽는 시간을 갖는 것이다. 자신을 이웃집 아줌마 보듯 하는 아이의 분노를 잠재우기 위해 이 방법을 사용한 엄마가 있었다. 아이에게 책을 읽으라고만 하지 않고 엄마 자신이 먼저 책을 가까이하고 즐겁게 읽어 주었다.

임신했을 때부터 태아에게 책을 읽어 주면 가장 좋을 것이다. 엄마 배 속에 있는 아이가 알아듣기 때문이 아니라, 엄마 자신의 훈련을 위해서 더욱 그렇다. 하지만 그때 그렇게 하지 못했다고 해도 아직 늦지 않았다. 이제라도 아이가 책을 만질 수 있는 환경을 만들어 주면 된다. 아이의 손이 닿는 곳에 아이의 책꽂이를 만들어 주고, 아이의 방 온도를 따뜻하게 조절해 주자. 그렇다고 아이가 처음부터 책을 읽는 것은 아니다. 우선 책을 갖고 놀 수 있도록 분위기를 만들어 주면 된다. 아이 손에 닿는 책의 느낌이 중요하기 때문이다.

임정자 작가의 『내 동생 싸게 팔아요』와 같은 그림책은 책 읽기 습관을 들여 주는 데 탁월한 선택이다. 아이와 같이 있는 시간을 만드는 것 자체가 최고의 양육이다. 엄마를 싫어하던 아이도 잠들기 전에 엄마가 책 읽어 주는 시간을 기다리기 시작한다. 그때가 하루 중 가장 좋은 시간이라고 기억한다. 한 가지 유념할 것은, 책을 읽으면서 아이들에게 공부를 시키려 해서는 안 된다는 사실이다. 책 내용을 확인하거나 퀴즈를 내며 체크하는 것은 책은 곧 스트레스라는 메시지를 주는 것이다. 중요한 부분이 있다면 부모가 조금 과장해서 강조하거나 반복해 주면 된다.

만일 아이들과 더 많은 이야기를 하기 원한다면, 책 안에 있는 그림을 보며 아이들이 자신의 이야기를 만들어 가도록 기회를 줄 수 있다. 그림을 보는 아이들의 시각은 엄마의 시각과 다르다. 아이에게 그림을 설명하게 하고, 자기만의 이야기를 만들도록 초대하라. 그리고 질문해 주라. 어쩌면 원작보다 더 멋진 이야기책을 만들 수도 있을 것이다.

솔직히 아이에게 책을 읽어 주는 일은 엄마, 아빠에게 귀찮은 일이다. 아이가 빨리 잠들수록 자신들이 좀 더 쉴 수 있기 때문이다. 하지만 아이에게 책을 읽어 주고 함께 이야기할 수 있는 기회도 금방 지나간다. 초등학교 3학년 무렵을 지나고 나면 딸은 목욕할 때 더 이상 아빠의 도움을 원하지 않는다. 사랑스러운 유아 시절은 눈 깜짝할 사이에 지나가 버린다. 아이와 함께 책을 읽을 수 있는 기회 역시, 잡기 힘들 만큼 매끄러운 카이로스의 뒷모습과 같다. 뒤늦게 후회하지 않으려면 엄마든 아빠든, 피곤을 무릅쓰고 바로 지금 책을 들고, 어린 자녀의 방을 찾아가야 한다.

처음의 어색함을 각오하라. 하지만 용기를 가지고 책 읽어 주기를 시작하면 아이와 끈끈해짐을 느낄 수 있다. 책은 그 낯선 시간을 친밀하고 행복한 시간으로 만들어 준다. 책은 엄마와 아이, 아빠와 아이 사이를 가깝게 해 준다. 잠자기 전에 읽어 주는 책은 아이의 꿈을 평화롭게 한다. 불을 꺼 놓고 오래된 성경 이야기를 재미있게 각색해서 들려주는 것 역시 아이들의 상상력을 마음껏 키워 줄 것이다.

이제 아이와 같이 책을 읽자. 읽어 주고, 같이 읽고, 서로 이야기하자. 서점에서 아이가 좋아할 책을 찾고, 어떤 책이든 들고 아이에게 다가가자. 큰 소리로 읽어 주고, 함께 상상하고, 책을 덮고 같이 이야기하자. 그럴 시간과 에너지가 없다면 우선순위가 잘못된 상태다.

중학생, 그들의 앞길을 막지 말라

S는 여중생이다. 아빠는 너무 바빠서 딸의 얼굴을 볼 겨를도 없다. 그러던 아빠가 어디서 무슨 말을 들었는지 뜬금없이 문자를 보냈다. "S야, 미안하다. 너를 더 잘 돌봐야 하는데 아빠가 많이 바쁘구나!" S가 답장을 보냈다. "아빠, 유서 쓰세요?" 딸의 말에 아빠는 상처를 받았다. 그래서 그때부터 좀 일찍 퇴근하기로 마음먹었다. 딸과 좀 더 많은 시간을 보내기로 작정한 것이다. S는 기뻤다. 사실 자신도 아빠가 좀 더 일찍 퇴근했으면 하는 바람이 있었다. S는 아빠가 일찍 퇴근하면 가서 아빠를 안아 주었다. 그것은 S가 사용한 마술이었다. "제가 안아 드렸더니 아빠가 계속 일찍 퇴근하고 계세요!" 아이들은 가끔 S처럼 상상한다. 아빠가 자기의 '마술'에 걸려 일찍 귀가할 수 있기를….

"넌 누구 집이 제일 좋아?"

유치원에 다니는 아이에게 이 질문을 할 용기가 있을까? 어떤 엄마는 솔직하게 고백했다. "사실 무서워서 못 물어보겠어요. 아이가 무슨 말을 할지 두려워요!" 이 질문을 하기 전에 엄마들은 우황청심환을 먹어야 할 것 같다. 어떤 대답에도 평정심을 잃지 않아야 하니까….

만일 아이가 "우리 집!"이라고 말한다면 그건 엄마가 아이를 잘 키우고 있다는 뜻이다. 하지만 "난 옆 동 예찬이네 집이 더 좋아!"라고 말한 다면 이건 좀 심각하다. 엄마, 아빠가 상의해서 재빨리 원인을 파악해야만 한다. 그렇지 않으면 얼마 지나지 않아서 '그분'이 찾아올 것이다. 여기서 '그분'이란 바로 중2병이다!

어떤 여학생이 '새탈'을 했다. '새벽 탈출!' 새벽에 말없이 집을 탈출한 그 여학생은 자취하고 있는 친구 집으로 갔다. 간섭하는 엄마도 없고, 맛있는 것 맘대로 사 먹을 수 있고, 하고 싶은 것 마음대로 할 수 있는 친구 집으로…. 이 아이는 집에 있기가 죽기보다 싫었다. 집이 재미가 없었다. 집에 혼자 있을 때는 엄청 외로웠다. 엄마나 아빠와 함께 있으면 견디기 어려웠다. 엄마, 아빠하고는 말이 통하지 않기 때문이다. 아빠의 언어는 소리만 크고 단순하다. "시끄러워! 조용히 해! 넌 좀 가만히 있어!"

엄마는 딸과 같이 있을 때에도 계속 핸드폰만 만진다. 그래서 어떤 때는 딸이 따졌다. 이게 같이 있는 거냐고…. 다행히 엄마가 잠깐 반응을 하긴 했지만, 엄마는 좀처럼 변하지 않았다.

중학생 키우기가 고등학생 대하기보다 어려운 이유는 한 가지다. 중학생은 아직 "내가 누구인가?" 하는 개인의 정체성을 찾지 않는다. 그 대신 친구들과 어울리면서 "우리는 누구인가?"를 추구한다. 집단으로 자신의 정체성을 찾으면서 또래의 유행을 따르기 때문에 그들을 제지하기란 어렵다. 도대체 무슨 뜻인지도 모르는 말을 주절대고 그런 노래를 흥얼거리는 것도 자기 무리를 찾아가는 중학생의 모습이다.

이질적인 중학생 시기에도 엄마, 아빠는 아이와 함께 견뎌 주어야 한다. 열두 살 아들 예수, 그분의 양친도 "그가[예수님이] 하신 말씀을 깨닫지" 못했다(눅 2:50). 좀처럼 알기 힘든 것이 중학생의 마음이다. 혹시 중학생 아이가 상처를 주더라도 놀라지 말라. 아이 때문에 속상해서 눈물 흘리는 것을 이상한 일이라고 생각하지 말라. 그것은 특별한 일이 아니다. 그저 그 시절에 아이가 주는 아픔과 섭섭함을 잘 버텨야 한다. 아이가 마술을 걸면 지는 척 아이의 소원을 들어주어야 한다. 절대 물러서지 말라. 아이들 눈에 비겁하게 보인다. 절대로 아이를 버리지 말라. 아이들 마음이 조각조각 깨져 버린다. 협박하지 말라. 아이들의 영혼을 억압하지 말라. 그리고 그들의 앞길을 막지 말라!

어느 무명 시인은 중학생들을 이렇게 '찬미'했다.

〈중학생들은 누구인가?〉

중학생들은 누구인가?
누군가 나에게 물었다.
그들이 누구인지 나는 알았지만
과연 뭐라고 말해야 할까?

그들은 시끄럽고 혼란스럽다.
그들은 깊은 침묵이다.
그들은 태양 빛이고 웃음 덩어리이다.
혹은 금방 울 것만 같은 구름이다.

그들은 화살처럼 빠르다.

그들은 시간 낭비자들이다.
부자가 되고 싶어 하지만
100원도 저축할 줄 모른다.

그들은 버릇없고 성가시다.
그들은 할 수 있는 만큼 친절하다.
그들은 부모의 안내를 원하지만
자유를 얻으려고 싸운다.

그들은 공격적이고 우쭐댄다.
그들은 쉽게 피로를 느끼고 소심하다.
그들은 대답을 다 알고 있다.
하지만 여전히 "왜요?"라고 묻는다.

그들은 괴상하고 지저분하다.
그들은 우아하고 침착하다.
그들은 언제나 변화한다.
하지만 화내지 않는다.

중학생들은 누구인가?
누군가 나에게 물었다.
그들은 아직 펼쳐지지 않은 미래이다.
그러므로 그들의 길을 막지 말라.

"먹고 싶다, 엄마 요리"

아이: 내가 배고플 때 엄마는 나한테 밥도 안 해 주잖아. 그러면서 상담실에는 왜 내가 와야 해?

엄마: 너는 지금까지 계속 놀기만 하다가, 이제는 바쁜 엄마 핑계만 대는 거야? 그래도 엄마가 방학 때는 밥을 잘 해 주잖아. 엄마가 밥해 줘도 정작 네가 제대로 먹지도 않으면서!

아이: 엄마가 나한테 밥해 주기 시작한 건 얼마 되지도 않잖아. 엄마는 학교에선 좋은 선생님인지 몰라도 나한테는 아니야. 나는 커서, 친구네 엄마처럼 슈퍼마켓 하는 아줌마가 될 거야. 그 아줌마는 자기 아이에게 언제나 따뜻한 밥을 해 주니까….

양육에 실패한 엄마는 용서할 수 있다. 그러나 밥을 안 해 주는 엄마는 용서하기 어렵다. 태어나서 첫 3년은 친할머니 댁에서, 초등학교 첫 3년은 외할머니 댁에서 보낸, 위의 초등학생은 매우 배고픈 아이였다. 그래서 제발 밥 좀 해 달라고 엄마에게 졸랐다. 아이들은 엄마의 따뜻한 음식에 관심이 많다. 사실 아이들은 엄마가 고프다.

좋은 엄마라도 가끔은 엄마 역할에 실패한다. 바쁜 일이 있어서 잠시 아이들을 못 돌아볼 수도 있고, 경제적인 어려움 때문에 아이들에게 최고의 지원을 해 주지 못할 수도 있다. 아이들도 이해한다. 아이들의 이해력은 생각보다 깊다. 웬만한 상황은 다 참고 견딘다. 가난해도, 힘들어도, 엄마이기에 기다리며 사랑한다. 하지만 밥을 해 주지 않는 엄마를 용서하기는 어렵다.

아이들은 엄마 요리에 관심이 많다. 부엌에서 벌어지고 있는 일에 관심이 많다. 자기를 위해 무슨 음식을 준비하고 있는지, 그날 메뉴가 뭔지, 이 맛있는 냄새의 정체가 뭔지…. 아이들은 언제나 궁금하다. 아이들은 언제나 배고프다. 철없는 아이들은 언제나 껄떡거린다. 돌아서면 배고프단다.

그래서 엄마는 밥순이다. 엄마는 끼니마다 머리가 아프다. 그래서 엄마다.

"내가 밥순인 줄 알아?"

맞다. 엄마는 밥순이다.

입맛도 제각각이다. 큰아이는 생선을 좋아하고, 작은아이는 소고기를 좋아한다. '건강에 좋은' 야채에는 관심도 없다. 브로콜리는 아이들에게 공공의 적이다. 그러면서도 아이들은 둥지 안의 제비 새끼들처럼 엄마만 보면 입을 벌린다.

엄마는 부담스럽다. 하지만 어쩔 수 없이 아이들에게 엄마는 밥순이다. 밥 안 주면 아이들은 서러워한다. 그런 엄마가 싫고, 따뜻한 밥 지어 주는 친구네 엄마가 부럽다.

조미료 많이 들어간 외식도 함께 먹으면 맛있다. 가끔은 화학조미료 맛으로 가족들의 배를 채우는 것도 괜찮다. 하지만 그것은 내 새끼에게 매일 먹일 음식은 아니다. 그래서 엄마들은 괴롭다.

할머니가 만드신 음식은 짜고 맛있다. 엄마가 만든 음식은 밍밍하고 맛이 없다. 아이들도 잘 안다. 그래도 엄마 손으로 만든 음식이 아이 마음을 따뜻하게 한다. 그 음식이 아이의 몸과 마음을 온기로 가득 채운다. 그럴 때 아이의 인생은 훈훈해진다.

엄마 요리를 먹지 못하는 아이들은 이것저것 마구 먹는다. 치킨으로 배가 불러도 다시 아이스크림과 빵을 찾는다. 그들의 식욕은 통제할 수 없다. 그렇게 배를 채우고도 배고픔은 없어지지 않는다. 음식이 모자라서가 아니라 따뜻한 엄마가 없기 때문이다. 음식은 아이를 배신한다. 아무리 많이 먹어도 배부르지 않기 때문이다. 늘 똑같은 배고픔과 함께 몰려오는 죄책감과 메스꺼움과 우울한 기분을 아이 혼자서는 결코 떨쳐낼 수 없다.

음식은 사랑이다. 엄마들에게는 고달픈 사랑이다. 하지만 아이들은 엄마 요리가 먹고 싶다.

"먹고 싶다, 엄마 요리!"

엄마가 만든 요리? 아니면 '엄마로' 만든 요리?

손녀딸이 할머니에게 물었다.
"할머니, 할머니 젖가슴은 왜 그렇게 쭈글쭈글해요?"
"네 애비가 다 뜯어 묵고 요것만 남았다."

섬진강 시인 김용택은 늙은 어머니와 어린 딸의 기막힌 대화를 소개했다.

그리고 그는 다시 다슬기 엄마를 소개한다. 다슬기는 자기 몸 안에 알을 낳는다. 알이 부화하면 엄마의 몸을 조금씩 먹으며 자란다. 어미의 몸속에서 자란 새끼들이 마침내 세상 밖으로 튀어나올 때면, 엄마는 빈 껍데기가 되어 개울물을 따라 떼굴떼굴 떠내려간다. 엄마는 자식의 밥이 되어 세상을 떠난다.

엄마의 음식은 부지런한 아이를 만든다. 엄마처럼 힘든 일을 해내는 아이로 자라게 한다. 엄마 요리는 아이들에게 세상을 살 만한 곳이라고 가르친다. 가난해도 땀 흘려 자식을 먹이는 엄마는 남을 생각할 줄 아는 따뜻한 아이로 만든다.

따뜻한 음식은 아이에게 특별한 모닝콜이다. 아직 잠자는 아이의 귀에 들리는 부엌의 갖가지 소리, 침실을 나왔을 때 제일 먼저 코로 만나는 음식, 하나둘씩 반찬이 차려지는 밥상, 그것은 아이들을 섬기는 엄마의 기쁨이자, 아이들이 누려야 할 특권이다.

한 달에 쌀 한 가마니의 밥을 거뜬히 해내시던 초인 같은 어머니. 그 고달픈 시간이 어머니 당신에게는 인생에서 가장 행복한 시간이었단다. 힘들어도 둥지에서 새끼들과 함께 있을 때가 어미에게는 가장 행복한가 보다.

아이들에게 엄마는 밥이다. 그리고 밥은 엄마다. 아이들은 언제나 엄마가 고프다.

아이는 엄마를 먹고 자란다. 아기에게 엄마의 존재는 영혼의 양식이다. 아이는 엄마의 모든 것을 먹고 마신다. 그렇게 해서 사람이 되며 자란다.

엄마의 젖, 따뜻한 손길, 부드러운 목소리, 웃는 얼굴, 아이에게 거는 장난, 아이의 반응에 다시 반응하는 단순함과 아기스러움 등등 이 모든 것들이 아이가 흡수하는 양식이다. 시도 때도 없이 아이가 먹고 마셔야 할 엄마가 없으면 아이의 영혼은 메마르고 그 삶은 황폐해진다.

엄마가 없어서 엄마를 못 먹는다면 아이의 영혼은 아사 상태에 빠진다. 아이의 배고픔, 영혼의 굶주림에 반응해 주지 않는 엄마는 목마른 아이에게 소금물과 같다. 아이는 음식을 눈앞에 두고서 헛물만 들이켜는 실망을 경험할 것이다. 아이 영혼의 굶주림은 평생을 간다. 아이의 몸과 정신 모두를 피폐하게 만든다. 그래서 좋은 엄마는 자기 살로 아이를 먹인다.

이제 아이의 배고픔을 달래 주자. 자나 깨나 우선 아이가 먹을 것을 생각해 주자. 따뜻한 밥과 돌봄에 배고픈 아이는 식탐과 비만, 동기(動機, motivation) 결핍으로 고통스러운 삶을 살게 된다. 마음과 사랑이 넉넉한 아이는 삶에 대한 의욕이 있고, 자신감이 있으며, 많은 사람을 아우르는 좋은 리더가 된다.

할머니는 '후식'이다

"손주요? 제가 감당 못해요. 쇼핑하러 가면 마트 바닥에 드러눕는데, 여섯 살 아이가 얼마나 기운이 센지, 제가 어찌할 수가 없어요. 자기가 원하는 것을 사 줄 때까지 저렇게 고집을 부리니, 사람들 보기에 창피해서라도 얼른 사 주고 말죠. 애 엄마, 아빠가 바쁜 사정들이 있어서 제가 아이를 봐 줄 때가 많은데, 이제 나도 늙었으니…. 아이구, 이젠 힘에 부쳐요. 잘해 주려고 하지만 뜻대로 안 될 때가 많아요!" - 어느 할머니

할머니가 아이를 키우면 엄마는 '이웃집 아줌마'가 된다. 엄마의 양육과 할머니의 양육은 분명히 다르다. 엄마는 빠르고 명민하다. 젊고 힘이 있다. 엄마가 아이의 눈을 뚫어지게 바라보며 아이의 손을 꽉 잡으면 아이를 통제할 수 있다. 엄마는 아이를 사랑할 수 있고 통제할 수 있다.

하지만 할머니는 다르다. 할머니는 아이의 요구를 거절하기 어렵다. 아이는 그것을 너무나도 잘 안다. 떼를 쓰면 자신의 목적을 이룰 수 있다는 것을 잘 안다. 아이를 통제하기에는 할머니는 너무 약하다. 할머니의 사랑은 마치 골다공증 같다. 한없이 부드럽지만, 푸석푸석하고 새어 나갈 구멍은 너무나 많다.

엄마는 밥이고, 할머니는 후식이다. 후식은 달고 맛있지만, 영양이 되지는 못한다. 아이는 할머니의 사랑을 즐겨야 하지만, 주식은 엄마 담당이다. 물론 무서운 할머니는 아이의 마음을 살 수도 없다. 쓰디쓴 홍삼처럼 아이의 마음을 찌푸리게 할 뿐이다.

할머니의 과다한 애정은 경계선이 없다. 그 사실을 아는 아이는 버릇도 없고, 자기가 대단한 존재인 양 집에서 어른 노릇 하려 한다. 마트에서 자기가 좋아하는 것을 할머니가 사 주지 않으면 바닥을 구른다. 힘없는 할머니 머리 꼭대기에 올라서서 할머니의 돈주머니를 쥐락펴락한다.

아이는 엄마가 키워야 한다. 할머니는 엄마보다 일찍 세상을 떠날 가능성이 많다. 아이들이 한창 자랄 때 할머니가 돌아가시면, 할머니에게 흠뻑 빠져 있던 아이들은 망연자실한다. 통하지 않는 젊은 엄마와 앞으로 어떻게 살아야 할지 앞이 캄캄해진다.

할머니에게는 젖이 없다. 그리고 당신의 자식들을 엄하게 다스렸던 회초리도 이제는 없다. 자기 자식들에 대한 미안함과 후회 때문에 손자, 손녀에게는 한없이 애정만 퍼붓는다. 그러나 달콤한 후식만 먹는 아이들의 치아는 금방 상한다. 후식에 기분이 고양된 아이들은 망아지처럼 통제가 어렵다. 그때 엄마가 와서 아이를 가르치려 들면 아이는 엄마를 낯선 사람처럼 대할 것이다. 아이는 부모에게 버림받은 일을 절대로 잊지 못한다. 엄마를 향해 "아줌만 누군데 내 인생에 들어와 간섭하려 해요?"라고 대든다.

자신을 다른 사람에게 맡긴 엄마에 대한 아이들의 분노는 의외로 크다. 한 남자 고등학생은 아빠에게 흉기를 갖다 대는 바람에 정신 병동에 수용되었다. 어릴 때부터 미국 친척집에 맡겨진 그 아이는 '고아'의 정신 상태라는 진단을 받았다. 부모가 억지로 떼어 놓은 아이들, 남의 손에 맡긴 아이들의 마음에서 부모를 향한 애정을 찾을 수 있을 것이라 생각하는가?

할머니의 젖가슴은 이미 그 아들딸이 다 먹어 버렸다. 손자, 손녀들에게 메마른 젖꼭지를 물릴 수는 없다. 할머니에게 무엇을 기대하는가? 손자, 손녀에 대한 할머니의 동정과 사랑이 큰 것도 사실이지만, 자신의 인생 막바지에 대한 할머니의 체념과 두려움도 크다. 할머니에게도 쉼이 필요하다. 이제는 몸과 마음을 편하게 해 드려야 할 텐데, 손주 때문에 더 깊은 한숨을 쉬시게 할 수는 없지 않은가?

하나님께서는 엄마, 아빠에게 아이를 맡기셨다. 자라나는 아이들에게는 젊은 아빠와 엄마의 바쁘고 활기찬 세상이 필요하다. 엄마, 아빠의 단단한 야채 맛 돌봄까지 씹어 삼키지 않으면 아이들의 성장은 방해를 받는다.

물론 할머니나 할아버지의 신앙과 위로는 세상 어떤 경험에 비할 바가 아니다. 할머니의 따뜻한 사랑은 아이에게 소망을 준다. 할머니가 만들어 주신 만두와 김치찌개는 엄마가 만든 음식에 비교할 바 아니다. 할머니는 하나님이 보내신 예언자다. 손자, 손녀의 인생에 대해 잘도 알아맞히는 기도의 영력은 엄마, 아빠와 비할 바가 아니다. 할머니의 기도와 지혜는 아이들의 미래를 바꾸어 놓을 수 있는 긴요한 자원이다. 할머니의 노련함과 자기 비움과 겸손과 신중함과 깊은 묵상을 감히 누가 따를 수 있는가?

코끼리 집단은 모계 사회로 유명하다. 한번은 새끼 코끼리가 진흙 웅덩이에 빠져서 허우적대고 있었다. 그대로 두면 질식해서 죽을 수도 있는 상황이었다. 엄마 코끼리는 그런 일이 처음이라 어찌할 바를 몰라서 계속 상황을 악화시키고 있었다. 그것을 보고 있던 할머니 코끼리가 젊은 엄마 코끼리를 꾸중하듯 밀어내고는 자신이 손자 코끼리를 건져 주었다.

할머니의 경험과 여유는 비할 데 없는 지혜의 보고이다. 하지만 할머니에게는 아이 양육의 의무가 없다. 그러므로 아이의 버릇이 나빠졌다고, 그 아이를 사랑해 준 할머니를 비난해서는 안 된다. 아이를 비난해서도 안 된다. 만일 아이가 버릇이 없다면 그것은 아이를 너무 오랫동안 할머니에게 맡긴 엄마, 아빠의 책임이다.

할머니가 엄마를 대신할 수 없다. 할머니는 아이 마음의 외로움을 해소해 주지 못한다. 이상하고 신기하지만, 아이의 필요는 오직 엄마만 만족시켜 줄 수 있다. 할머니에 비해 엄마의 역할은 훨씬 복잡하고 섬세하다. 양육의 주체는 바로 엄마다.

엄마가 아무리 바빠도 밤에는 반드시 아이와 함께 잠들어야 한다. 엄마가 아이에게 책을 읽어 주며 직접 아이를 재워라. 책은 아빠들도 잘 읽어 줄 수 있다. 아침 일찍 아이를 두고 엄마가 먼저 출근해야 한다 하더라도, 밤에는 엄마가 아이를 재워라. 아이와 같이 있는 것보다 일이 더 중요해지는 순간, 아이의 영혼은 낯선 곳에 머물게 된다. 할머니가 천국에 가신 후를 두려워하라. 단 하룻밤이라도 아이를 할머니께 맡겨야 한다면 엄마는 먼저 아이에게 양해를 구하라. 아이를 안심시키고, 아이와의 약속을 지켜라. 아이는 엄마가 지키지 않은 약속을 기억한다.

이제 아이가 잠들기 전, 할머니에게 맡긴 아이를 데려오라. 엄마 품에서 재우고, 엄마 품에서 눈을 뜨게 하라. 아이가 마음으로 엄마를 포기할 때까지 아이를 방치하지 말라. 아이는 엄마만 바라보고 있다. 엄마의 손길만 기다리고 있다. 할머니든, 어린이집이든, 엄마의 보조는 될 수 있어도 엄마가 될 수는 없다. 엄마를 대신할 수 있는 것은 세상에 아무것도 없다.

 **가족 여행과 대화 주제**

토드 카트멜(Todd Cartmell)[24]은 자동차 가족 여행을 식사 자리에 비유한다. 식탁에서처럼 한 공간에 가족이 다 모여 있기 때문이다. 한 가지 더 좋은 점은, 식사 자리는 아이들이 마음대로 떠날 수 있지만, 자동차 여행을 할 때는 차창 밖으로 도망갈 수 없다는 점이다. 싫든 좋든, 아이들은 엄마, 아빠와 대화하며 갈 수밖에 없다.

1. 유머 책을 사서 읽어 준다.
2. 여행 게임을 한다.
3. 오디오 북(audio book)을 함께 듣는다.
4. *The Complete Book Of Questions: 1001 Conversation Starters For Any Occasion*([어떤 대화든 시작하게 해 주는] 1001가지 질문들)[25]에 나오는 질문을 가지고 토론한다.
5. 가정에서 일어나는 일들, 예컨대 잠재적 여자 친구, 친구들 간의 압박감, 친구 전도하기, 친구들의 나쁜 행동에 대처하기, 용돈 쓰기 등 여러 주제에 대해 이야기한다.

♥

3장

아빠의 자리

아빠와의 놀이는 차원이 다르다

"지금도 제 오른쪽 정강이에는 아들 축구화 스파이크에 찍힌 자국이 있어요. 어린 아들과 둘이서 축구를 하다가 아이가 자기도 모르게 저를 찼는데 뼈가 훤하게 보일 만큼 피부가 벗겨졌어요. 가끔 아들 녀석이 쓸데없이 불평하면 '이거 봐라! 너하고 놀아 주다가 아빠가 얻은 영광스러운 상처다!'라며 놀리기도 해요. 그런데 그렇게 놀아 주던 시간이 금방 다 지나가 버려서 아쉽네요. 이젠 아들이 커서 자리 잡으면 가끔 낚시나 테니스라도 같이할 수 있었으면 좋겠어요." – 어느 아빠

아이와 놀아 주는 것은 아이의 존재를 환영하는 것이다. 아이의 언어, 흥미, 소원을 있는 그대로 반겨 주는 것이다. 그것은 아이의 존재를 인정하고, 아이 자체를 축하하는 일이며, 아이의 세상 진입을 환대하는 일이다. 그것이 아이에게는 '살맛' 나는 일이다.

놀이란 것이 엄마, 아빠의 입장에서는 힘겨운 노력이 필요한 일이다. 하지만 끝까지 포기하지 않는 부모의 애절한 노력에는 반드시 보상이 따른다. 아이의 마음에는 그 놀이의 기쁨이 평생 행복하고 달콤하게 기억되기 때문이다. 먼 장래에 모두를 위해 좋은 결과를 가져오기도 한다. 엄마, 아빠는 아이의 세계에 자신의 전부를 순응시켜야 한다.

"어른이 아이들의 창의적인 놀이 세계에 들어가면 아이의 학습 능력이 향상된다." 이것은 러시아의 저명한 심리학자 레프 비고츠키(Lev Vygotsky)의 말이다. 그 특별한 놀이에 참여한 어른들은 현명한 사람들이다. 그들은 아이를 바른길로 이끌어 줄 수 있다. 위기의 때에 아이들을 구해 줄 수 있다.

아빠와의 놀이는 엄마와의 놀이와 차원이 다르다. 아빠는 아이의 시선을 바깥으로 향하게 한다. 집 밖에서 찾을 수 있는 즐거움에 관심을 갖게 한다. 아빠의 행동의 폭은 크고, 경험의 폭은 상상을 뛰어넘는다. 그런 아빠는 신기하고 새로운 경험으로 아이를 이끌어 준다.

댄 킨들런(Dan Kindlon)[26]의 말처럼 아빠가 잘 놀아 준 딸들은 세상에 나갔을 때 좋은 리더십을 가진 '알파 걸'(Alpha Girl)이 된다. 아빠의 경험과 시각이 딸들의 사고방식, 사회적 교류, 인생에 대한 기대 형성에 영향을 미치기 때문이다. 아빠와의 동적인 놀이와 상호작용은 자녀의 두뇌 발달에도 신선한 자극이 된다. 아빠와 친한 딸들이 언어 발달도 빠르고 지능이 높은 이유가 그것이다. 규칙적으로 아빠와 노는 아이는 인터넷 중독에 빠지지 않는다.

거꾸로, 아빠에게 무시당하거나 학대받으며 자란 아이들은 다른 남성에게서 자신의 존재감이나 정체성을 확인받으려 하는 위험한 도박을 선택한다. 남자아이가 다른 남자에게 이끌리고, 여자아이는 자신의 존재감을 인정받으려고 나쁜 관계에 빠지기도 한다. 아빠에게 폭행당한 아들은 나중에 자신의 아내를 때릴 가능성이 크다. 아빠에게 무시무시한 폭언을 듣고 자란 딸은 심각한 정서 불안 증세를 보인다.

아빠는 아이와 편안하게 놀아 주어야 한다. 꼭 극장이 아니면 어떤가?

주말 저녁 두 시간만이라도 TV나 컴퓨터 앞에 모여서 무언가를 같이 보면 된다. 그 시간에는 혼자 스마트폰으로 다른 것을 보지 않기로 약속해야 한다. 가족이 함께 똑같은 것을 경험하는 이벤트 자체가 의미 있는 일이다. 그 이벤트는 오랫동안 아이들의 마음에 따뜻한 기억으로 남아 있을 것이기 때문이다.

한 편의 영화는 아빠와 아이들에게 서로 다른 감동과 의미를 준다. 가족들에게 다양한 대화거리를 제공한다. 엄마, 아빠가 아이들과 함께 그 영화를 주제로 이야기하는 것은 그 자체가 훌륭한 가족 대화가 된다. 오랜 시간이 지나서 가족들이 다시 그 영화의 장면들을 떠올린다면, 가족이 함께 영화를 보았다는 사실만으로도 그것은 너무나 특별한 경험이 된다. 아빠와 함께한 흔적은 가족을 가족답게 한다. 그것은 따뜻한 기억으로 아이들의 평생에 남을 것이다.

이젠 아빠가 아이에게 말을 걸기 시작해야 한다. 쉬운 일은 아니다. 아이들로부터 돌아올 말이 두렵기도 할 것이다. "집에 들어가기 싫어요." "아빠는 화만 내잖아요." "아빠가 창피해요." 무슨 말이 돌아오든 그것이 아이들의 눈에 비친 아빠의 실제 모습이다. 아마도 아이들의 눈은 정확할 것이다. 그런 상황에 대면할 용기를 가져라. 그리고 주저 없이 아이들의 세계 속에 들어가라. 사랑하고, 놀아 주고, 칭찬해 주라. 아이들의 친구가 되어 보자. 아이들이 자신의 친구가 된 아빠를 통해 보게 될 세상은 아빠가 상상하는 그 이상이다.

어릴 때 꺾어 놓아야 한다?

"제 남편이 학교 선생님인데, 문제아는 아예 어릴 때부터 싹을 꺾어 놔야 한다고 말하는 사람이에요. 문제를 일으킨 학교 학생들을 경찰서에 가서 데려오면서, 경찰관들에게 그런 이야기를 들었나 봐요. 그러니 집에 오면 우리 애들한테도 똑같이 대하는 거예요. 아빠로서 다정하게 이야기하는 법은 없고, 마치 문제아를 대하듯이, '너 같은 쓰레기는 돈 한 푼 주지 않고 내쫓을 거야!' '나중에 재산 한 푼 안 줄 거야. 용서하지 않을 거야!'라며 호통치고, 무서운 협박조로 말을 해요. 제가 제발 그렇게 하지 말아 달라고 부탁하는데도 소용없어요." - 어떤 아내

발명왕 토머스 에디슨은 어릴 때 집중력결핍 과잉행동장애(ADHD)를 가진 아이였다. 에디슨은 늘 자기 생각에 심취해 있었다. 학교에서는 선생님 말에 집중하지 못해 "머리가 혼란스러운 아이"라는 오명을 얻었다. 하지만 에디슨의 엄마에게 에디슨은 문제아가 아니라 사랑하는 아들일 뿐이었다.

어린 에디슨은 선생님의 말을 듣기보다 끊임없이 질문하는 아이였다. 결국 그는 학교에서 쫓겨났고, 그것이 평생의 마지막 학교 교육이 되고 말았다. 에디슨이 학교에 다녔던 기간은 겨우 3개월에 불과했다. 게다가

성장기에 벌써 청각 장애까지 앓고 있었다.

그렇게 불안정했던 에디슨을 믿어 준 사람은 바로 엄마였다. 엄마는 에디슨이 학습 능력이 없고 저능하다는 선생의 말에 화를 냈다. 그리고 그때부터 에디슨을 집에서 길렀다. 엄마는 에디슨에게 삶에 대한 확신을 심어 주었다. 다른 사람들을 유익하게 하는 인생을 살도록 가르쳤다.

에디슨은 과학에 매우 관심이 많았다. 궁금증을 견디지 못해 쉬지 않고 질문을 하는 아이였다. 물론 아빠는 그의 관심을 대수롭지 않게 여겼다. 하지만 아빠가 잘한 것은, 에디슨이 책을 한 권 읽을 때마다 10센트씩을 준 일이다. 에디슨은 그 돈을 모아 열 살이 되었을 때 자기만의 실험실을 장만했다. 청소년 시절에는 열차에서 신문도 팔고 야채도 팔면서 비즈니스를 익혔다.

에디슨은 세계적인 회사로 자리매김한 GE(General Electric Company)를 비롯해서 14개의 회사를 창립했다. 물론 에디슨의 발명 특허 일부의 원천성(originality)에 의문을 가진 사람들도 있다. 하지만 집중력 장애를 가진 한 아이를 믿어 줌으로써 많은 사람을 유익하게 하는 발명가와 사업가로 키운 엄마의 모습은 누구나 한 번쯤 참고해야 할 모델이다.

지금도 아이들은 학교에서, 학원에서, 여러 가지 별명들을 붙이고 다닌다. 공부 잘하는 우등생, 말 잘 듣는 착한 아이, 공부 못하는 지진아, 말 안 듣고 다른 아이를 때리는 문제아, 왕따 등등. 하지만 건강한 가정에는 딱지가 없다. 아니 없어야 한다. 아이를 있는 모습 그대로 사랑해 주는 한, 그 아이는 결코 문제아가 아니다. 가정에 자기 자리가 없을 때 아이들은 문제아가 되어 집을 떠날 뿐이다.

성장하는 과정에 어려움이 없는 아이는 없다. 아이 때 사춘기 갈등이

'없으면' 성인이 되어서라도 반드시 그 갈등을 겪는다. 세상이 아무리 문제아라고 불러도 그 아이는 사랑하는 내 자식이다. 누가 내 아이를 문제아라고 부르는가? 누가 아이를 문제아로 만드는가? 어려움을 가진 아이를 있는 그대로 사랑할 수 있는 것이 부모이다. 아이가 학교에 잘 적응하지 못해도 낙심하지 말자. 내 아이는 반드시 세상에 유익한 사람이 될 수 있다. 출발점은 엄마가 아이를 품는 것이다. 엄마만 아이를 인정해 주면 아이는 세상에 꼭 필요한 사람이 될 수 있다.

공부를 못한다는 이유로 자기 아이를 '문제아' 취급한다면, 그것은 실력 없는 아이의 부모가 되는 것이 아니라, 하늘의 선물인 자기 아이를 잃는 것이다. 아이의 상실, 그것은 어떤 형태로든 그 부모의 삶 깊숙이 찾아온다. 그것은 더 나아가 세상에 누를 끼치는 일이다. 세상에 '문제아'를 배출한 것은 결국 그 아이를 품지 못한 엄마, 아빠의 잘못이기 때문이다.

때로는 학교 교사가 아이에게 열등감을 갖게 할 수도 있다. 그것은 심리학자 에릭 에릭슨(Eric Erikson)의 우려였다. 교사의 잘못된 기대 때문에 아이가 어처구니없는 불이익을 당할 수도 있다. 그래서 아이가 학교 수업과 학교생활에 무관심해지기도 한다. 하지만 좋은 부모는 교사가 살피지 못하는 이 모든 과정까지 세밀하게 살핀다. 필요하다면 학교를 찾아가서 교사에게 아이의 형편을 듣고 부모의 입장에서 이야기한다. 학교에서 아이가 입은 상처와 아픔을 따뜻하게 어루만지고 치료해 주기도 한다. 필요하다면 아이의 권리를 위해 중대한 결단을 할 수도 있다. 부모는 철저하게 아이의 편에서 아이에게 관심을 가지고 아이를 보호해야 한다. 좋은 엄마, 아빠는 자녀를 향한 세상의 시각을 바꾼다. 좋은 엄마,

아빠가 있는 한, 그 아이는 문제아가 아니라 세상을 위해 꼭 필요한 아이다. '아이가 무엇을 성취하느냐'와는 무관하게 아이는 그 자체로 가치 있고 소중한 존재다. 건강한 가정 안에는 문제아가 없다.

이제 아빠의 언어가 바뀌어야 한다. 나를 핍박하는 원수라도 저주해서는 안 된다면, 나에게 아무런 해를 끼칠 의도가 없는 어린 내 아이에게 나쁜 말을 퍼부어서는 안 된다. 내 속에 실망과 분노가 이글거려도 그것은 부모인 내 문제이지 아이의 문제가 아니다. 나쁜 말 대신 칭찬과 덕담과 축복의 말을 쏟아부어 주라. 따로 정해진 시간은 없다. 문득문득, 아이의 예쁜 모습, 좋은 모습이 보일 때, 아끼지 말고 좋은 말을 부어 주라. 부모의 언어가 아이의 삶을 구성한다.

아기처럼 안아 주고, 어른처럼 믿어 주세요

"이건 아닌 것 같다는 생각이 드네요. 정말 납득이 안 가고, 내 딸 같지 않아요. 제가 어떻게 해야 하나요? 제 아이가 미친 것은 아닐까요? 아이 친구가 '넌 어떻게 그런 집에서 살 수 있니?'라고 제 딸에게 말했대요. 그 말이 계속 맴돌아요. 정말 뒤통수를 한 대 맞은 것 같고…. 아무리 예쁜 딸이지만 정말 정이 뚝 떨어질 정도예요. 좀 더 현명하게 하나님 말씀 안에서 키워 보려고 책도 읽고 공부도 하고 세미나도 다니는데, 잘 안 돼요. 저는 엄마로서 아이가 공부하는 데 조금이라도 도움이 되고자 노력하고 있는데, 이렇게 구차한 말을 늘어놔야 하니 내 자신이 정말 싫더라고요." — 어떤 엄마

이 아이는 엄마의 자존심을 구겼다. 엄마가 애써 가꾸어 온 가정을 숨 쉬기도 힘든 '그런 집'으로 만들어 버렸다. 좋은 엄마가 되고자 하는 온갖 노력을 헛수고였다고 생각하게 만들었다. 아이는 가족을 힘들어했고, 엄마는 아이를 힘들어했다. 순한 사춘기란 것이 있다면 그것은 사춘기가 아니다. 마냥 '순'하여 부모에게 날카로운 말 한마디 하지 않는 사춘기는 '연기된' 사춘기이다. 사춘기는 날카롭고 이상하다. 얌전하고 순종적인 사춘기는 제2의 위기를 예고한다. 진정한 사춘기가 반드시 다시

찾아온다.

사춘기 아이는 부모를 놀라게 한다. 그것이 정상이다. 아이들은 그렇게 부모를 멈추어 세운다.

"너 갑자기 왜 이래? 너, 내 아이 맞아?"

"여보, 우리 아이한테 이런 면이 있었어?"

아이는 자신이 엄마, 아빠가 생각하는 그런 아이가 아님을 보란 듯이 시위하고 있다. 자식을 키우다 보면, "아, 이러다가 나도 악마가 되는구나!"라는 생각이 들 때가 있다. 사춘기 아이를 키우다 보면, "아, 내가 이러다가 아이를 때려서 큰일 낼 수도 있겠구나."라는 생각도 든다. 부모가 시키는 대로 자라던 초등학생 아이는 어디론가 사라지고. 당황스럽고 예측하기 힘든 아이가 등장한다.

반항하지 않는 사춘기는 사춘기가 아니다. 반항하면서도 아이는 엄마, 아빠의 관심을 끈질기게 기다린다. 엄마, 아빠가 한 번 더 자신을 봐 주기를 그렇게도 고대한다. 자신에게 '성숙한' 관심을 가져 주기를 기대한다. 이제 더 이상 초등학생 아이가 아니라 '다 큰 어른'으로 자신을 인정해 주기를 바란다. 공부를 잘해서 인정받으면 좋겠지만, 어떤 경우든 부모가 자신을 믿어 주면 좋겠지만, 그러지 않을 때는 문제를 일으켜서라도 관심을 받고 싶은 것이 아이의 단순한 소원이다.

거칠고 반항적인 사춘기 아들은 자신의 감정을 강하게 표출한다. 가출을 하거나, 물건을 던지거나, 심지어 다른 아이들을 괴롭히기도 한다. 하지만 이 아들이 기대하는 것은 거친 호통이 아니라, 부드럽고 따뜻한 관심이다. 조용하고 낮은 목소리로 물어 주는 질문이다. 아들일수록 부모의 목소리는 더 낮고 진지해야 한다.

"○○야, 너 요즘 무슨 일 있니?"

아이의 날카로운 반항 앞에 평정심을 유지할 수 있는 부모는 많지 않다. 그렇지만 아이에게 필요한 것은 부모의 조용하고 차분한 말투이다. 거친 주행을 일삼는 폭주족 아이들에게 부모가 강제적인 수단을 동원하고 큰 소리로 호통칠수록 아이들은 더 큰 흥분을 느낀다. 하지만 부모가 냉정을 되찾으면 아이들은 생각을 하게 된다. 결국 아이 스스로 느끼도록 이끌어 주는 것이 훈육이라면, 훈육은 효과적이어야 하고, 그러기 위해서 부모는 자신의 분노를 눌러야만 한다. 아이들은 자신이 부모님께 예상했던 감정을 부모가 참는 모습을 보면서 자기 자신의 모습에 대해 생각한다.

"고등학생 때 저는 아버지를 죽이는 것이 소원이었어요!"

술만 취하면 가족들에게 폭력을 휘두르는 아버지에 대한 어느 고등학생의 소원은 그렇게 놀랍지도 않았다. 하지만 그는 어머니를 생각하면서 참을 수밖에 없었다. 엄마는 언제나 아들에게 미안해했다. 자신이 어렸을 때 엄마의 돈을 훔쳤을 때에도, 엄마는 꾸중하지 않았다.

"내가 너를 지켜 주지 못해서 그랬구나. 내가 미안하다. 엄마가 너와 함께 있어 주면서, 돈을 훔치는 것은 나쁜 일이라고 얘기해 줬어야 하는데…. 엄마가 미안하다."

사춘기 아이들의 소원은 단순하다. "무슨 일이냐고, 괜찮으냐고, 내가 어떻게 해 주면 되겠느냐고 물어봐 주시면 안 돼요?" 잘 질문해 주고, 잘 들어 주면, 그게 전부다. 부모가 자신의 이야기에 진지하게 귀 기울여 주면 아이는 신뢰받는다는 느낌을 받는다. 자신이 존중받는다고 느낀다면 아이는 어떤 어려운 환경이라도 이겨 낼 힘을 얻는다. 가출이나 폭력을 일삼는 아이들도 돌봄과 사랑의 대상이다.

'불쌍한 우리 엄마, 가난하고 고생하는 우리 아빠, 내가 정신을 차리고 더 열심히 공부하지 않으면 엄마, 아빠는 더 불행해질 거야!'

부모와 어른을 '이해'하며, 스스로 사춘기를 반납해 버린 '효자, 효녀'…. 이렇게 일찍 철든 아이들을 더 따뜻하게 안아 주어야 한다. 투정을 부릴 때 더 예뻐해 주어야 한다. 부모가 아무런 비용을 지불하지 않고 자녀의 사춘기를 그냥 넘어가려고 해서는 안 된다. 반항하는 아이들을 대견스러워하며 칭찬하라. 반항할 줄 모르는 아이를 가엾은 마음으로 안아 주라. 아이는 아이다워야 한다. 다시 안아 주며, 아이답기를 요청하라.

"사랑해, 고마워! 하지만 화가 날 때는 화가 난다고 꼭 말해 줘! 그래야 네 마음을 알 수가 있으니까! 혼자 참고만 있지 마. 알았지?"

만일 너무나 조용하게 사춘기를 보내는 아이가 있다면 반드시 물어보아야 한다. 정말 마음이 괜찮은지, 집안 형편 때문에 혼자 너무 참는 것은 아닌지, 가족에 대해 너무 무거운 책임감이나 부담을 느끼지는 않는지 물어야 한다.

우울증을 앓는 고등학교 3학년 여학생은 너무 일찍 철이 들었다. 정신 연령이 43세였다. 언제나 이 여학생은 힘들어하는 싱글 맘 엄마를 먼저 생각했다. 혼자 아이들을 키우면서 날카롭고 예민해진 엄마를 참 많이 이해해 주었다. 하지만 엄마는 변함없이 날카롭고 예민했다. 자기 아이를 다른 집 아이와 비교하고, 아이의 독서실 비용을 아까워하고, 아이가 아프다고 하면 공부할 자세가 되지 않았다고 지적했다. 아이는 어디에도 마음 둘 곳이 없었다.

이 여학생은 이야기를 '섞지 않고,' 즉 자기가 이야기할 때 다른 사람이 끼어들지 않고 자기 이야기에만 온전히 귀 기울여 주는 것을 그렇게 좋아했다. 자신의 소원은 한 가지, 엄마가 따뜻하게 "우리 아기!"라고 불러 주며 등을 토닥여 주는 것이었다. 하지만 그 기대가 이루어지는 것은 아직도 보류되고 있다.

이해받지 못한 사춘기는 반드시 다시 찾아온다. 그게 언제 어떻게 등장할지는 아무도 모른다. 하지만, 10년 후, 혹은 20년 후에, 무기력으로, 우울증으로, 중독으로, 무절제로, 개인의 경제적 파탄으로, 처음보다 훨씬 당황스러운 모습으로 반드시 다시 찾아온다. 그때는 그 아이가 어른이 되어 세운 가족과 그의 자녀들에게 후폭풍이 몰아치게 된다.

그러므로 십 대 아이를 지금 품으라. 그 아이의 미래를 걱정한다면 부모의 큰 품으로, 지금 모습 그대로 품으라. 좀 더 날카롭고, 좀 더 예민하게 반응하는 사춘기를 기꺼이 받아 줄 여유를 반드시 가져야 한다.

부모와 상처를 주고받는 사춘기는 반드시 있어야 한다. 부모라면 상처를 받더라도 그것을 그대로 품을 수 있어야 한다. 부모가 먼저 사과하는 것은 상처를 떠안는 성숙한 모습이다. 부모가 담담한 표정과 진실한 말로 아이를 먼저 존중해 주면 아이의 정서는 살아난다. 아이가 자기 인생을 찾아가는 길은 멀고도 험하다. 부모가 담담하게 받아 낸 상처만큼 아이는 따뜻한 사람으로 자란다.

이제 부모는 목소리를 낮추라. 그리고 담담해져라. 아이의 어떤 행동도 처벌과 협박의 대상이 아니라 함께 대화해야 할 이야깃거리다. 아이는 행동을 통해 부모에게 말을 건다. 부모가 할 일은 그것을 대화로 풀어내는 것이다. 부모 마음속에서는, 특히 아빠 마음속에서는, '눈에는 눈, 이에는 이'라는 무서운 처벌법이 쉽게 활성화된다. 아이에 대한 부모의 분노는 때로 부모가 자신의 기분을 섞어 넣은 것이다. 아이가 말할 때 성급하게 끼어들지 말자. 부모 자신의 감정을 먼저 정돈하고, 열린 마음으로 물어보자. "그래. 네 이야기를 해 줄 수 있겠어? 내가 끝까지 들어 줄게!"

괴물이 아니라 선물이다

"제가 특별히 잘못한 것이 없는데도 가족들은 저를 싫어하는 것 같아요. 진짜 자살하려고 한 건 아니지만 그냥 아파트에서 뛰어내릴까 생각도 했어요. '내가 죽으면 이 사람들이 뭐라 생각할까?' 하면서요. 아빠가 오빠 칭찬은 막 하시면서도, 제게는 '너는 매일 집에서 뭐하냐? 성격이 왜 그러냐?' 하면서 제가 눈에 띄기만 하면 시비를 걸어요. 제가 뭘 먹고 있으면 '너는 성격 좀 고쳐야 한다. 너 같은 거 꼴 보기 싫으니까 나가!'라면서 고함을 지르고 화를 내면서 저를 때리려고까지 했어요." – 가족의 미움 때문에 마음이 힘든 여학생

쉴 곳 없는 아이가 가장 불쌍하다. 가정과 가족은 아이가 쉴 곳이다. 가족이 모두 자기를 싫어한다고 느낀다면 그 아이는 집 밖으로 나갈 수밖에 없다. 아니면, 다른 사람들에게 자신의 존재를 인식시키려고 더 극단적인 생각도 서슴지 않는다. 그것은 아이 입장에서는 단순하고 순진한 생각이겠지만 사실은 아주 위험한 생각일 수 있다.

"사춘기는 선물이다." 이것은 유진 피터슨의 말이다. 부모의 불평이나 고집으로 낭비할 시간이 아니고, 아이들과 부모가 함께 성숙하고 거룩하게 되는 특별한 기회이다. 하지만 그 맛은 쓰다. 사춘기 아이들은 유난

히 예민하고 짜증도 많다. 더구나 자기편인지 남의 편인지 분간도 하지 않고 신경질을 마구 부린다. 부모의 참을성은 한계에 부딪친다.

"너, 엄마한테 왜 이래?"

"아빠한테 그게 무슨 말버릇이야?"

"동생한테 그렇게 심하게 말하면 어떡해?"

하루에도 몇 번이나 이렇게 호통칠 일이 생긴다. 하지만 엄마, 아빠는 아이의 이런 모습에 익숙해져야 한다. 이 정도의 반항이라면 별 탈 없이 건강하게 자라고 있는 것이다. 그렇다고 나쁜 말버릇을 그대로 두라는 뜻은 아니다. 부부는 한 팀이 되어, 필요에 따라 단호하게 훈육해야 한다. 두 사람에게서 한목소리가 나와야 한다. 평소에 한 사람은 꾸중하는 역할, 다른 한 사람은 아이를 대신해서 변명하는 역할을 고정적으로 하게 되면, 아이는 두 사람의 차이를 이용해서 자기 마음대로 자란다.

실수했을 때는 또 한 번의 기회를 줄 수 있다. 하지만 예의에 어긋나는 말이나 행동을 했을 때는 지체하지 말고 반드시 그 자리에서 바로잡아 주어야 한다. 아이들도 자신의 예민하고 날카로운 말이 다른 사람들의 마음에 어떤 고통을 주는지 알아야 한다. 날카로운 말은 독백으로 끝나지 않는다. 반드시 다른 사람의 마음에 상처를 남긴다. 부모 자신도 얼마나 많은 상처를 받는지 알려 주어야 한다.

훈계는 합리적이고 논리적이어야 한다. 차분하고 낮은 목소리가 아니면 잔소리는 신속하게 상승 작용을 일으킨다. 아빠, 엄마의 목소리가 높으면 아이는 억울해한다. 무슨 일이 있어도 폭력은 안 된다. 어떤 종류의 폭력이든, 언어폭력이든, 손찌검이든, 베개라도 던지며 화를 냈든, 만일 조금의 폭력이라도 행한 적이 있다면 엄마, 아빠는 반드시 사과해야 한다. 아이가 성장한 이후에라도 사과는 늦지 않다.

"그때는 내가 너무 흥분해서 그랬다. 정말 미안해. 다시는 그렇게 하지 않을게. 하지만 너도 엄마, 아빠에게 대드는 것이 얼마나 우리를 화나게 하는 것인지는 알았으면 좋겠다."

이제라도 아이에게 사과해 보자. 아이는 소중하다. 아이도 부모의 사과를 받아야 할 권리가 있다. 늦은 사과란 없다. 오늘, 지금이 바로 사과해야 할 시간이다. 하지만 아이가 사과를 해야 할 상황이라면 그것 역시 아무 일 없었던 것처럼 넘어갈 수는 없다. 아이 역시 자신의 말과 행동에 대해 책임지는 사람으로 성장해야 한다. 그 일은 지금 여기, 가정에서 시작된다.

집 팔아서 공부 시켜라!

상담자: 민지가 대학을 포기한 이유는 뭐야?

민지: 혼자 일하시면서 우리를 키우시는 엄마가 너무 힘들어하셔서요. 사실 식당에서 일하시는 엄마 돈으로 고등학교 다니는 것도 힘들었거든요. 엄마는 늘 그러셨어요. "너 공부시키는 거 너무 힘들어!"

상담자: 그런 이야기 들을 때 어떤 마음이 들었어?

민지: '엄마가 많이 힘들어하시는구나. 내가 계속 공부하면 엄마는 더 고생하시겠구나.'라는 생각이 들었어요.

민지는 성실한 딸이었다. 하지만 아빠와 이혼하고 혼자 식당에서 일하면서 자신을 키우는 엄마를 볼 때 마음이 무거웠다. 더구나 엄마가 힘들다고 말할 때마다 민지는 공부를 계속할 용기가 생기지 않았다. 그래서 별 하는 일 없이 교회에 가서 시간을 보내기 일쑤였다. 민지를 상담했던 나는 아이를 위해 엄마에게 부탁했다. "어머니가 힘드시겠지만, 민지는 재능이 있으니 꼭 공부를 시켰으면 좋겠습니다."

그렇게 해서 민지가 다시 공부를 시작한 지 반년이 지난 후, 내게 전화 한 통이 걸려왔다.

"목사님, 저 대학에 합격했어요!"

한 학기가 지난 후, 더 반가운 소식이 들려왔다.

"아빠 회사에서 대학 등록금이 나와요. 지난 학기에는 성적 장학금도 받았어요!"

집을 팔아서라도 아이를 공부시켜야 한다. 미국 전 대통령 버락 오바마의 외할아버지와 외할머니는 외손자를 하와이의 명문인 푸나후 고등학교(Punahou School)에 보내기 위해 집을 팔았다. 그리고 좁고 불편한 월세 아파트로 이사를 했다. 백인 부부로서 편안한 노년을 택하기보다, 혼혈인 외손자의 미래를 위해 평생 모은 재산을 포기했던 것이다.

부모의 희생 없이 잘 자라는 아이는 없다. 부모의 투자 없이 아이가 잘 자랄 수는 없다. 옛날 부모님들은 아이를 위해 소를 팔았다. 농부에게 소는 가축이 아니라 가족이다. 그러나 더 소중한 아이의 미래를 위해 소를 팔아 교육을 시켰다. 집은 삶의 기초 자산이다. 하지만 아이를 위해서라면 기꺼이 그 집을 팔 수도 있다. 어차피 돈은 언젠가 없어지기 마련이다. 하지만 아이들을 위해 투자한 돈은 아이의 일생을 바꾸어 놓는다.

단기 차익을 노리는 사람은 결코 아이에게 투자할 수 없다. 아이들은 부모의 살아생전에 투자 원금을 돌려줄 수 없기 때문이다. 안타깝게도, 그렇게 현명하고 똑똑한 선택을 했던 오바마의 외할머니는, 오바마가 대통령에 당선되기 이틀 전에 세상을 떠났다. 하지만 천국에 가서라도 자신의 희생과 고생을 자랑스러워하지 않겠는가?

내 자녀에 대해 더 큰 꿈을 가져라. 그 꿈을 위해 집을 팔 각오를 하라. 자신의 가장 소중한 것을 아이에게 주어라. 아이에게 줄 때는 돌려받을 생각을 하지 말자. 내가 투자한 자원의 열매는 아이가 거두어들일 것이 아니라, 세상의 고통당하는 사람들에게 나누어 줘야 할 것들이다. 그것은 내 아이에 대한 하나님의 목적이다. 문제는 본전을 뽑으려는 부모의 생각이다. 그런 생각은 부모 스스로 다짐하며 깨트려야 한다. 투자 없이는 미래도 없다. 집을 팔아서 아이의 미래를 사라! 그리고 하나님의 나라를 세우라.

이제 본전 생각은 접어 두고, 아이를 위해 투자하자. 아이가 좋아하고 원하는 것이 있다면 그 얼마나 바람직한가? 스스로 동기 부여가 되어 있다는 것만으로도 얼마나 다행인가? 아이가 건강하고 열정적이니, 얼마나 좋은가? 두려워하지 말자. 하나님은 부모의 노후 생활도 반드시 보장해 주신다. 지금 많이 아껴 두어야 나중에 가난해지지 않는다는 말은 아이 앞에서는 잊어라. 그리고 아이의 내일을 위해, 하나님 나라의 미래를 위해 지금 투자하라!

조기 유학, 신중해야 할 시도

엄마: 차라리 아이를 동남아시아로 유학을 보낼까 생각해요.

상담자: 그곳에 아시는 분이라도 있으세요?

엄마: 아니요. 하지만 이대로 두면 친구들 때문에 행실이 더 나빠질 것 같아요.

상담자: 괜찮으시겠어요? 엄마, 아빠가 함께 있어도 이렇게 행실이 나빠졌다면, 아무도 간섭하지 않는 외국에 가면 과연 누가 이 아이를 잡아 줄 수 있을까요? 아이를 잃어버리고 싶다면 모르겠지만….

(몇 주 후)

엄마: 제가 고등학생, 중학생 두 아들이 집에서 함께 흡연하는 것을 보면서 큰 충격을 받았어요. '어쩌다가 이 지경이 되었을까? 내가 너무 일찍 아이들을 떼어 놓고 다시 일을 시작한 것은 아닐까?' 그래서 결국 일하던 병원을 내려놓게 되었어요. 둘째가 초등학교 3학년이 되면서 아이가 다 컸다고 생각해서 다시 병원 일을 시작했거든요. 하지만 이제 마음이 바뀌었어요. 아이들이 집을 떠날 때까지는 우선 아이들 곁에서 뒷바라지하기로 했어요.

골칫덩어리 중학생 아들을 서둘러 외국으로 보내려고 생각하던 엄마가, 문득 아이의 현실과 자신의 모습을 돌아보게 되면서 상황은 반전되었다. 아이를 보내 버리는 대신 엄마가 아이 곁으로 돌아오기로 결심한 것이다. 정말 다행스러운 결심이다. 때늦은 후회는 있지만, 이 현명한 엄마는 아이들을 위한 최고의 처방을 찾은 것이다.

2006년을 정점으로 조기 유학은 점점 인기를 잃어 가고 있다. 하지만 학교생활에 적응하지 못하는 아이들에게 출구를 마련해 주려는 엄마들의 노력은 애잔하다. 하지만 조기 유학이란 것이 가출까지 서슴지 않는 아이들을 위한 해결책은 아니다.

다른 나라에 유학을 보내서 우선 아이가 부모 눈에 안 보이면, 부모는 골치 아픈 일들을 일순간 잊을 수 있을는지 모른다. 하지만 그것은 아이를 내다 버리는 일이다. 학교생활 적응이 어려운 아이일수록 엄마, 아빠와 더욱 밀착해 있어야 한다. 지금 여기서 성장통을 겪고 있는 아이를 결코 혼자 조기 유학 보내지 말아야 한다.

많은 부모들이 조기 유학에 마음을 두고 있다. 집안 형편이 괜찮아서, 아이가 공부를 잘해서, 학교생활에 적응하지 못해서, 머리 아픈 사춘기를 지나고 있어서, 친척들이 있는 외국으로 유학 보내려 한다. 조기 유학은 가장 신중해야 할 중요한 문제다. 조기 유학 온 친척 아이들을 돌보았던 어떤 사람은 탄식했다.

"저렇게 하는 건 자식을 미국에 내버리는 거예요."

아이는 우선 그 가정 내에서부터 통제되어야 한다. 그것이 유학의 중요한 전제 조건이다. 그것이 힘든 아이는 외국에 가면 삶의 방향 자체를 잃어버린다. 우선 집에서 따뜻함을 경험하고 자기 통제를 훈련해야 한다. 낯설고 외로운 곳에서 혼자 시간을 낭비하기에는 아이들의 인생이 너무나 소중하다. 섣부른 조기 유학은 위험한 선택이다.

아이만 보내는 초등학생 조기 유학은 가능한 한 만류할 수밖에 없다. 질풍노도의 사춘기를 보내고 있는 아이를 성급하게 보내면 후회할 일이 생길 수 있다. 만일 중고등학교나 대학교에 다니는 아이를 유학 보내려 한다면 다음 몇 가지는 반드시 점검해야 한다.

1) 아이의 공부보다 내 아이가 더 중요하다고 말할 수 있는가?
2) 적어도 아이의 인생에 가장 중요한 시기인 사춘기(중학교 2학년, 혹은 8학년)에 엄마, 아빠와 함께 있었는가?
3) 내 아이가 공부할 지역과 학교에 대한 충분한 정보가 있는가? 아이가 공부할 수 있는 안정된 중산층의 학군인가?
4) 아이가 어려울 때 믿을 만한 친척, 혹은 가족 같은 멘토가 곁에 있는가? 엄마처럼 따뜻하게 아이를 위로해 줄 사람이 있는가?
5) 아이 자신은 외국에서 공부할 의지가 있는가?
6) 언어가 준비되어 있는가?
7) 유학에 관해 부모와 아이가 하나님의 인도하심을 받고 있는가?
8) 혹시 공부가 늦어지더라도, 긴급한 상황이라면 언제든지 아이를 다시 국내로 불러 불안한 정서를 먼저 안정시켜 줄 마음이 있는가?

어린아이들이 해외 유학을 가면 우선 많이 놀란다. 엄마, 아빠가 같이 있다고 해도 언어와 문화의 차이 때문에 아이들은 1년 이상 마음고생을 한다. 하물며 친척이나 지인에게 맡겨지는 아이들이나, 홈스테이를 떠나는 아이들의 외로움은 얼마나 더 심하겠는가? '성공적으로' 대학에 진학한 이웃의 아이 때문에 내 아이를 유학 보내지 말라. 더구나 자신은 그럴 의지가 없었는데 부모가 억지로 유학을 보낸 학생들은 부모가 자신을 버렸다고 느낀다.

  이제 생각을 바꾸어야 한다. 유학은 돈의 문제가 아니라 의지의 문제다. 엄마, 아빠의 의지가 아니라 아이 자신의 의지가 있어야 한다. 그리고 혹시 자신의 의지를 따라 유학을 떠났다 하더라도 그 아이에게 다음과 같은 우울증 증상이 나타날 때는 지체 없이 조치를 취해야 한다. 부모의 허황된 꿈을 좇다가 아이에게 큰 위험이 닥칠 수도 있기 때문이다. 남들도 다 한다고 해서, 유학은 결코 호락호락한 일이 아니다.

 **유학생 우울증 증상**

1. 아침에 일어날 기력이 없다.
2. 학교에 가기 싫어하고, 자주 지각하거나 결석하기 시작한다.
3. 다른 사람의 도움을 요청할 힘이 없다.
4. 좋아하는 것을 포기한다. 예를 들면, 좋아하던 연예인에게 무관심해지거나 핸드폰의 인터넷 사용을 멈춘다.
5. 아침밥을 자주 거르고, 하루 음식 섭취량이 급격히 줄어든다.
6. 카카오톡 프로필에서 사진이 없어지거나, 음산하고 무거운 그림과 이름으로 바뀐다.
7. 과제를 계속 미루고, 시험이나 퀴즈를 자주 거른다.
8. 자신이 사라졌으면 좋겠다는 말을 자주한다.
9. 남자아이의 경우 짜증을 자주 내고, 여자아이의 경우 기운이 빠져서 사람을 만나는 것도 싫어한다.

 **아이 존중: 아이에게 길을 묻다**

1. 반드시 아이에게 먼저 물어보라.
2. 대답은 아이에게 있음을 기억하라.
3. 좋은 부모가 되는 비결을 가르쳐 주는 것은 아이 자신이다.
4. 아이에게 가장 재미있는 것은 엄마, 아빠와 '대화'하는 것이다.
5. 아이에게 집은 가장 편안한 곳이어야 한다.
6. 아이 이야기를 들을 때 부모의 말을 섞지 말라. 특히 주어를 바꾸지 말라.

아이: 엄마, 나 공부하는 거 힘들어!
엄마: 엄만 더 힘들었어!(x)

아이: 엄마, 나 공부하는 거 힘들어!
엄마: 그래? 너 공부하는 거 많이 힘들구나!(o)

아이와 함께 당황해 주기

(수학 공부로 끙끙대던 딸이 스트레스 받은 얼굴로 말한다.)

아이: 엄마, 나 학교 가기가 너무 싫어!

엄마: 그래? 뭐가 힘들어?

아이: 수학 선생님은 제대로 가르쳐 주지도 않으면서 퀴즈는 꼬박꼬박 쳐요. 학생들이 학원에서 다 배웠다고 생각하나 봐요!

엄마: 아이쿠, 그거 힘들겠네. 선생님이 좀 더 자세히 가르쳐 주시면 좋을 텐데. 너 힘들어서 어떡하지?

잠깐의 공감적 대화가 스트레스를 날려 버린다. 금방이라도 학교를 그만둘 것처럼 덤비던 아이가 잠깐의 대화로 누그러진다. 아이들에게 공감해 주는 말 한마디는 만병통치약이다. 아무리 심각한 문제라도 웃으며 대하게 만들어 주기 때문이다. 어쩌면 아이들과의 대화가 가장 단순하고 쉽다. 하지만 마음이 닫힌 어른들에게는 그것이 가장 어렵다. 아이들이 그렇게 듣고 싶어 하는데도 못 듣기 쉬운 말이 공감 언어이다.

그다음 날, 이 아이는 또 다른 이유로 학교에 가기 싫다고 엄마에게 얘기를 했다.

아이: 나, 내일 학교 안 갈래!

엄마: 그래? 그럼 가지 말고 집에서 엄마랑 놀자.(^^) 그런데 왜 학교에 가기 싫어?

아이: 체육 시간에 짝 찾는 게 너무 힘들어! 선생님은 자꾸 짝을 직접 찾아서 함께 운동을 하라는데 다른 아이들은 이미 짝이 다 있단 말이야!

엄마: 짝 찾기가 힘들어서 속상하겠네. 어떡하지? 엄마가 선생님께 말씀드려 줄까?

아이: 엄마, 그러지 마세요. 저 혼자서 한번 해결해 볼게요.

그렇게 말하면서도 아이의 표정은 여전히 무겁다. 하지만 이 세상에 한 명이라도 자신을 위해 주는 '마음 지원군'이 있다는 것을 확인하면 긴장은 분명히 풀린다. 아이들의 절망적인 상황에 대해 부모는 무능하다. 안타깝지만 아이 대신 공부를 해 줄 수도 없고, 아이 대신 친구 문제를 해결해 줄 수도 없다.

하지만 부모는 아이에게 공감해 줄 수 있다. 지원군 한 사람만 있으면 아이는 세상을 살 만하다고 여긴다. 성가시게도 아이들은 부모가 자신의 지원군이라는 것을 자주 확인하려 한다. 부모는 인내심을 가지고 아이를 안심시켜야 한다.

"또 그 소리야? 이제 그런 소리 좀 안 하면 안 돼? 다 큰 애가 왜 자꾸 불평이야?"

여유가 없는 부모라면 버럭 고함을 지를 수도 있다. 부모도 아군이 아니라면 아이는 너무 외롭다. 아이의 스트레스는 더 커지고, 문제는 더 복잡해진다.

부모로서는 공감하는 것이 성가신 일이다. 끊임없이 아이들의 요구에 응답해야 하기 때문이다. 배고프다면 음식을 해 줘야 하고, 친구 때문에 속상해 있으면 달래 주어야 한다. 시험 점수가 낮아서 낙심하고 있으면 아이의 눈치를 보면서 괜찮다고 다독여 주어야 한다.

하지만 아이에게는 엄마, 아빠의 공감 외에는 다른 방법이 없다. 부모는 아이의 말에 응답해야 한다. 아이들과의 대화가 부담스러울 때는 서로 말이 통하지 않을 때이다. 아이들은 힘들다고 말하면서 엄마와 아빠의 위로를 바라는데, 엄마와 아빠는 자꾸 해결책만 주려 한다. 혹은 네가 힘들 게 뭐가 있느냐며 호통을 친다. 그럴 때 대화는 아무 소득 없이 끝나 버린다. 급한 일은 답을 내려 주는 것이 아니다. 공감적인 반복이 참 좋은 대화를 만든다.

아이: 엄마, 나 학교 가기 싫어.
엄마: 응, 네가 학교 가기가 싫어졌구나. 왜 그럴까?

아니면, 조금 긴장을 풀어 주면서, 약간의 장난을 섞어서 익살스럽게 응답할 수도 있다.

아이: 엄마, 나 학교 가기 싫어.
엄마: 그래, 그럼 내일 학교에 가지 말고 엄마랑 놀자!

그렇게 말을 했다고 해서 아이가 학교에 안 갈 리는 없다. 엄마랑 놀자고 무작정 고집부리지도 않을 것이다. 엄마가 자신의 목소리를 들어 주었으니 이제 더 이상 불평은 하지 않을 것이다. 아이의 감정은 받아 주지 않은 채 꾸중만 한다면, 아이는 숨 쉴 곳이 없다.

아이: 엄마, 나 학교 가기 싫어.
엄마: 학교에 가기 싫다는 말을 어떻게 할 수 있어? 너 도대체 공부할 마음이 있는 거야, 없는 거야?

엄마의 공감은 아이의 호흡이다. 아이는 자신도 미처 깨닫지 못했던, 그러나 마음 깊은 곳에 있던 말을 내뱉으면서 숨을 쉰다. 그러면서 자신의 스트레스를 풀고 격한 감정을 가라앉힌다.

부모는 아이의 감정 섞인 말을 너무 부담스럽게 받아들이거나 자의적으로 해석하지 말아야 한다. 있는 그대로 받아 주면 간단히 끝나는 일이다. 아이의 감정을 고쳐 주려고 덤비지 말자. 공감이란 상대방의 감정을 있는 그대로 반복해 주는 것이다.

아이: 엄마, 나 학교 가기 싫어.
엄마: 그래, 너 정말 학교 가기 싫구나! 얼마나 답답했으면 우리 딸이 학교 가기 싫다고까지 말할까?

그렇다면 공감 다음은 무엇인가?

공감은 끝이 아니다. 여기서 공감을 반복해서 강조하는 이유는, 공감은 대화를 가능하게 하기 때문이다. 공감해 주면 엄마, 아빠의 경험과 조언이 아이들에게 긍정적으로 작용한다. 아이는 감정을 존중받으면 엄마, 아빠의 말을 경청한다.

"게임이 안 좋다는 것을 모르는 사람이 어디 있어요? 그래도 다른 집 부모님들은 아들에게 게임을 시켜 주기도 하잖아요. 지는 척 허락해 주기도 하고, 봐도 못 본 척해 주고 그렇게 하잖아요. 그런데 우리 부모님은 게임이라면 아예 못하게 하니까 그게 섭섭하죠."

공감은 엄마, 아빠가 아이에게 져 주는 것이다. 아이가 게임하는 것을 못 본 척하는 것이 아니라, 게임이 얼마나 재미있는지 친구의 호기심으로 묻는 것이다. 공감받은 아이는 행복하다. 공감받은 아이는 자유롭다. 아이에게 공감은 마음의 쉼이다. 많이 공감받은 아이는 어려운 일이 있어도 쉽게 좌절하지 않는다. 공감받을 때 아이는 더 이상 세상에서 혼자가 아니다. 공감하는 부모는 상처받는 부모다. 부모가 아이를 위해 먼저 아프면, 아이는 밝은 웃음으로 자신의 문제를 대면하게 될 것이다.

이제 엄마, 아빠의 말이 바뀌어야 한다. 아이의 감정 언어를 놓치지 말라. 다른 주제로 대화를 하다가도 '아팠다', '힘들었다', '답답했다'라는 말을 하면 지나치지 말고 다시 물어보라.

"아까 힘들었다고 했는데, 무엇이 힘들었는지 얘기해 줄 수 있어?"

"아, 그래서 힘들었구나! 그런데 어떻게 그 순간에 참을 수 있었어?"

이처럼 아이의 마음을 궁금해하고, 고개를 끄덕여 주면서, 아이의 이야기에 충분히 귀를 기울여 주면, 아이도 이제는 엄마, 아빠의 말에 귀를 기울이게 될 것이다.

자신의 위선을 순순히 인정하기

"저희 아빠는 얼마나 웃기는지 몰라요. 특별새벽기도 할 때는 가족들을 다 데리고 교회에 가서 맨 앞자리에 앉아요. 교회에 가면 사람들 앞에서 신앙적인 말도 많이 해서, 겉으로 보기에는 '신실하고 거룩하게' 보여요. 하지만 집에만 오면 여전히 화를 많이 내고 전혀 신앙인 같지 않아서 우스꽝스러워요." - 어느 여자 청년

"아빠는 위선자예요."
"아빠, 지난번에는 안 그러셨잖아요!"
"엄마는 그렇게 하시면서 왜 저는 못하게 하세요?"

아이가 아빠의 위선을 말할 수 있다면 좋은 가정이다. 아빠가 화를 내면서 자기 방어를 하는 대신 "내가 그랬어? 미안하구나."라고 말한다면, 그 아빠는 너그러운 아빠임에 틀림없다. 아이가 '겁을 상실한 채' 그 말을 할 수 있는 것은, 자기가 무슨 말을 해도 참아 주는 아빠가 있기 때문이다.

위선은 가까이 있을 때만 보인다. 부모가 된다는 것은 자신의 위선을 아이들에게 보여 주기로 허락한 것이다. 사랑은 자기도 모르게 자신의 약점을 노출시키는 것이다. 멀리 있으면 위선이 보이지 않는다. 권위주

의적인 아빠는 자신의 약점을 보이지 않는다. 물론 장점도 보여 주지 않는다. 함께 있을 때 위선은 드러난다. 자신도 모르게 나오는 말과 표정과 행동에서 위선은 읽힌다. 어린아이라도 쉽게 발견할 수 있다.

아이가 사춘기에 접어들면서 부모의 잘못을 지적하는 횟수가 많아진다. 아이들은 엄마, 아빠라고 해서 봐 주지 않는다. 아이 자신에게 말한 것과 조금만 다르게 행동하면 엄마, 아빠는 영락없이 위선자가 된다. 부모의 위선을 지적하는 것은 아이가 자신을 방어하고 뽐내기 위한 방법이기도 하다. 아이의 말에 엄마, 아빠는 상처를 받는다. 하지만 좋은 엄마, 아빠는 아이의 공격을 견뎌 낸다.

아이들은 엄마, 아빠의 진심을 모른다. 억울하지만 부모가 참고 넘어갈 수밖에 없다. "나중에 너도 네 아들에게 그런 이야기를 들으면, 너도 내 마음을 조금은 알거다!" 궁색하지만 이 말밖에 할 것이 없다. 아이들과 함께 오래 있을수록 부모의 위선은 더 많이 들킨다. 하지만 엄마, 아빠는 견뎌야 한다. 우선은 기분이 나쁘겠지만 나중에는 감사하는 마음이 생긴다. 부모의 있는 모습 그대로, 약한 모습 그대로 자녀에게 보여 줄 수 있다는 것은 특권이다. 이럴 때 부모에게 필요한 것은 용기와 너그러움이다.

아이는 잘 자라고 있다. 가르침과 삶을 구별할 줄 알고, 아빠와 가족이 어떻게 살아야 하는지 알고 있기 때문이다. 부모는 끝까지, 그리고 충분히 인격적으로 아이를 대해야 한다. 부모가 잠깐의 아픔을 삼키고, "네가 그렇게 느꼈다니 미안하구나. 하지만, 네가 한 말 때문에 아빠는 속상하다. 사실 내 마음은 그게 아니었어."라고 자신의 진심을 말할 수 있다면 소통은 마음 깊은 곳으로부터 이루어진다.

이제부터는 아이들 앞에서 완벽하게 보이려 하지 말라. 눈에 투시경을 단 듯, 아이들은 이미 다 알고 있고, 다 느끼고 있다. 이제는 솔직하고 진실하게 아이에게 다가가라. 그리고 아이들을 통해서 엄마, 아빠 자신의 참모습을 대면하라. 아이들에게는 엄마, 아빠의 위선을 받아 줄 수 있는 여유가 많다. 엄마와 아빠가 아이를 키우지만, 아이들은 엄마와 아빠를 철들게 한다.

아이에게 꿈 같은 존재, 아빠

"저는 어릴 때 아파트 경비원 아저씨를 너무 좋아했어요. 왜냐하면 유일하게 저와 놀아 준 어른이었거든요. 엄마, 아빠는 바빠서 항상 늦게 오셨어요. 저는 언제나 집 열쇠를 목에 걸고 다녔어요." - 30대의 어느 청년

심리학자 칼 로저스(Carl Rogers)는 인간이 삶에 적응하지 못하는 이유는 가치를 조건화하기 때문이라고 말했다. 여기서 가치의 조건화(conditions of worth)란, "네가 만일 공부를 잘하면 너를 인정해 줄게!"라는 것처럼 조건을 전제로 아이와 대화하는 것이다. 아이의 가치를 아이의 성취나 변화를 조건으로 인정하는 것이다.

특히, 바쁜 아빠들은 아이들에게 조건을 내거는 경우가 많다.

"네가 잘하면…."

"네가 저 대학에 입학해서 내 체면을 살려 주면…."

"네가 성공하면…."

하지만 조건화는 친밀감을 없앤다.

엄마는 출산 후 본능적으로 자기 아이의 외모와 목소리를 다른 아기들에게서 구별해 낸다. 출산하고 대략 6시간이 지나면 아이를 어떻게 안

아야 아이가 엄마를 가장 편안하게 볼 수 있는지 안다. 신생아실 창문 너머로, 아기 바구니 안에 여러 명의 아기가 있어도 자기 아기를 바로 알아볼 수 있다. 엄마의 모성애는 특별한 친밀감이다. 그에 비해 아빠들은 갓난아기를 어떻게 안아야 하는지 잘 모른다. 아이를 어떻게 돌보아야 할지 몰라 쩔쩔매고 불안해한다. 엄마만큼 애틋한 애착 관계를 아기와 맺지 못한다.

그러나 아기에게 아빠의 존재는 중요하다. 아기는 어릴 때부터 강하고 힘 있는 아빠를 부러워한다. 그리고 마음으로 칭찬한다. 자신이 그런 아빠의 아이라는 것을 매우 자랑스러워한다. 심리학자 코헛(Kohut)은 그것이 아이가 건강한 성격으로 자라는 데 필수 요소라고 말한다. 아기에게 온통 마음이 빼앗겨 있는 연약한 엄마 곁에, 아빠는 신체적으로나 정신적으로 함께 있어 주어야 한다. 아내의 몸과 마음을 견고하게 지켜 주어야 한다. 그것이 곧 자신의 자손과 가족과 미래를 지키는 일이다.

무심한 남편이라면 아내가 아이를 임신하거나 출산하는 것에 큰 감동을 느끼지 못한다. 여자라면 으레 하는 일이라 생각한다. 자기 아이에 대한 특별한 꿈도 없고, 가족에 대해 그저 무덤덤할 뿐이다.

하지만 잠깐이라도 생각해 보면, 이 험한 세상에, 나에게서 태어나 준 이 가녀린 생명은 놀라운 존재이다. 어느 시인의 말처럼, 이 아이는 우리가 상상할 수도 없는 미래를 살아갈 아이다. 자신을 아빠라 불러 줄 그 누군가가 생겼다는 사실만으로도, 아빠는 다른 모든 것을 잃어도 좋다고 생각한다. 내 아이를 위해 못할 일이 무엇이겠는가?

고아들에게 아빠는 꿈 같은 존재이다. 아빠라 부를 수 있는 존재가 있다는 것만으로도 아이는 세상에 무서울 것이 없다. 내 아이에게 나는 아빠다. 하나님은 고아들의 아버지시다(시 68:5). 아이들에게 아빠가 얼마나 필요한지 하늘 아버지는 아신다. 아이들에게 필요한 것은 돈도 아니고 선물도 아니고, 따뜻하고 믿음직한 아빠라는 존재 자체이다.

아빠가 할 일은 한 가지, 아이를 불쌍하게 생각하는 것이다. 그것은 어린아이에 대한 연민의 감정이다(시 103:13). 아빠는 따뜻한 사랑으로 아이를 보호해 주어야 한다. 모든 재산을 탕진해 버린 아들이 돌아왔을 때, 아버지는 재산에 대해서는 다 잊었다. 그는 거지의 모습으로 돌아온 아들을 끌어안고 좋아하기만 했던 '바보' 아빠였다. 행여나 하나님이 내 자식을 살려 주시지나 않을까 기대하며, 심히 앓고 있는 아이를 위해 금식하며 기도했던 아버지 다윗의 긍휼을 모든 아빠들이 가져야 한다.

현명한 아빠는 아이를 똑똑하게 키운다. 아빠와 아이 사이의 사랑은 아이의 언어와 지능 발달에 중요한 영향을 미친다. 현명한 아빠는 자녀를 유능한 아이로 키운다. 엄마가 아이를 안으로 끌어안을 때, 아빠는 아이를 밖으로 이끌어 낼 수 있다. 실패한 아이를 엄마가 품을 때, 아빠는 아이의 어깨를 두드리며 아이의 팔을 끌어 함께 공원 산책을 나갈 수 있다. 아빠는 아이에게 한 번 더 도전해 보자고 말할 수 있다.

아빠의 사랑을 받은 아이는 사회적 활동에서 능력을 발휘한다. 대인 관계에서도 자신의 감정을 조절하는 탁월성을 보인다. 훈련된 언어와 정제된 말투를 사용하는 아빠는 아이에게 멋진 소통 기술을 선물한다. 아이는 아빠에게 타인을 이해하고 소통하는 기술을 배운다.[27] 아빠는 돈을 버는 기계, 유전자를 전달하는 정자 은행 그 이상이어야 한다.

다행히 요즘 젊은 아빠들은 그 이전 세대의 아버지들에 비해 훨씬 가정적이다. 아내가 쇼핑하는 것도 잘 돕고, 아이도 잘 보살피며, 웬만한 집안일도 잘한다. 아내에게 공감할 줄 알고, 아이들과도 잘 놀아 준다. 하지만 여전히 많은 아빠들이 감정 조절이 되지 않는다. 아이가 기대만큼 공부를 해내지 못할 때 아이에게 사납고 무서운 감정을 쏟아붓는다. 그 감정에 지나치게 충실해서, 물에 푹 젖은 겨울옷처럼 자신의 감정에 젖어 가라앉아 있다. 거르지 않고 쏟아 내는 아빠의 감정은 아이들에게 공포의 대상이다. 아빠의 무서운 분노는 아이를 아프게 하고, 아이가 가정을 떠나게 한다. 그래서 차라리 아빠가 무관심한 가정에서 아이의 교육이 잘 이루어진다는 말이 생긴 것이다. 하지만 아이의 인생에서 아빠의 역할은 다른 무엇과도 바꿀 수 없는 큰 산이다. 아이가 기댈 수 있는 큰 언덕이며, 폭풍우를 피할 수 있는 큰 바위다.

이제 아빠가 달라져야 한다. 아이의 성장에 더 이상 구경꾼이나 방관자가 되어서는 안 된다. 아이가 커서 어린 시절을 되돌아봤을 때, 기억의 모퉁이마다 아빠가 함께 있어야 한다. 힘들었을 때, 즐거웠을 때, 여행 갔을 때, 그때마다 자기와 함께해 주었던 아빠의 얼굴이 떠올라야 한다. 아이가 귀찮다고 자기 세계에 빠져 있지 말고, 떨치고 일어나 아이의 세계 속으로 지금 뛰어 들어가라!

아빠가 보여 줄 남성상

"아빠, 그런 사람을 만났을 때 차갑게 대할 필요는 없지만, 그렇다고 너무 친한 척 하지도 마세요."

"아, 아빠. 왜 그러셨어요? 민망해요."

"아빠, 아빠만 말씀을 너무 많이 하시면 다른 사람들이 무시하니까, 말씀을 조금 적게 하시고, 그저 조용히 많이 들어 주세요."

만일 당신이 지금 아이에게 이런 말을 듣고 산다면 당신은 틀림없이 좋은 아빠이다. 아이에게 마음껏 아빠를 평가할 수 있도록 허락해 준 당신은 멋진 아빠임에 틀림없다. 무섭고, 싫고, 지저분한 아빠에게 아이들은 절대 이런 말을 하지 않는다. 아니, 할 수 없다.

아빠는 아이의 연장된 자아이다. 아이들은 사람들 앞에서의 아빠의 말이나 행동에 예민하다. 다른 사람들의 눈에 비치는 아빠의 엉뚱한 모습에 많이 당황해한다. 혹시 아빠가 다른 사람들에게 무시당하지는 않을까, 행여 실수해서 민망해지지나 않을까 하며 매우 예민하게 신경을 쓴다. 아이들은 아빠의 선생님이다.

예민한 사춘기를 지나는 아이들은 엄마, 아빠와 거리를 둔다. 함께 있는 것이 창피하고 부자연스럽다. 젊고 빠른 자신들의 관점에서 볼 때 둔하고 부적절하게 보이는 아빠란 존재가 자랑스러울 리가 없다.

만일 아빠가 학교를 휘젓고 다니면서 바짓바람을 일으키면 아이의 수치심과 분노는 절정에 이른다. 아이를 당황스럽게 하지 말라. 아이의 말에 귀를 기울이라. 아이들이 경악할 만큼 싫어하는 일은 피해 주는 것이 아빠의 지혜로운 처신이다. 아이를 사랑한다면 아이가 싫어하는 일을 피하라. 아이와의 관계가 탄력 있고 지속적이기 위해서는 아이의 목소리에 귀를 기울여야 한다.

아빠의 경험과 관점을 강요하지 말라. 예컨대 아빠가 생각하는 남성스러움을 강요하면 아들을 망가뜨릴 수도 있다. 튼튼한 근육, 다른 남성들을 압도하는 준수한 외모, 유머 감각, 여성들을 매료시키는 매너, 많은 물질과 명예 등…. 미국 풋볼 선수였다가 볼티모어에서 목회를 하는 조우 어먼(Joe Ehrmann)은 사랑하는 남동생을 암으로 잃으면서 사회의 "거짓된 남성성"에 대해 한탄했다.[28] 남성들이 추구하는 권력과 성공이 가족 간에 친밀한 관계를 형성하는 것을 방해하기 때문이다.

아들에게 남성성을 강요하는 대신에, 아들의 모습을 있는 그대로 받아 주라. 인형을 귀여워하는 아들도 있음을 인정하라. 엄마와 대화를 잘 하는 아들, 아빠의 뽀뽀를 참을 줄 아는 아들은 어른이 되었을 때, 아내를 사랑하는 남편이자 아이들의 친구 같은 아빠가 될 가능성이 많다. 가족과 함께 있는 것을 좋아하고, 가족 중 누구라도 잠시 자리를 비우면 그를 그리워하고, 다시 만나면 반가워할 줄 아는, 딸 같은 아들로 길러 내야 한다.

친밀한 가족 관계에 익숙한 아들은 다른 사람을 돌볼 줄 알고 어려운 사람을 도울 줄도 안다. 힘들어하는 가족을 돕기 위해 자신이 하던 일을 멈출 줄도 안다. 자신이 힘들 때에는 그 관계를 의지하며 위로받을 줄도 안다. 그 아들이 진정한 남자이다.

물론 어린 아들의 눈에는, 얼굴에 "요한복음 3:16"이라고 적힌 스티커를 붙이고 나와서 경기장에서 기도하는 미식축구 스타인 팀 티보우(Tim Tebow)보다, 임신한 여자 친구를 버리고 섹시하고 유명한 모델 지젤 번천과 결혼한 톰 브래디(Tom Brady)가 더 멋있어 보일 수 있다. 톰은 유능하고 탁월한 선수이다. 하지만 팀은 여자 친구 대신 언제나 엄마와 함께 등장해 왔다. 2014년 슈퍼볼(Superbowl)에서 값비싼 여러 광고의 주인공이 된 유명인이 톰 브래디가 아니라 팀 티보우였던 이유는 무엇일까? 팀이 더 남성스럽고 바람직한 모델로 인정받는 이유는 눈에 보이는 탁월한 능력과 힘 때문이 아니라 그의 신실하고 착한 성품, 그리고 가족과의 따뜻한 관계 때문이다.

가족과 함께 시간을 보낼 줄 아는 아들이 자신의 행동에 책임질 줄 아는 사람이다. 내 아들이 연약한 사람들을 용기 있게 도울 수 있는 남성이 되도록 기도해 주자. 그러면 외로운 친구들을 외면하지 않고, 세상에서 더 넓은 의미의 가족들을 위해 옳고 그름이 무엇인지 분별하는 사람으로 자랄 것이다.

"아빠가 이제 나보다 작다!"

고등학생이 된 아들이 키가 훌쩍 커서 이제 자기보다 '작아진' 아빠에게 하는 말이다. 아빠들은 이런 날을 오랫동안 기다려 왔다. 아이가 자기보다 커서 세상을 더 멀리, 더 높이 바라보는 것이 모든 아빠들의 소원이다. 대개 남자들은 다른 사람에게 지는 것을 대단히 싫어하지만, 유일하게 자신의 아들만은 자기보다 크고 위대해지기를 바라는 것이 아빠들의 마음이다.

이제 아빠들은 따뜻한 마음으로 아이를 바라보아야 한다. 아이의 말에 귀를 기울이고, 아이의 입장에서 생각하고 느끼도록 노력하라. 자신의 어린 시절을 조금만 돌이켜 보아도 아이와 금방 동화될 수 있다. 아이를 사랑하고, 아이를 자랑스러워하라. 그렇게 하는 데 조건이 필요한가? 자랑거리가 더 필요한가? 아이는 오늘도 인생에서 가장 어려운 성장 과업을 수행하고 있다. 하나의 인간으로 완성되기 위해 몸과 정신과 영혼과 관계에서의 성장이라는 임무를 수행하고 있다. 집에 돌아와서 아이를 보면, "오늘 정말 수고 많았지! 힘들지 않았어?"라고 반드시 물어보라!

우리 가족만의 행복한 의식을 만드세요

"어릴 때 저는 엄마보다 아빠를 더 좋아했어요. '엄마, 이거 뭐야?' 물어보면, 엄마는 '아빠한테 물어봐. 아빠가 자세하게 더 잘 가르쳐 주실 거야!'라고 하셨어요. 여섯 살 때 오락실에 다니는 걸 좋아했는데 언제나 아빠랑 같이 다녔어요. 아빠는 언제나 제게 추억거리를 만들어 주려고 노력하셨어요. (눈물) 되게 사소한 것에서 아빠 생각이 많이 나요. 워낙 추억이 많아 감사한데, 아빠랑 헤어진 것은 너무 슬퍼요. 그렇다고 계속 눈물을 흘릴 수만은 없는데, 그래도 얼마 전 꿈에서 하나님 나라에 계신, 너무나 행복하고 기쁜 아빠를, 마치 영화를 보듯 보게 되어, 이제 눈물은 거두려고 해요." - 아빠를 일찍 천국에 보낸 여자 청년

아빠와 친한 딸은 세상이 두렵지 않다. 딸을 위해 추억을 만들어 준 아빠는 하늘나라에 가서도 딸의 사랑과 존경을 받는다. 함께 만든 기억들은 슬픈 딸에게 위로와 기쁨을 준다. 아빠에 대한 기억은 슬픔을 주기도 하지만 확실한 소망을 되찾아 주기 때문이다.

필자는 안식년으로 1년간 미국에 머물렀을 때 고등학생 아들과 함께 그 지역에 있는 아시아센터에 자원봉사를 나갔다. 거기에서 처음으로 했던 일이 아들과 함께 전나무를 심은 것이었다. 고속도로 경계선을 따

라 덤불을 치우고 어린 전나무들을 심었다. 추워서, 키 큰 전나무가 자라기에 좋은 지역이었다. 처음으로 아들과 함께 삽으로 흙을 파고 나무를 심으면서, 나는 어린 시절 시골에서 자라며 갖게 된 땅 파기 실력, 나무 심기 실력을 보여 주었다. 앞으로 15년이 지난 후, 그 나무들이 컸을 때, 다시 그 나무들을 보러 오기로 아들과 약속했다.

매주 한 번씩 아들과 그 센터에 다니면서, 큰 나무들 아래에서 겨울에 떨어진 마른 나뭇가지들을 함께 치우고, 잔디 깎기 기계를 타고 넓은 땅을 누비며 잔디를 깎았다. 아들에게는 큰 트랙터를 주고, 나는 작은 잔디 깎기 기계를 탔다. 서로 멀리서 바라보기만 해도 즐거웠다. 기계에 문제가 생기면 머리를 맞대고 함께 고민했다. 더운 날씨에 힘들었지만, 몇 달간 둘만의 추억을 만들었다. 짧은 시간이었지만 그것은 우리 둘이 매주 함께했던 공동적인 경험이며 규칙적인 '의식'이었다.

모든 가족에게는 의식(儀式, ritual)이란 게 있다. 의식이란 큰 행사를 가리키기도 하지만, 가족들만 함께 참여하는 일상적인 행사를 가리키기도 한다. 아무런 이의 없이, 누구든 으레 그런 것이라고 반복하는 것이 의식이다. 밥 먹기 전 기도하는 의식, 방학이 되면 함께 캠핑을 가는 의식, 바닷가에 가면 모래성을 쌓는 의식, 결혼기념일이면 가족사진을 찍는 의식, 주말이면 외식 가는 의식, 잠들기 전에 책 읽어 주는 의식 등, 우리도 모르게 실행하고 있는 가족 의식들이 참 많이 있다.

전통적인 의식으로 일 년에 여덟 차례 이상 제사하는 유교 가정들도 있다. 명절이면 차에 가족들을 태우고 꽉 막힌 길을 달려서 고향을 찾아가는 의식도 있다. 나쁜 의식도 많다. 아빠가 술 먹고 들어와서 행패를 부리는 의식, 그런 아빠가 아파트 비밀번호를 누르는 소리가 들리면 재빨리 자기 방으로 들어가서 불을 끄는 바퀴벌레 가족 의식, 술 취한 아빠에게 붙들리면 밤새도록 잔소리를 들어야 하는 의식, 성적 떨어지면 골프채로 맞는 의식, 말썽 부리는 아이를 방에 가둬 놓는 의식 등….

부모는 아이들을 위해 즐거운 의식을 만들 책임이 있다. 아빠가 출장 다녀올 때는 제과점에서 빵 사 오기, 엄마가 늦을 때는 피자 사 오기, 집에서 케이블 영화를 볼 때는 치킨 시켜 먹기, 저녁 먹을 때면 그날 가장 좋았던 일과 나빴던 일 이야기하기, 주일 예배 후에 집에 돌아오면 설교에 대해 이야기하기, 주말이면 볼링 치러 가기, 카드 게임 하기, 닌텐도 춤추기, 집안 청소하기 등, 즐겁게 반복되는 의식들은 가족을 하나로 묶어 준다.

즐거운 의식을 만들기 위한 첫 번째 규칙은 부모와 아이들이 함께 참여해야 한다는 것이다. 여행을 가거나 맛있는 음식을 사 먹을 때 아이들이 함께 있어야 한다. 가능하면 막내부터 맏이까지 빠짐없이 참여하고, 모두 다 대화에 들어올 때 가족은 가족이 된다. 가족은 하나다. 가족 의식 때문에 가족은 가족이 된다.

아이가 자라면서 의식들은 다양해지고 풍성해진다. 어릴 때는 호숫가에 오리 구경하러 가기, 세발자전거 타며 산책하기, 놀이동산 가기 등을 함께할 수 있다. 아이들이 조금 더 자라면 함께 운동을 하거나, 극장에 가거나, 야구를 보러 갈 것이다. 아들과 함께 등산하는 아빠, 아이들과 함께 낚시하러 가는 아빠, 딸과 함께 산책하는 엄마, 딸과 함께 쇼핑 나오는 엄마, 엄마 반주에 맞춰 노래하는 가족….

자라면서, 엄마, 아빠와 함께하는 여행을 싫어하는 아이들도 있다. 여행 자체가 싫어서라기보다는, 부모님과 함께하는 것이 어릴 때부터 어색했기 때문이다. 어색함은 산만함을 가져온다. 산만한 아이들은 가족 의식을 행하는 중에도 핸드폰만 들여다본다.

의식의 목적은 함께하는 것이다. 부모는 아이들에게 한 가지에 집중하도록 요청해야 한다. 한 사람의 흐트러진 행동은 가족 의식을 흐트러뜨린다. 우선 부모 자신이 산만해서는 안 된다. 부모 역시 핸드폰을 내려놓고, 아이들의 표정을 살피며 아이들의 마지막 말 한마디까지 귀 기울여 들어야 한다.

가족 의식에 익숙한 아이들은 한 사람의 부재를 크게 느낀다. 무슨 일에든 한 사람이라도 빠지면 그 시간은 어색하고 아쉬워진다. 가족은 사랑으로 함께하는 공동체다. 의식은 가족을 이어 주는 줄이며 환경이다.

자녀를 유학 보낸 기러기 가족의 결정적인 약점은 이런 의식의 부재다. 특히 아빠들이 가장 쉽게 소외된다. 외국에서 같이 사는 엄마와 아이들은 이미 끈끈하게 하나가 되어 있다. 아이들은 점점 우리말보다 외국어에 더 능숙해지지만 아빠는 아이들이 외국어로 하는 대화에 참여하지 못한다. 아이들에게 그런 아빠는 자신들의 문화도, 언어도 이해하지 못하는 잔소리꾼일 뿐이다. "아빠는 저래서 우리와 소통이 안 돼!" 가정의 의식이 반복되지 않으면 가족이라도 금방 낯설어진다.

일상의 걱정과 일에서 벗어난 가족 여행은 좋은 가족 의식이다. 아이들이 가장 좋아하는 것은 엄마, 아빠랑 함께 놀러 가는 것이다. 가족이 함께 사진과 동영상을 찍으면서 추억을 쌓는 것은 특별한 경험이다.

아이가 초등학생일 때 가족이 함께 갔던 추억의 장소에서 다시 사진을 찍어 보는 것은 고등학생이 된 아이에게 추억의 추억을 만드는 일이다. 어차피 세상 모든 곳을 다 돌아볼 수 없다면, 추억이 담긴 곳을 다시 찾고, 어릴 때의 의식을 반복하는 것도 좋은 경험이다. 구태여 돈을 많이 들여 대단한 의식을 만들지 않는다 하더라도 자연스럽게 반복되는 일들에 가족들은 동질감을 느낀다.

만일 가족들 가운데 누군가가 아프거나 세상을 떠나는 일이 생겼다면 가족들은 함께 모여 그 사람에 대해 이야기해야 한다. 사랑하는 가족 구성원과의 모든 기억들은 반드시 함께 나누어야 한다. 아빠는 어린 시절 잠시라도 자신을 길러 주셨던 할머니에 대해서도 아이들에게 이야기를 해 주어야 한다. 그것은 서로에게 위로가 되고, 새로운 소망을 공유하는 일이다.

가족 의식은 곧 시간의 공유다. 가장인 엄마나 아빠는 빠짐없이 그 의식에 출석해야 한다. 가족은 모두 같은 사건의 증인들이며, 평등한 대화의 일원들이다. 좋은 기억과 역사는 이어 가고, 좋지 않은 사건과 일들에 대해서는 서로 다독이고 위로해야 한다. 가족의 중심은 상처 입은 아이다. 가장이 아니다. 아빠와 엄마는 아이의 분노나 아쉬움을 먼저 돌아봐 주어야 한다.

"넌 그걸 아직도 기억하고 있어? 옹졸하게?"

아이의 감정을 판단하는 이런 말은 상황 변화에 아무런 도움이 되지 않는다.

"그래, 그런 일이 있었다니 아빠도 마음이 아프다. 하지만 그건 너의 잘못이 아니야!"

이와 아울러 아이가 용서와 화해의 마음을 갖도록 대화로 이끌어 주어야 한다.

이제 가장인 아빠는 가족 의식을 다시 한 번 점검하고, 정비하고, 보완하고, 새로운 의식을 고안해야 한다. 그것은 생각만큼 그리 어려운 일이 아니다. 사랑하는 아내와 결혼하기 전, 어떻게 하면 저 여성과 결혼할 수 있을까 고민하면서 기울였던 노력의 10분의 1정도만 사용해도, 멋진 가족 여행이나 오래 남을 추억을 자녀들에게 선물할 수 있다. 그래서 아이가 커서 결혼한 후, "우리 가족은 10월 3일에는 언제나 가족사진을 찍고 짜장면을 먹었어. 엄마, 아빠 결혼기념일이었거든."이라고 말하는 것과 같은, 특별한 의식을 반드시 남겨 주어야 한다. 아이들에게는 "나는 이런 사람이야."라는 정체성과 자부심도 중요하지만, "우리 가족은 이런 가족이야."라고 말할 수 있는 가족 정체성도 아이의 평생을 좌우할 만큼 의미가 있다.

 ## 성 정체성으로 혼란을 겪는 아이들

"예쁜 여자 친구만 봐도 가슴이 철렁 내려앉아요. '혹시 내가 레즈비언인가? 내가 왜 여자아이를 예쁘다고 생각하지?' 하면서요. 텔레비전에서 게이 연예인만 봐도 막 마음이 불안해져요. 그 생각을 떨쳐 버리려고 방문을 계속 열고 닫고 하는 버릇이 생겼어요. 심지어 필통도 계속 열었다가 닫았다가 하곤 해요. 그래야 그 불안한 생각들을 떨쳐 낼 수 있을 것 같아서요." – 강박증을 가진 여고생

이 여고생은 레즈비언이 아니다. 강박증과 불안 장애가 좀 심각했던 것뿐이다. 얼마 지나지 않아 이 학생은 웃으면서 고백했다.

"저, 요즘에는 그런 생각 안 해요!"

사춘기를 지나면서 아이들은 '나는 누구인가?'라는 정체성 질문을 한다. 거기에는 성 정체성도 포함되어 있다. 하지만 그것이 게이 혹은 레즈비언이라는 증거는 아니다. 왜냐하면 통계에 따르면 1년이 지나지 않아, 자신이 동성애자는 아닌지 불안해하던 남녀 학생들이 이성애로 되돌아오기 때문이다.

초등학생 때 의붓아버지에게 여러 차례에 걸쳐 성폭행을 당했던 한 여대생은 레즈비언 파트너가 있었다. 그 여대생은 자신이 레즈비언이

아니란 것을 스스로도 잘 알고 있었다. 따뜻한 사랑과 관심이 필요해서 만난 사람이 여자였던 것이지, 자신이 레즈비언이기 때문은 아니었다.

　트라우마와 성폭행을 경험한 아이들은 사춘기를 지나면서 성적 정체성의 혼란을 겪는다. 아빠에게 폭행당한 아들은 아빠 대신 자신이 바라는 남성상을 채워 줄 다른 남자 파트너를 찾기도 한다. 결국 불행한 성장 과정이 아이들을 막다른 골목으로 몰고 간다.

　정작 그들에게 필요한 것은 자신에게 공감해 주는 부모이지 성적 파트너가 아니다. 부모가 관심과 사랑이 있어도 아이와 공감하지 못하면 부모의 노력은 허사가 된다. 공감이란 아이와 걸음을 맞추는 것이다. 엄마, 아빠는 '빠른' 결과를 원한다. '동성애의 불안을 빨리 떨쳐 내고, 다른 아이들처럼 공부에 집중하기를' 요구한다. 그러나 부모가 서두를수록, 대화에 서투를수록 아이들의 불안은 더 깊어진다.

　이 여고생은 실제로 레즈비언이라서 '나는 레즈비언이 아닐까?'라고 생각하는 것이 아니다. 불안증의 내용 속에 우연히 '레즈비언'이라는 생각이 침투한 것뿐이다. 아기인 자신을 할머니 댁에 떼어 놓고 월요일 아침마다 출근해 버리는 엄마 때문에 불안했던 마음이 지금까지 살아 있었던 것뿐이다. 시험을 칠 때도 불안은 찾아왔다. '틀리면 어떻게 하지?' 하는 걱정 때문에 문제를 절반도 풀지 못했다. 먼저 푼 문제들을 다시 또다시 확인해야 했기 때문이다.

　가출한 남자 청소년들 중에, 돈 3만원을 벌기 위해 동성연애자들의 성적 파트너가 되어 주는 아이들이 있다. 그 파트너가 "나 HIV 있는데."라고 말해 주어도, 그것이 에이즈인 줄 몰라서 자신도 에이즈 환자로 추락하는 경우가 점점 많아지고 있다.

가출한 아이들은 여러 가지로 취약하다. 먹고살기 위해 이 위험한 아르바이트를 받아들인다. 아이를 가출하게 하는 것은 전적으로 부모의 책임이다. 부모의 무책임과 비인격성이 아이들을 위험천만한 세상으로 몰아내고 있다.

지금 만일 내 아이가 동성애적 성향을 보이고 있다면 신속하게 상담자를 찾으라. 불안을 방치하지 말고 적극적으로 대안을 찾으라. 함부로 꾸중하지 말고 건강한 대안을 찾으라. 딸이 남자처럼 행동하는가? 아들이 여자처럼 다소곳하고 행동이 부드럽고 어색한가? 이렇게 행동한다고 해서, 동성애자는 아니다. 놀라지 말고 겁먹지 말자. 꾸중이나 잔소리로 고치려 하지 말자. 아이가 스스로 놀라 엄마, 아빠로부터 뒷걸음치지 않도록, 내 아이를 따뜻하게 붙들어 주어야 한다. 그리고 필요하다면 반드시 따뜻하고 진실한 기독교 상담자를 만나게 해서, 어색함을 함께 풀어가야 한다.

엄격하고 무서운 아빠들에게

"제 남편은 고3 아들에게 늘 불 지르는 말만 해요. '저 ○○가 학교만 졸업하면 용돈 다 끊어 버릴 거야. 나중에 재산 한 푼도 안 줄 거야. 돈 한 푼 없이 내쫓을 거야. 저런 쓰레기 같은 녀석은 돈 끊어 버리면 말 듣게 돼 있어.' 그러면 아들은 '아빠가 입만 닫으면 돼. 입만 닫아. 그럼 문제없어!'라며 대꾸하며 달려드는 거죠."
– 남편과 아들 사이에서 난처한 여성

엄격한 아빠라면 아이에게 이런 말을 자주 듣게 될 것이다.
"제가 안 그랬는데요!"
"저는 남보다 덜해요!"
"다른 아이에 비해 저는 게임도 훨씬 적게 해요!"
"저는 딴 애들보다 훨씬 잘하고 있는데 아빠는 왜 인정을 안 해 주세요?"
물론 더 엄격한 아빠라면 아이들이 아무런 말도 못하겠지만….
자기 확신이 강한 아빠들은 아이에게 쉴 틈을 주지 않는다. '똑똑한' 상황 분석, 정확한 상황 예측은 아이가 숨 쉴 공간을 빼앗아 간다. 아빠에게도 틈이 있어야 한다. 아이가 깃들일 수 있도록 여유 공간을 주어야 한다. 성공한 아빠의 강한 태도는 수동적인 아이를 만든다.

아이에게는 실수할 기회가 필요하다. 아이의 주장이 논리적이지는 않지만 부모가 설득당해 주어야 할 때도 있다. 인생에서 처음 맞는 다양한 상황들이 아이들에게 불안과 두려움을 주고, 그것 때문에 서투른 실수를 할 수도 있다는 사실을 알아야 한다. 서로 완벽하지 않아도 사랑할 수 있다. 아이가 완벽하지 않아도, 엄마와 아빠가 완벽하지 않아도, 서로 사랑할 수 있다. 아니, 불완전하니까 사랑이 필요하다.

속을 들여다보면, 강한 의견과 주장을 가진 아빠의 마음에도 아이에 대한 깊은 사랑과 관심이 있다. 하지만 문제는 아이들이 그런 아빠는 자신을 사랑한다고 생각하지 않는다는 사실이다. 일방적인 소통과 '폭력'을 행사하는 아빠 앞에서 아이들은 위축되어 있다. 자신감이 없고, 우울하다. 자수성가한 아빠의 아들들은 우울해질 가능성이 크다. 강한 자기 확신을 가진 아빠는 자기처럼 살지 않는 아들을 자칫 업신여기며 학대할 가능성이 크기 때문이다.

아빠의 강한 주장 이면에는 아빠 자신의 불안이 내포되어 있다. 아이가 자신처럼 시행착오를 반복해서는 안 된다는 확신, 자기처럼 고생해서는 안 된다는 염려, 아들은 반드시 아빠보다 나아야 한다는 기대를 가지고 있다. 그러나 아이도 실수할 수 있다. 아빠 자신도 그렇지 않았는가? 아이의 기질이 아빠의 기질과 다를 수도 있다. 정말 자신의 성실성을 그대로 닮은 아이로 키우고 싶다면, 야곱이 요셉을 사랑한 것처럼 아이를 죽을 만큼 사랑하면 된다. 같이 있어 주고, 이야기를 들어 주고, 하나님 이야기를 해 주고, 사랑하는 아내와 더불어 집중해서 보호해 주면, 아빠의 믿음과 성실성을 꼭 닮은 아들로 키울 수 있다.

아빠처럼 살지 않는다고 아이에게 분노하지 말자. 아빠 자신의 완고함과 엄격함을 성찰하고, 너그러운 아빠가 되자. 아빠가 60대가 되어서야 자신의 완고함을 후회한다면 그때는 이미 아들의 인생이 다시 일어날 수 없을 정도로 망가졌기 때문일 것이다.

아이에게 지나치게 엄격한 아빠 자신의 태도를 다시 생각해 보자. 필요하다면 아이에게 사과를 해야 한다. 일방적으로 자기 이야기만 하거나 부정적이고 격한 말을 한 것에 대해 사과해야 한다. 아빠로서 예외없이 강하기만 하고, 아들에게 강하기만을 요구했던 것에 대해 미안하다고 말해야 한다.

'미안함'은 마음으로부터 나와야 한다. 이제부터는 친구의 아들이나 아빠 자신의 경험을 자녀 판단의 기준으로 삼지 말고 아이의 장점을 살피고 아이에게 고민이 무엇인지 물어야 한다. 이제부터 아빠는 말하는 사람이 아니라, 묻고 듣는 사람으로 바뀌어야 한다. 겉으로 보이는 문제들을 강하게 밀어붙이기만 하는 아빠가 아니라, 깊은 내면에서 진실하게 아이에게 공감하는 아빠가 되어야 한다.

"사실, 네가 이런 것을 몰라서 어려움을 당할까 봐, 너를 사랑하는 마음으로 이야기한 건데, 네가 들을 때는 아빠의 경고나 협박처럼 들려서 불안했겠다. 미안, 미안!"

이제 양육은 더 이상 아빠의 의견을 아이에게 관철시키는 것이 아니다. 아이가 가진 이야기들을 듣는 것이다. 아이의 장점을 발견하며 그 장점을 기쁘게 대화의 주제로 삼아야 한다. 하나님께서는 아이 속에 많은 장점과 이야기들을 감추어 놓으셨다. 아이의 이야기를 발견하고 끄집어내어 주는 것, 그것이 '교육'(education)이라는 말의 기원이다.

축하하고 감사할 일이 많다. 아빠가 아이의 이야기를 들어 주면, 아이도 아빠의 이야기와 경험을 진지하게 들어 준다. 아이에게 기회를 주면, 아이는 아빠에게 다시 기회를 돌려준다. 아빠가 자신에게 삶의 가치를 가르쳐 줄 기회를 허락한다.

그럴 때 아빠는 아이의 삶에 초청받는 특권을 누린다.

"나는 네가 너무 자랑스럽다. 잘했어. 하지만 삶에는 또 다른 면도 있다는 것 잘 알지? 한 번 더 생각해 봐! 잘 정리되면 나중에 이야기해 줄 수 있겠지?"

아이들은 나름 공정하다. 아빠에게 받은 것은 반드시 다시 돌려준다.

이제 아빠는 거친 말을 멈추어야 한다. 자신의 성공 경험을 아이에게 강요하지 말라. 그 기준으로 아들을 판단하거나 아들에게 함부로 말하지 말라. 내 말이 아들에게 들리게 하려면 야곱이 요셉을 사랑한 것처럼 사랑하라. 아이의 엄마인 아내를 사랑하고, 최선을 다해서 '채색 옷'을 지어 입히고, 좋은 환경을 만들어 주고, 아이의 사사로운 꿈 이야기도 들어 주면서 귀하게 키워라. 그러면 아빠가 귀하게 여기는 가치를 그대로 이어 가는 아들로 키울 수 있다. 요셉처럼 하나님도 잘 섬기고, 성실하고, 똑똑하고, 기도하면서 하나님과 동행하는 아들로 기를 수 있다.

그리운 아빠로 기억되기

"방금 전에 가출했어요. 집에 안 들어갈 거예요." (왜 가출했는데?) "아버지랑 싸웠어요. 저보고 공부 안 한다고, 성적을 이따위로 받아 왔느냐고, 네가 다른 애들하고 똑같이 해서 되겠느냐고 그러면서 자꾸만 제 인격을 모독하는데 견딜 수가 없었어요. 엄마하고는 어릴 때 헤어졌어요. 엄마는 얼굴도 생각나지 않지만, 보고 싶기는 해요. 학교 윤리 선생님이, 한쪽 부모님 없는 학생이 있으면 형편을 잘 알고 도와주려 한다면서, 그런 학생 있으면 손 들어 보라고 공개적으로 말씀하셔서, 화가 나서 선생님한테 대든 적도 있어요." – 가출한 아이의 카톡

많은 사람의 존경과 사랑을 받았던 어떤 목사님이 돌아가셨을 때 그분의 아들이 통곡을 했다고 한다. "아버지는 목회와 신학에 대한 연구는 많이 하셨지만 가정에 관해서는 연구도, 공부도 전혀 안 하셨습니다." 좋은 목회자로 존경받는 사람이라도 저절로 좋은 아빠가 되는 것은 아니다. 그 아들들은 아버지와 함께 찍은 사진이 한 장도 없었다고 한다.

한편, 어느 저명한 신학자의 딸은 돌아가신 아버지가 전처 자녀들(자기를 포함해서)의 고통에 전혀 관심이 없었다고 한탄했다. 부모에게 불순종하면 저주를 받는다는 무시무시한 정죄와 판단만 했을 뿐 따뜻한 말

한마디 해 주지 않았다는 것이다. 벌과 정죄로 일관하며 엄격하기만 했던 아버지는 결국 딸에게 용서받지 못한 채 세상을 떠났다.

링컨 대통령은 어렸을 때 아버지와의 관계가 좋지 않았다. 그 좋지 않은 관계는 링컨과 그의 아들의 관계로 이어졌다. 아들 로버트(혹은 밥[Bob])가 어릴 때 아버지 링컨은 법원에서 늘 바쁘게 일하고 있었다. "내가 어릴 때나 청소년 시절에나 아버지는 언제나 집에서 떠나 있었다. 법원에서 일을 마치면 정치 연설을 하러 다니셨다."[29] 어린 시절 로버트가 선명히 기억하고 있는 것은, 일리노이 여러 곳에 연설하러 다니기 위해 다시 가방에 짐을 챙기던 아버지의 모습이었다.

'링컨'이라는 영화를 보면, 로버트는 하버드 법대 공부를 중단하고 남북전쟁의 군인으로 입대하려 했다. 아버지 링컨은 이를 반대하며 아들의 뺨을 때린다. 아버지는 금방 후회하며 미안하다고 말하지만, 아들은 이를 뿌리치고 가 버린다. 결국 아들은 혼자 군대에 입대한다. 물론 아버지 링컨은 이후에 그런 아들을 자랑스러워한다. 로버트 역시 마음속으로는 평생 그런 아버지에 대한 깊은 존경심을 갖고 있었다. 아버지가 불의의 사고로 돌아가시자 그는 진심으로 눈물을 흘렸다.

아버지에 대한 존경은 사랑에서 나온다. 아버지가 웃음과 진지함을 조화롭게 보여 줄 때 아이들은 아버지의 사랑을 느낀다. 아버지가 화를 내고 잔소리를 할 때조차 자녀들은 자신에 대한 아버지의 사랑을 느낀다. 그럴 때 자녀들은 아버지의 장례식에서 진심으로 울 수 있다.

이제 아빠들은 지금부터 자신의 장례식을 준비해야 한다. 아이들에게 사과할 것이 있다면 오늘 하라. 아빠에게 미안하다는 말을 듣지 못해 아이가 아쉬움의 눈물을 흘리지 않도록 준비해야 한다. 자존심이나 근엄

함을 내려놓고 진심으로 대화하라. 멀리 떠나 있는 아이가 있다면 진실한 사랑을 담아 문자를 보내라. 아빠에게 사과받는 아이는 사랑받는 아이다.

 **자녀 성경 교육에서 주의할 점**[30]

1. 아이의 삶과 성경 말씀을 신속히 연관시켜 주어라. 그날 안에 연구해서 가르쳐 주라.
2. 아이가 이해할 수 있는 수준의 어휘를 사용하라.
3. 아이의 집중력을 고려해서, 비교적 짧은 시간 안에 가르칠 수 있도록 내용을 조절하라.
4. 역할 놀이를 활용해서 성경 본문을 적용해 보라.
5. 성경에 대해 궁금한 점이 있으면 언제나 질문할 수 있는 분위기를 만들라.
6. 본문을 적용할 수 있는 상황을 상상해 보게 하라.
7. 자녀가 부모의 사랑을 느끼고 확신할 수 있는 분위기에서 가르치라.
8. 성경 암송 방법을 사용하라.
9. 시청각 자료의 도움을 받으라.

♥

4장

아이를 쉬게 하라

 ## 아이를 불안하게 만드는 부모

"제 어머니는 너무 세세하게 관여하셨어요. 제 일을 제게 맡기지 않고, 구체적으로 너무 챙기시는 거죠. 아들의 자립성을 키워 주지 않고, 일일이 간섭하고 지시하시니까, 자연히 모든 일에 엄마를 의존하게 되었어요." – 불안하고 우울한 어느 청년

존 맥아더는 부모가 아이를 노엽게 하는 것 가운데 하나가 과잉보호라고 지적했다. 그런 부모는 아이의 의견을 묵살함으로써 숨 막히게 하고, 좀처럼 아이를 믿어 주지 않는다. 하지만 그런 부모일수록 자신은 자녀를 위해 최선을 다하고 있다고 착각한다.

지나친 방임 역시 자녀를 버릇없게 만든다. 부모의 방임으로, 자유가 너무 많으면 아이들은 불안을 느낀다. 그러므로 아이가 원하는 것을 무엇이든 다 허락해 주는 부모는 아이를 사랑하지 않는 부모다. 아이를 사랑하는 부모는 아이의 잘못을 꾸중하고 바로잡을 줄 안다.

아이의 가장 큰 불안 요인은 엄마, 아빠의 이별이다. 아빠의 폭력으로 엄마가 가출한다면 그것은 아이에게 '공포' 그 자체이다. 엄마의 가출이 반복될 때 아이는 상습적인 불안에 빠진다. 그 상태로 아이가 자라 어른

이 되면 이제는 집에 불이 날까 봐, 외출하면서 가스를 잠그지 않았을까 봐, 열쇠를 잃어버릴까 봐 불안해하는 강박 증상을 보이기도 한다.

부모가 이혼하면 아이들은 엄마와 아빠 중에서 선택을 해야 한다. 그리고 함께 살지 못하는 엄마나 아빠에 대해 깊은 결핍을 경험하게 된다. 미국 가정의 절반은 이혼을 경험한다. 2013년에 이르러 한국의 이혼율도 OECD 회원국들 가운데 1위라는 불명예를 안았다. 그 가운데 절반 이상은 자녀가 있는 부부들이다.

알코올 중독으로 가족에게 사납게 소리 지르는 아빠는 아내와 자녀들을 심각한 정서 장애로 몰아넣는다. 별거나 이혼의 가능성을 크게 만든다. 그런 가정의 아이들은 게임에만 몰두한다. 그 아이들이 성장한 후에는 다른 사람들에게 짜증을 많이 내기 때문에 직장에서도 정상적인 인간관계를 맺지 못한다.

학대나 핍박을 받은 경험이 많은 사람은 다른 사람의 공격성을 자주 자극한다. 그들이 가진 독특한 수동성은 다른 사람들로 하여금 그들 자신을 괴롭히거나 때리게 만든다. 그래서 사람들에게 무시당하거나, 심하면 맞으며 산다. 두려움으로 위축이 심해지고, 남들에게 무시당할 행동들을 자기도 모르게 하기도 한다.

중독자의 자녀들은 심장 두근거림이 심하다. 이것이 불안 장애의 신체적 증상이다. 그래서 약을 꾸준히 복용해야 한다. 삶에서 행복감을 느끼지 못해서 "내 인생은 너무 불행하다."라고 말한다. 경제적인 면에서도 극도의 불안감을 느낀다. 미래에 대해서도 더욱 그렇다. 이런 아이들은 학대자인 부모로부터 정서적인 결별을 하게 된다.

딸들은 다정다감하게 키워야 한다. 만일 아버지가 습관적으로 소리

지르고 분노를 쏟아부으면 그 딸들은 평생 상처와 분노를 안고 살게 된다. 딸의 분노는 우선 자기를 괴롭힌 아빠를 향한 것이다. 하지만 그 분노가 반복될수록 점점 분노를 자신에게로 돌리며 우울해한다. 자신은 그렇게 '비난받거나 매 맞아 마땅하다.'라고 생각하기 때문이다. 분노는 내면화된다. 그래서 딸들은 많이 아프다.

자신이 매를 맞으며 사는 것은 당연하다는 생각은 자칫 자신을 마조히스트(masochist)로 만들 수도 있다. 어릴 때부터 맞는 것에 익숙하면 남자 친구나 남편에게 맞아도 조금도 이상하지 않다. 차라리 빨리 맞아야 안심이 되고 잠을 잔다. 자신은 아파야 하고, 아픈 것이 자신의 존재 방식이다. 그 모순과 혼란 속에서 자신에 대한 혐오는 깊어진다.

언어폭력, 신체적 폭력으로부터 우리 딸들을 지켜야 한다. 고래고래 소리 지르는 아빠의 폭력적 본성으로부터 아이들을 보호해야 한다. 성적으로 학대하는 무자비한 아빠들로부터 의붓딸을 지켜야 한다. 여자아이의 다정다감한 본성을 범죄의 은닉 수단으로 사용하지 못하도록, 필요하다면 법적으로 그들을 격리시켜야 한다.

유학 중 초등학생이었던 아들 친구의 아버지가 경찰에 체포되었다는 이야기를 들었다. 안마사였던 그가 청소년 여학생을 성추행했기 때문이다. 그가 받은 처벌은 18년 징역이었다. 한국에서는 상상하기 어려운 무거운 처벌이다.

아이들에게 따뜻한 엄마, 아빠가 되어야 한다. 설교자 찰스 스펄전은 "화롯가의 불이든, 마음의 따뜻한 불이든, 어른들은 아이들을 이끌어 들이는 따뜻한 불이 되라."라고 권면했다. 절대 얼음장처럼 철저하고 차가운 부모가 되어서는 안 된다.

이제 아이를 좀 내버려 두라. 좋은 엄마는 아이가 필요할 때면 옆에 있어 주지만, 그렇지 않을 때는 물러나 주어야 한다. 성가신 잔소리보다 침묵이 아이에게 더 깊은 메시지를 줄 수 있다.

놀이로 트라우마 치료하기

"제가 가장 많이 울었을 때는, 제가 일곱 살 때 아버지께서 돌아가셨을 때입니다. 관 속에 누워 계신 아버지를 본 충격도 컸습니다. 일상복 대신에 수의를 입고 관에 누워 계신 아버지를 할머니께서 어루만지며 우시는데, 미동도 하지 않으시는 아버지를 보면서, '잠자는 게 아니구나. 이게 죽음이구나.' 하는 것을 인식하고 슬펐던 것 같아요. '이제 아버지를 볼 수 없겠구나.' 하는 사실이 주는 충격과 슬픔이 참 컸습니다. 그래서 하염없이 울고불고했던 것 같아요. 영구차를 타고 공원묘지로 가는데, 차창 밖으로 나보다 나이도 많고 덩치가 큰 초등학생 남자아이가 아버지로 보이는 어른과 야구 유니폼을 입고 걸어가는 것이 보였어요. '나는 더 이상 저 사람들처럼 아버지와 같이할 수 없겠구나.'라는 생각이 드니까 많이 슬펐어요." – 슬픔을 안고 사는 30대 청년

이른 나이에 아버지의 죽음을 접하는 것은 아이의 평생에 감당하기 힘든 트라우마가 된다. 부모와의 사별은 아이에게는 말로 설명하기 어려운 심신의 통증과 상실감을 낳는다. 아이에게 죽음은 너무 감당하기 어려운 일이다.

아이들이 사랑하는 부모님을 잃는 것과 같은 큰 스트레스를 많이 받

으면 아이들의 뇌는 성취도가 낮아진다.[31] 어른이 계시지 않아서 아이들이 이른 시기에 어른처럼 행동하게 되면 어린 시절의 추억을 갖지 못한다. 미국의 초등학교 교사 출신인 교수 게일 맥이크론(Gail McEachron)은 아이가 아이답게 자라도록 환경이 허락하지 않으면 아이의 스트레스는 더 커진다고 말한다.[32] 여기서 '환경'이란 가난과 같은 외적 환경과 더불어, 아이를 돌보고 보호하는 관계의 환경을 포함한다.

초등학교 소방 훈련에 참가한 엄마가 자기 아이를 비롯해서 많은 아이들이 보는 앞에서 높은 사다리에서 추락해 죽었을 때, 그 아이들에게는 집중적인 '트라우마와 애도 상담'이 필요하다. 어떤 아이가 죽은 엄마 곁에서 며칠을 혼자 지내다가 어른들에게 발견된 경우도 있었다. 그런 아이 역시 일상생활로 돌아가기 전에 반드시 '트라우마와 애도 상담'이 필요하다. 가족이 죽고 살아남은 사람이 어린아이일 때 그 돌봄은 사회와 국가의 책임이다.

트라우마를 경험한 아이들이라고 해서 이야기 상담만 하지는 않는다. 그들에게 놀이 치료와 미술 치료는 좋은 대안이 된다. 놀이를 하면서 아이들에게 선택권을 주고, 놀이를 놀이답게 하게 하고, 스트레스를 덜 받게 하고, 스스로 결정하도록 돕는 것은 회복과 배움의 기쁨을 배가시킨다. 놀이를 선택하고 자기가 좋아하는 활동을 할 수 있을 때, 아이는 트라우마를 이기고 삶의 자신감과 자신에 대한 확신을 얻게 된다.

아픈 아이들도 놀아야 한다. 놀면서 슬픔과 충격을 놓아 보낼 수 있다. 그럴 때 비로소 '나는 할 수 있다(can-do)'라는 태도를 터득한다. 놀이를 통해 자신이 선택하는 법을 배우고, 그 결과도 받아들이게 된다. 언제나 지시에 따르기만 한다면 아이는 자신이 직접 통제할 기회를 갖지 못한다. 자기에게 필요한 것을 스스로 결정하는 것도 어려워진다.[33] 그래서 유명한 교육학자인 듀이(Dewey), 피아제(Piaget), 비고츠키(Vygotsky) 등은 놀이를 통한 아이와의 상호작용(interaction)이야말로 학습의 핵심이라고 말한다.

놀이할 때의 대화가 아이들의 다양한 생각들을 일깨운다. 서로 듣기도 하고 토론하기도 하면서 상황을 새로운 방법으로 보게 된다. 트라우마의 절망적인 상황도 새로운 눈으로 보도록 돕는다. 개념이 확장되면서 아이는 살아가야 할 새로운 이유를 발견하게 된다.

이제 아이와 같이 놀자. 오늘도, 내일도, 아이와 같이 노는 엄마와 아빠가 되자. 놀이할 때는 엄마와 아빠의 다른 바쁜 일이 끼어들지 않아야 한다. 놀이에서는 아이의 리더십이 중심이 된다. 부모는 미니카를 가지고 아이의 차를 따라가고, 아이가 시키는 곳에 주차하고, 아이가 신호를 주면 다시 출발하면 된다. 왕자가 되라고 하면 소꿉나라 왕자가 되고, 노래를 하라고 하면 노래하면 된다. 아이를 놀이의 왕이 되게 하라. 먼 훗날 엄마, 아빠가 늙었을 때, 아이들은 그때를 기억하며 엄마, 아빠의 친구가 되고 놀아 줄 것이다. 아쉽게도, 엄마, 아빠가 길고 지루하다고 느끼며, '아, 우리 아이는 언제 크나?'라고 한숨짓는 그 시간이, 지나고 나면 너무나 짧고, 다시 찾고 싶어도 돌아오지 않는 후회의 시간이 된다는 걸 잊지 말자.

아이가 기댈 수 있는 언덕, 부모

"엄마는 잔소리가 심하셨어요. 매번 저에게 젓가락질하는 자세, 서 있는 자세를 바꾸라고 지적하셨어요. '다른 사람이 보면 어떻겠냐?'라고 하시면서…. 엄마는 다른 사람들에게 내가 어떻게 보이는가만 정말 중요하게 여긴 것 같고, 그걸 기준으로 저를 고치려고 하셨던 것 같아요. 서 있을 때 손을 모으고 있거나, 거울을 오래 보고 있으면 '남자는 그러면 안 된다.'라고 말씀하셔요. 교회에 갈 때마다 그런 잔소리가 더 심해서, 결국 고등학교 때 교회 가기를 그만두었어요. 때로 집에서 하는 일 없이 뒹굴고 있을 때는 '이게 사람 사는 인생이냐? 이렇게 살고 싶니?'라고 나무라셨고요. 물론 가끔 저를 위하시는 자상한 면도 있었습니다. 하지만 저의 내면에는 엄마에게도 말하지 못한 심각한 갈등이 있었어요. 내가 왜 살아 있는지, 왜 안 죽고 살아 있는지…. 일할 때는 그나마 괜찮지만, 혼자 있을 때는 살기 싫다는 생각을 자주 해요." - 자신이 게이란 사실에 절망하며 20대 중반에 세상을 떠난 청년

어떤 부모도 완벽하지 않은 것처럼, 어떤 자녀도 완벽하지 않다. 다른 사람이 내 아이를 어떻게 생각하든, 엄마는 아이 편이다. 좋은 엄마는 "그래도 난 너를 사랑한다."라고 자녀를 안심시킨다. 아이는 언제나 자기편인 엄마를 만나야 한다.

아이에게 자주 짜증을 내는 엄마라면 자신의 노이로제를 먼저 해결해야 한다. 외모든 성적이든 자기 아이를 창피하게 여기는 엄마들은 반드시 후회하게 된다. 남편과의 관계가 나빠서 아이까지 미워하거나 저주했다가 두고두고 후회하는 엄마도 있다.

동물들은 생물학적 부모의 품안에 있지 못하면 생존의 가능성이 희박하다. 인간도 생물학적으로 보호자의 친자식이 아닌, 의붓자식들은 자주 위험한 처지에 놓인다. 예컨대 재혼한 부부는 초혼 때보다 훨씬 복잡한 개인의 문제들을 안고 있다. 그 두 사람은 서로 친해지기 위해 때로는 공동의 적을 만든다(이것을 희생양 이론[scapegoat theory]이라 한다). 그 공동의 적은 바로 전처의 자식들이다. 부부 가운데 한 사람은 아이의 '나쁜' 행실을 고자질하고, 다른 한 사람은 그 아이를 처벌한다. 그렇게 함으로써 두 사람은 가까워지지만 아이들은 학대와 유기를 당하게 된다.

그러므로 재혼한 가정의 아이들에게는 '특별한' 돌봄이 필요하다. 하지만 대부분의 재혼 부부들은 너무나 '평범'하다. 목회자나 신학자라고 해서 예외는 아니다. 심지어 그들 가운데는 가출하는 딸을 때려서 죽게 한 사람도 있지 않은가?

미국에 갓 이민 온 아빠가 초등학생 아들에게 전기회사에 전화를 하라고 성화를 부렸다. 지난달 전기 요금이 너무 많이 나온 탓이었다. 아빠는 영어를 하지 못했다. 어린 아들은 부담스러웠지만 아빠의 성화에 어쩔 수 없이 전기회사에 전화를 했다.

아이가 더듬거리며 전화를 하고 있는데, 아빠가 아이에게 고함을 질렀다. "우리 전기 많이 안 썼다고 그래. 이렇게 많이 나올 수가 없다고…. 그렇게 많이 안 썼다고 하라잖아!" 아빠의 고함소리에 아이는 울음을 터뜨리고 말았다. 어른과 영어로 전화하기도 힘겨운데 아빠까지 화를 내고 있었다. 아빠는 그에게 오랫동안 두려움의 대상이었고, 그는 30년 넘도록 그 상처를 견디고 있었다. 결국 그는 마약중독자가 되었고, 도시의 실패자들과 어울리며 이곳저곳 모텔을 전전하고 있었다.

 딸들의 마음은 더 여리다. 아빠가 분노하면 딸은 자지러질 만큼 무서워한다. "아냐, 네가 틀렸어."라는 아빠의 한마디가 어린 딸의 자신감을 빼앗아 간다. 꾸중과 호통만 듣고 자란 딸들은 정신이상 증세를 보일 가능성이 있다. 불안증을 포함한 신경증을 앓는다.

 이제 성인이 된 그 딸은 아빠에게 고래고래 고함을 지르며 화를 내기도 한다. 자기 방에 들어가 집기를 던지며 부수기도 한다. 가족들은 딸의 성격이 이상해서 시집도 못 가겠다고들 말한다. 하지만 그 딸의 가슴에는 아버지의 무서운 호통 소리를 들으며 두려워서 조마조마했던 마음의 아픔들이 고스란히 남아 있다.

 아이에게는 무조건 편들어 주는 자기편이 필요하다. 엄마, 아빠는 언제나 아이 편이어야 한다. 부모가 아이 앞에 서야 한다. 낯선 사람들은 부모가 먼저 대면해야 한다. 그 후에 아이들을 낯선 사람에게 인사 시켜야 한다. 그래야 아이들은 스트레스를 견딜 수 있다. 아이가 낯선 사람, 낯선 환경에 무작정 노출되지 않도록 보호해 주어야 한다. 그렇게 하기가 어렵다면 미리 이야기를 해 줘서 아이가 상황을 예측하고 안심하도록 도와주어야 한다.

 어른이 없으면 아이들이 직접 낯선 사람들을 대면해야 한다. 아이들에게 그것은 공포스러운 경험이다. 때로 이런 아이들은 성숙해 보이기도 한다. 낯선 어른들의 관심을 받는 법을 빨리 체득한다. 하지만 자신과 타인에 대한 신뢰는 없다. 어떻게 하면 살아남을지, 누가 자기편일지를 따져 보며, 모든 만남을 불안하게 대면할 뿐이다.

부모란 아이가 세상을 만나는 접촉점이다. 아빠는 아이가 기댈 언덕이다. 부모가 아이를 사람들에게 소개해 주어야 한다. 이 보호막이 걷혀 버릴 때 아이들은 당황스러운 많은 상황을 맞이하게 된다.

유학 시절, 네 살이었던 아들을 데리고 다른 유학생의 아파트를 찾아갔다. 마침 호숫가에 있는 아파트여서 바깥에서 밤낚시를 하게 됐고, 날씨가 추웠던 탓에 아이는 먼저 아파트로 돌아갔다. 낚시를 마치고 아파트에 들어가자 아들이 울며 나를 때렸다. 왜 낯선 사람들이 있는 그곳에 자기를 '혼자' 보내고 아빠는 늦게 나타났느냐는 메시지였다. 처음 보는 어른들이 "네가 하 목사님 아들이구나!"라고 말을 걸었던 것이 그 아이에게는 당황스러운 경험이었던 것이다.

모든 상황에서 아이는 엄마, 아빠의 보호를 받아야 한다. 어린아이가 낯선 어른들에게, "제가 ○○의 아들이에요!"라고 말할 수는 없는 노릇이다. 아빠가 아이 손을 잡고 어른들과 인사하면서, "얘가 제 아들입니다."라고 말해 주면, 비로소 아이는 "안녕하세요!"라고 인사할 수 있다. 그것이 아이가 낯선 사람들을 만나는 바른 순서다. 부모가 아이를 소개할 때 아이는 비로소 세상에 그 부모의 아이로 알려진다.

엄마, 아빠는 아이들의 소개자요, 중재자요, 보호자이다. 부모는 아이가 낯선 세상에 바로 접촉하지 않도록 중간지대를 만들어 보호해 주는 '감압 장치'이다. 잠수부들이 깊은 바다에 들어갔다 나올 때 반드시 감압 장치를 거쳐 바깥으로 나와야 하는 것처럼, 아이들은 부모라는 감압 장치를 거쳐 세상으로 나가야 한다.

이제 아이 앞에서 부모는 부모다워져야 한다. 어른이 되어 아이를 보호해 주어야 한다. 굶주림으로부터, 가난으로부터, 질병과 사고로부터 아이를 지켜 주어야 할 뿐만 아니라, 낯선 경험으로부터, 따돌림과 학대로부터 보호해 주어야 한다. 혹시 아이의 담력을 위해 강한 훈련을 시킬 때에도, 반드시 엄마, 아빠가 아이의 등 뒤에서 대기하고 있어야 한다. 부모가 부모다워질 때 아이는 아이다워질 수 있다.

"좀 쉬었다 해라!"

"학교에 갔다가 집에 돌아오면 쉼이 필요하잖아요. 그런데 엄마는 학교 갔다 와서도 공부만 하라고 하셔요. 저는 곧이곧대로 공부만 했는데, 그러다 보니 삶에 쉼이 없는 거예요. 학교에서도 교정 한 바퀴 산책하는 것 외에 공부만 하고, 야자 끝나고 집에 와서도 새벽 1시 반까지 스트레스 엄청 받으면서 공부해요. 코피가 터지고, 신경성 위장염까지 생겼어요. 육체적, 정신적으로 끝까지 가 본 것 같아요. 친구가 놀이동산 가자고 했는데, 엄마는 공부하라고 하시며 막으셨어요. 저는 낙이 없어요. 올백을 받아야 겨우 엄마한테 인정을 받아요. 제가 힘들다고 하면 엄마는 '다른 애들도 다 힘들어.' 하면서 핀잔을 주셔요. 그러다가 어제는 ○○공원 축제에 가서 친구들과 놀며 봉사 활동을 했는데, 놀고 나니까 좀 괜찮아졌어요."
— 영혼의 쉼이 없는 여고생

휴식은 창조를 위한 시간이다. 쉬고 나면 공부할 마음이 생기고 공부를 더 열심히, 더 잘하게 된다. 잠시라도 쉬었던 학생이 쉬지 않고 공부하는 학생보다 훨씬 적극적으로 공부하게 된다.

쉼이란 떠나는 것이다. 학생은 공부를 잠시 잊는 것이고, 일하는 사람은 자신의 일을 잊는 것이다. 걱정만 하고, 일에만 빠져 있을수록 일의 효율성은 떨어진다. 그래서 아이들에게 쉬었다 하라고 말해 주어야 한다. 휴식을 음료수처럼 제공해 주어야 한다.

공부를 잘하는 것은 아이에게 에너지가 된다. 공부를 잘하면 자존감이 높아지고 친구들에게 부러움의 대상이 된다. 그것은 일탈 행위나 중독이 주는 쾌감보다 훨씬 크고 긍정적인 자부심을 준다. 그래서 공부에 만족하는 아이가 곁길로 빠지는 경우는 흔하지 않다. 공부를 잘하는 것과 공부에 대한 높은 만족도는 사회적으로 더 안정되고 존중받는 직업을 약속한다. 그래서 부모들의 한결같은 로망은 아이가 공부를 잘하는 것이다. 하지만 공부는 성적보다 만족감이 우선이다. 1등을 하지 못해도 공부에 대해 만족할 수 있다. 좋은 공부 습관은 등수에 상관없이 아이가 좀 더 만족스러운 삶을 살도록 동기를 부여한다.

공부를 잘하는 것은 유전적인 영향을 많이 받는다. 타고난다는 뜻이다. 학교 교사들과 학업 분위기도 아이들의 학습 수행에 큰 영향을 미친다. 아이가 등수를 올리기는 쉽지 않다. 아이의 지능을 높이는 것도 어렵다. 하지만 부모는 아이가 공부에 흥미를 느끼게 하고 스스로 공부하도록 동기를 부여하는 일은 할 수 있다. 부모가 챙겨 줘야 할 것 중 하나가 아이의 수면 습관이다. 아이가 잠을 잘 자게 해 주는 것은 부모의 매우 중요한 의무이다. 가정 분위기가 산만해서는 아이가 편안히 잠들 수 없다. 부모의 늦은 퇴근과 잦은 저녁 모임은 아이들의 편안한 수면을 앗아간다. 가능한 한 정해진 시간에 아이가 잠잘 수 있도록 안정된 환경을 제공해 주어야 한다. 어른 없이 아이가 혼자서 잠드는 일은 없어야 한다.

미국의 고등학교 교사들은 큰 시험을 앞두고 있는 학생들에게 일찍 자라고 권한다. 시험 전날에는 가능한 한 아무것도 하지 않고 편안하게 쉬면서 긴장을 풀어야 비로소 최상의 실력이 나온다고 믿기 때문이다. 충분한 휴식을 가진 후에라야 공부에 대한 자발적인 동기를 갖게 된다. 쉬도록 배려를 받은 아이들은 스스로 공부하려는 의욕을 갖는다. 50분 공부한 후에 반드시 10분을 쉬게 하라. 쉬었다 하라고 부모가 요구하라. 물론 늘 쉬기만 하는 아이에게는 공부하는 습관을 길러 주어야 한다.

예수님께도 쉼은 중요한 문제였다. 수고하고 무거운 짐을 진 자들이 예수님께 나아와 쉼을 얻는다. 쉼이란 숨 돌릴 틈을 얻는 것이다. 율법의 짐, 죄책감의 짐, 행위 구원의 짐 등 많은 짐을 내려놓게 하신 분이 예수님이셨다.

아이들에게 쉼이란 자신을 달래며 안심하는 시간이다. 엄마, 아빠는 아이에게 쉼을 주어야 한다. 아이가 마음의 쉼을 얻지 못한다면 전교 1, 2등을 다투는 아이라도 절망하게 된다. 공부가 싫어지고 부모가 원망스러워진다. 공부의 효율성은 떨어지고, 삶과 죽음을 오가는 고민에 빠질 수도 있다. 부모의 기대나 욕심대로 아이를 대하지 않아야 한다. 아이의 마음이 상하면 자칫 모든 것을 잃을 수도 있다. 성장 과업을 수행하는 것만으로도 아이의 하루 스트레스는 충분하다.

늦은 밤에 억지로 깨우지 말라. 수면 부족이나 섭식 불량은 아이들의 학습 능력에 직접적인 영향을 미친다. 아이의 수면 습관을 잘 파악하라. 아이가 잘 쉼으로 자신의 역량을 최대한 발휘할 수 있도록 안내해 주어야 한다. 만일 아이가 지금보다 한 시간만 더 잘 수 있다면 인지수행평가에서 기억력과 반응 시간을 훨씬 더 향상시킬 수 있다. 그것은 이미 널리 알려진 연구 결과이다.[34]

아이는 부모의 따뜻한 지원 속에서만 가장 아름다운 꽃으로 피어날 수 있다. 부모는 아이에 대한 지원을 아끼지 않아야 한다. 그 가운데 한 가지 비결이 쉼이다. "좀 쉬었다 해라!" 이 한마디에 아이들이 산다.

이제 아이들에게 쉬라는 말을 하라. 적어도 하루에 두세 번은 이 말을 해야 한다. 쉴 때는 공부 의자에서 일어나 방 밖으로 나가야 한다. 좀 더 오래 쉴 때는 집과 학원과 학교가 없는 곳으로 가서 쉬어야 한다. 아이의 쉼을 부모가 진심으로 환영할 때, 아이는 더욱 의욕을 가지고 효율적으로 공부를 하게 된다.

 **가족 소통을 위한 제안**[35]

1. 행동이 말보다 더 큰 소리로 말한다는 것을 기억하라.
2. 중요한 것이 무엇인지 가르치고, 중요하지 않은 것은 무시하라.
3. 가능한 한 현실적이 되어라.
4. 선명하고 구체적으로 말하라.
5. 가능한 한 긍정적으로 말하라.
6. 자신의 전제들을 점검하라.
7. 두 사람이 서로 다른 관점을 갖는 것은 문제가 되지 않는다는 사실을 인지하라.
8. 가족들이 나를 가장 잘 안다는 사실을 기억하라.
9. 토론이 논쟁이 되지 않도록 하라.
10. 자신의 진짜 감정을 인식하고 표현하라.
11. 모든 감정을 수용하고 이해하려고 노력하라.
12. 사려 깊게 행동하고 상대를 존중하라.
13. 설교를 하거나 강의를 하지 말라. 그 대신 질문하라.

14. 변명하지 말라.
15. 잔소리를 늘어놓거나, 고함을 지르거나, 불평하지 말라.
16. 언제 유머를 사용할지, 언제 진지할지 구별하라.
17. 무엇보다도, 경청하라!

차라리 자신의 종아리를 때려라!

"지금도 저는 악몽을 꾸면 아빠 꿈만 꿔요. 아빠는 언제나 무기를 들고 저를 쫓아와요. 그런데 제 발은 너무 무거워서 도망을 갈 수가 없어요. 저는 도망도 못 가고 좌절해요. 정말 꿈속에서는 살벌하고, 간이 조마조마해져요. 이번 꿈속에서는 도망가다가 처음으로 돌아서서 아빠와 싸웠어요. 깨진 술병으로 아빠를 쓰러뜨렸어요. 꿈이 너무 웃겼어요. 하지만 제 현실은 전혀 웃기지가 않아요. 이해받고 보호받아야 하는 어린 시절에 저는 빈집에서 혼자 자랐어요. 누구의 보호도 받지 못했고, 늘 쫓기듯 살아왔어요. 실패가 너무나 두렵고 자신감이 없어요. 무엇보다도 내가 누구인지 찾기만 한다면, 단 1초만 살다가 죽어도 좋겠어요." – 어느 여자 청년

혹시 격한 감정으로 아이를 때렸다면 곧장 미안하다고 말하라. 그리고 다시는 그렇게 하지 않겠다고 다짐하며 아이를 안심시켜라. 만일 그럴 만한 이유가 있었다면 아이에게 설명하고, 앞으로는 그런 일이 없을 것이라고 다짐하라. 엉덩이를 살짝 때리는 것도 자녀 양육의 바른 규범이 아니다.

저명한 기독교 심리학자인 제임스 돕슨(James Dobson)조차도 아이가 부모의 권위에 도전할 때에는 신체적인 벌을 주어야 한다고 말한다. 다

른 모든 수단이 효력을 잃었다면 신체적 처벌도 가능하다고 말한다. 그는 매를 아끼는 것이 아이를 미워하는 것이라는 성경 구절을 그 근거로 제시한다.

하지만 그런 잘못된 주장 때문에 생명을 잃은 아이도 있다. 13살 한나 윌리엄스(Hanna Williams)는 엉덩이, 무릎, 팔꿈치, 얼굴 등 여러 곳에 피멍이 든 채 사망했다. 양부모는 한나가 언제나 반항적이었고, 집에 들어오기를 거부하다가 자살했다고 말했다. 하지만 그 양부모는 마이클과 데비 펄 부부(Michael and Debby Pearl)가 쓴 *To Train Up a Child*(아이 훈육하기)라는 책을 읽고서는, 때려서라도 아이를 바로잡아야 한다는 교훈에 확신을 가진 사람들이었다. 그들은 아이를 때리는 데 허리띠, 나무 주걱, 고무호스를 가리지 않았다.

체벌은 단순히 한 번으로 끝나지 않는다. 아이에게 문제가 있을 때마다 부모는 더 강한 제재를 내린다. 그러나 아이의 감정만 상하게 할 뿐 부모가 기대하는 효과는 나타나지 않는다. 더구나 아이들은 체벌에 금방 익숙해진다.

차가 붐비는 도로에서 좌우를 살피지 않고 길에 뛰어드는 아이의 행동을 가만히 보고 있을 부모는 없다. 또다시 그런 일이 반복되지 않도록 무섭게 경고를 해야 한다. 그리고 아이는 그런 실수로부터 반드시 교훈을 배워야 한다.

만일 그런 상황을 방치한다면 그 부모는 아이를 사랑하지 않는 것이다. 아이가 자신의 행동에 책임감을 느낄 수 있도록 차가워지는 시간이 필요하다. 즉 부모는 침착하게 말을 줄이고 목소리를 낮추어야 한다. 체벌은 아니지만 일시적으로 돌봄을 중단함으로써, 혹은 아이 혼자만의 시간을 갖게 함으로써, 부모는 아이의 실수를 바로잡을 수 있다.

신체적으로 굴욕을 주는 처벌은 가능한 한 피해야 한다. 성폭력 피해자였던 어떤 작가의 말처럼, 단 한 차례의 신체적 폭력이 평생 자신을 하나의 '몸뚱이'로만 인식하게 만드는 특별한 고통을 줄 수 있다. 그러므로 차라리 부모 자신이 아이 때문에 굴욕을 받을지언정, 어른의 힘으로 아이에게 굴욕을 주어서는 안 된다. 부모는 아이의 신체에 대한 권리를 존중해 주어야 한다. 그것은 아이가 자신의 헤어스타일이나 옷을 직접 선택하도록 허락해 주는 것과도 무관하지 않다.

밴더빌트 대학교의 밀러-맥리모어(Bonnie J. Miller-McLemore) 교수는 아이의 신체 권리는 신학적 관심이어야 한다고 주장한다. 아이의 신체에 대한 "학대는 무기력, 장애, 불신, 부적절의 감정들을 일으키기"[36] 때문이다. 과거 가톨릭교회의 일부 사제들은 어린아이들을 성적으로 학대해서 심각한 문제를 일으켰다. 밀러-맥리모어 교수는, 이런 현상은 가톨릭교회가 아이들의 권리보다는, 교회의 체면이나 체제나 재정적인 안정을 더 중시했기 때문이라고 비판한다.

가정과 교회에서 어린아이들의 안전과 평안은 최고의 우선순위이어야 한다. 어린아이들은 주님 보좌를 향해 가장 앞줄에 서 있는 존재들이다. 그 아이들의 신체적 아픔은 예수님의 관심사이다.

하나님께서는 광야에서 목이 말라 죽어 가는 이스마엘의 신음소리를 들으셨다(창 21:17). 그 이야기에서는 사실 엄마 하갈의 통곡 소리가 더 컸다. 아이는 목이 말라 숨을 헐떡이며 말조차 제대로 하지 못하는 처지였다. 하지만 하나님은 어린 이스마엘의 소리를 들으셨다고 두 번이나 말씀하셨다.

고통당하는 아이의 소리가 하나님의 귀에는 크게 들린다. 어른의 큰 목소리보다 훨씬 확대되어 하나님의 귀에 도달한다. 그러므로 엄마, 아빠라고 해서 함부로 아이를 대해서는 안 된다. 아이의 안전은 하나님의 관심사다. 체벌하지 않아도 엄격한 규율만으로도 아이를 잘 키울 수 있음을 기억해야 한다.

이제 엄마, 아빠들은 아이를 매와 호통으로 다스리려고 하는 모든 시도를 내려놓으라. 매는 아이를 바꾸지 못한다. 아이 속에 억울함과 증오심만 더할 뿐이다. 사랑한다면 차라리 무관심, 슬픔, 속 깊은 하소연, 진정한 염려의 눈물이 더 효과적이다. 차라리 부모가 참고 상처를 입으라. 그러면 아이는 낫게 될 것이다.

 ## 아프다고 말하면 진짜 아픈 것이다

"엄마, 오늘 컨디션이 안 좋아서 학원에서 일찍 왔어요!"

"아니, 왜 또? 내일 수학 시험은 어떻게 하려고 그래? 그러니까 내가 뭐라고 그랬어? 평소에 체력 관리 좀 하라고 그랬잖아! 3층에 사는 현민이 좀 봐! 저녁마다 아파트 놀이터에 나가서 혼자 줄넘기 300개씩 한다고 그러잖아. 이렇게 시원찮아서 어떻게 수능을 쳐?"

"ㅠㅠ"

아이는 컨디션이 안 좋다는데 왜 엄마는 내일 수학 시험 이야기를 먼저 할까? 왜 체력 관리의 책임을 아이에게 추궁할까? 왜 아이의 말을 믿어 주지 않는 것일까? 힘들다는 아이의 아우성을 왜 일단 무시할까?

학교의 정해진 스케줄보다 더 중요한 것은 아이의 상태이다. 아이의 몸과 마음에 먼저 초점을 두어야 한다. 그리고 아픈 몸과 감정은 교정하거나 꾸중할 대상이 아니라 공감해야 할 대상이다. 판단하지 말고 그대로 받아 주어야 한다. 사람의 기분이란 누군가 반드시 믿어 주고 반응해 주어야 하는 것이다. 성경에서도 "즐거워하는 자들과 함께 즐거워하고 우는 자들과 함께 울라"(롬 12:15)라고 했다. 소리에 반응해 주고, 기분에 공감해 주어야 한다. 그렇다면 위의 대화는 이렇게 달라져야 한다.

"엄마, 오늘 컨디션이 안 좋아서 학원에서 일찍 왔어요!"
"왜? 어떻게 안 좋았어? 걱정이네."
"모르겠어요. 아침부터 머리가 아프고 몸이 좀 으슬으슬 춥기도 했어요."
"그랬구나. 어디 머리 좀 만져 보자. 열이 좀 있네. 네가 내일 수학 시험 때문에 어제 잠도 제대로 못 자더니 너무 신경 썼나 보다. 어서 들어와. 씻고 좀 쉬었다 하자."
"그럼, 좀 쉬었다가 컨디션 보고 시험 준비할게요."
"그래!"

어린이집에 가기 싫어하는 아이에게는 이유가 있다. 엄마, 아빠의 바쁜 스케줄 때문에 아이의 말을 무시하고 넘어갈 것이 아니라 아이에게 자세히 묻고 아이의 몸 구석구석을 자세히 살펴보아야 한다. 말을 하지 못하는 어린아이가 선생님을 무서워한다면 틀림없이 이유가 있다. 아이가 아프다고 말하면 그 말은 반드시 믿어 주어야 한다. 그리고 따뜻하게 반응해 주어야 한다. "너 괜찮아? 어떻게 힘드니?"

아이의 감정을 무시하면 역효과를 가져온다. "공부하는 게 뭐가 힘들어? 세상에서 제일 쉬운 게 공부야. 엄마, 아빠는 더 힘든 일을 하면서도 견디고 있잖아!" 이런 부모는 아이의 마음을 잃을 것이다. 아이는 더 이상 엄마와 이야기하거나 자기 걱정을 말하려 하지 않을 것이다. 물론 엄마, 아빠의 말도 듣지 않는다.

그러므로 아이가 아프다고 말하면, 그것은 무조건 멈추고 우선 쉬어야 하는 시간이 왔다는 뜻이다. 시간이 얼마나 걸리든, 아이가 괜찮다고 할 때까지 부모는 하던 일을 멈추고 아이와 함께 있어 주어야 한다. 그리고 아이가 공부를 멈추고 쉴 수 있게 해 주어야 한다. 설사 그것이 꾀병이라 하더라도 아이에게는 쉬어야 할 이유가 있다. 부모는 속아 주어야 한다.

문제는 반응이다. 아프다고 말하는 아이가 민망해하지 않도록, 그 말 때문에 부끄러워하지 않도록, 엄마는 아이를 믿는 모습으로 반응해 주어야 한다.

우리 아이들에게 쉼이란 공부를 잠시 멈추는 것이다. TV를 보든, 함께 게임을 하든, SNS를 하든, 엄마랑 쇼핑을 하고 새 화장품을 발라 보든, 아이가 공부를 잊는 시간이 진짜 쉬는 시간이다. 아이의 기분이 틀렸다고 단순하게 판단하지 말자. 기분이 틀릴 수는 없다. 기분을 만든 정보가 틀릴 수는 있어도 기분은 기분 그대로다. 기분을 다스리기 위해 필요한 것은 그 기분을 알아주는 수용자이다.

그러므로 아이의 기분에 주목해 보자. 그리고 기분을 표현하는 아이의 방식에 주의를 기울여 보자. 아이가 자기 기분에 대해 말을 해 주는 것 자체가 참 고마운 일이다. 부모를 믿고 자기가 힘들어하는 일을 말해 주는 것, 그것은 부모와 자녀의 관계가 원만하다는 뜻이다. 만일 부모가 따뜻하게 반응해 주면 아이는 더 열심히 살아갈 것이다. 부모가 들어 주지 않으면 아이들은 부모에 대한 기대를 포기하고 친구들에게 빠질 것이다. 부모에게 자기 기분을 말해 주는 아이는 부모를 믿고 의지하는 아이다. 어리석은 부모는 그런 아이의 요구를 '일관성 있게' 무시한다. 그런 부모는 무감각하고 무책임하다. 부모는 아이를 믿지 않고, 아이는 부모에게 핑계를 둘러댄다. 부모는 아이에게 속지 않으려 하고 더 엄격해진다.

만일 미국에서 총을 든 강도를 만난다면 일단 그 총의 '위력'(power)을 인정해 주라는 말이 있다. 생명을 건질 수만 있다면 돈이나 다른 소유물은 얼마든지 강도에게 주어도 된다고 가르친다. 총은 곧 죽음을 가져올 수도 있는 힘이기 때문이다. 만일 권총 강도를 만난 사람이 마치 그 총을 아무것도 아닌 것처럼 '무시'한다면, 강도는 총의 위력이 어떤 것인지 기어코 보여 줄 수도 있다. 손가락만 까닥하면 생명이 끝나는 위험한 순간이라면, 비굴해질 필요는 없지만, 강도가 가진 위력을 인정하면서, 우선 그들의 요구를 들어 보려는 자세가 필요하다.

아이의 '꾀병'도 위력이 있다. 아니 위력이 있어야 한다. 아이들은 그 병으로 엄마와 아빠의 주목을 얻기 원한다. 한계 앞에 서 있는 자신을 주목해 달라는 것이다. 이때 부모가 할 일은 우선멈춤이다. 모든 것을 '멈춤'(Stop!)해야 한다. 그런 의미에서 미국 학교와 부모들은 합리적이다. 아이가 감기에 걸리면 학교에 보내지 않는다. 다른 아이에게 감기를 옮기지 않기 위해서라도 집에 있게 한다. 학교는 학교대로 보호자의 전화 한 통만 있으면 그것을 정당한 사유로 인정해 준다. 아이들은 쉴 권리가 있다. 아이들은 아플 권리도 있다. 부모는, 아이가 꾀병을 앓든 진짜로 아프든, 아이의 요구에 반응해 줄 의무가 있다.

"아빠, 침대에 벌레가 있는 것 같아요. 몸이 자꾸 간지러워요."
"도대체 그게 무슨 말이야? 네 매트리스 산 지 얼마 되지도 않았어. 우리 집에서 네 것이 제일 새 거잖아. 벌레는 무슨…. 내가 하루 종일 집에 있어도 개미 한 마리 못 봤어! 쓸데없는 말 하지 말고 얼른 가서 공부나 해."
"ㅜㅜㅜ"

아빠들은 논쟁을 잘한다. '사실에 근거한' 논리로 상대를 '굴복'시키는 것을 좋은 대화라고 생각한다. 하지만 논리로 이긴다고 해서 다 된 것이 아니다. 그것으로 아빠의 체면이나 권위가 세워지는 것도 아니다. 어린아이가 놀랐을 때 엄마와 아빠는 논쟁하기보다 본능적인 반응을 보여야 한다. 아이가 두려워할 때는 반드시 이유가 있다. 우선 아이를 믿고, 아이 편에서 주변을 바라보라. 아이 피부에 뭐라도 난 것이 있으면 그 원인을 함께 찾고, 필요하다면 함께 병원에 가서 원인을 찾으라. 아이와 함께 병원에 간다는 것은 치료를 받는다는 의미 이전에 아이를 안심시키고, "엄마와 아빠에겐 네가 가장 먼저야!"라는 메시지를 주는 것이다. 엄마와 아빠는 마음으로부터 아이와 함께 놀라고, 함께 아프고, 함께 가렵고, 함께 그 과정을 겪어 가야 한다.

"아빠, 침대에 벌레가 있는 것 같아요. 자꾸 뭐가 제 몸을 물어요."
"그래? 어디 보자. 어머. 팔에 물린 자국이 몇 개나 있네. 많이 가렵겠다."
"네, 진짜 가려워서 공부가 안돼요. 수업 시간에도 자꾸 긁게 돼요!"
"이상하다. 새 침대인데 왜 그럴까? 아빠가 지금 침대 한 번 살펴봐도 돼? 뜨거운 다리미로 살짝 다려서 벌레를 없애 보자."
"네!"

이 대화에서 아빠는 아이의 말을 믿어 주고, 그럴 수도 있겠다는 마음으로 조치를 취하고 있다. 물론 그렇게 한다고 해서 문제가 바로 해결되지는 않는다. 하지만 적어도 아빠가 아이의 목소리에 응답하고 있다면 아이의 문제는 이미 절반 이상 해결된 것이다. 어쩌면 아이들은 끊임없이 엄마, 아빠를 시험한다. 정말 자신을 사랑하는지, 그래서 자신이 이야기하는 작은 일에도 진지하게 반응하는지 살펴본다. 농담이나 조롱은 최악의 반응이다. 자녀와의 친밀감을 두려워하는 부모일수록 자녀를 조롱한다. 진지함이 없고, 농담으로 부담감을 회피하려 한다. 아이들에게 필요한 것은 부모가 주목해 주는 것이다.

그러므로 가족들 가운데 가장 힘센 사람은 어린아이여야 한다. 부모의 우선순위는 아이여야 한다. 이제 걸음마 하는 조그만 아이가 엄마와 함께 무궁화 열차를 타고 가다가, 엄마 앞에서 노래를 불렀다. 엄마는 아이를 따라서 노래를 부른다. 아이가 엄마 손을 잡아당겼다. 아이의 힘에 못 이겨 엄마는 자리에서 일어나 아기가 이끄는 대로 따라간다. 그 아기는 힘이 매우 세다. 이런 힘이 세상 모든 아기에게 있어야 한다. 아기는 엄마를 '마음대로' 움직일 수 있어야 한다.

공항에서 어린 딸이 키 큰 엄마에게 뭐라고 이야기했다. 엄마는 가던 길을 멈추고 허리를 굽혀 딸의 이야기를 듣는다. 딸의 이야기가 끝나자 엄마는 웃으면서 아이의 손을 잡고 다시 걸어간다.

아이는 힘이 세다. 좋은 엄마는 아이가 그런 힘을 사용하도록 허락한다. 가장 고급스러운 환경에서 자라는 아이는 그런 엄마를 곁에 두고 자라는 아이다. 부모가 돈이 많아서 가정부 아줌마나 유모를 두는 것이 좋은 것이 아니다. 어린아이가 누리는 최고의 호사는 자신을 떠나지 않는 엄마를 곁에 두는 것이다.

만일 아이가 옷장을 두려워한다면, 좋은 아빠는 아이와 함께 옷장에 들어가 줄 것이다. 그렇게 하면 아이를 안심시켜 줄 수 있기 때문이다.

"이것 봐! 별것 아니지? 그렇지만 네가 무서워하니까, 만일 여기 들어오고 싶을 때가 있으면 아빠하고 같이 들어오자!"

'같이' 혹은 '함께'라는 말이 어린아이들에게는 가장 큰 힘이 된다. 엄마가 함께 있어 주는 것이 아이들에게는 세상을 얻는 일이다. 하나님께도 '함께'라는 말은 중요했다. 그래서 예수님의 별명이 '임마누엘' 곧 '하나님이 우리와 함께'이다. 우리는 두려움이 많지만 '함께'하시는 하나님 때문에 한 번의 인생을 담대하게 살아간다.

좋은 엄마는 아픈 아이를 혼자 두지 않는다. '혼자 알아서 낫겠지.'라고 생각하지도 않는다. 엄마의 눈에는 아픈 아이가 가여울 뿐이다. 아픈 아이는 외롭다. 좋은 엄마는 아이의 외로움을 함께 느낀다. 엄마와 함께 있는 것은 아이에게 신기한 요술이다. 엄마의 존재는 아이를 치료하는 의술이다.

하지만 모든 엄마가 그렇지는 않다. 두 가지 직업을 가진 어떤 엄마는 정말 열심히 일하며 살았다. 주중에는 회사 근무를 하고, 주말에는 백화점으로 출근했다. 어느 토요일에 초등학생 어린 딸이 엄마 모르게 지하철까지 출근길을 따라왔다. 그리고 엄마에게 같이 집에 가자며 울었다. 좋은 엄마였다면 아이를 불쌍하게 보았을 것이다. "내가 은행 직원인데, 얼마나 부자가 되겠다고 주말까지 이렇게 일하려고 할까." 하며 자책했을 것이다. 그리고 아이를 안심시키면서, 고사리 같은 아이의 손을 잡고 집으로 오지 않겠는가? 하지만 그 엄마는 그렇게 하지 않았다. 오히려 아이에게 크게 화를 내고, 울고 있는 아이를 끌다시피 해서 집으로 데려

왔다. 그리고 아이를 실컷 때리고는 출근해 버렸다.

  10년이 지난 지금, 그 딸은 대학생이 되었고, 이제는 그 딸이 모든 것을 주도한다. 엄마는 딸에게 쩔쩔매며 살고 있다. 엄마가 무슨 말을 해도 이제는 딸이 자기 마음대로 한다. 그 딸이 남자친구에게 폭행을 당하자 엄마는 딸에게 그 남자와 헤어지라고 말했다. 그러나 딸은 그렇게 하느니 차라리 30층 아파트에서 뛰어내리겠다며 오히려 엄마를 협박했다. 엄마는 이제 딸에게 조종당하고 있다.

  아이를 슬프게 한 일이 있다면 엄마는 반드시 아이를 위로해 주어야 한다. 공짜로 지나가는 아픔은 없다. 아이가 등교할 때 따뜻하게 보내 주지 못했다면, 아이가 집에 올 때 사랑으로 기다려 주지 못했다면, 엄마는 미안함을 느끼고 사과해야 한다. 그리고 가능한 한 그 공백을 다시 채워 주어야 한다. 아이를 디지털 방식으로, 효율적으로 잘 키울 수는 없다. 아이에게는 엄마와 함께하는 아날로그적인 절대 시간이 필요할 뿐이다.

  이제부터 아이를 믿어 주기로 하자. 아이가 어떤 말을 하든 우선 아이 편이 되고, 공감하고, 안아 주자. 남을 속이면서 즐거움을 찾는 품행장애아가 아닌 이상, 부모로서 해야 할 최고의 과업은 내 아이를 믿는 것이다. 그리고 아이의 말에 따라 반응하는 것이다. 예수님을 믿지 않는 것은 가장 큰 죄이고, 아이를 믿지 않는 것은 그다음으로 큰 과오이다. 두려움 없이 아이를 믿으라. 그리고 아이의 변덕스러운 감정의 골짜기를 아이와 함께 걸으라.

 **맞벌이 부부의 아이가 갑자기 아플 때[37]**

아이가 갑자기 아플 때 맞벌이 부모가 할 수 있는 일에 관해, *Today's Parent* 는 다음과 같은 요령을 제시한다.

1. 일터에서의 자신의 권리를 인식하세요! 엄마들이 무급 휴가를 활용한다면 직장에도 큰 부담을 주지 않습니다.
2. 직장 상사의 이해를 구하세요. 비상시를 위해 평소에 아이에게 일어날 수 있는 상황에 대해 대화를 해 두면 훨씬 쉽게 문제를 풀 수 있습니다.
3. 언제든 도움을 요청할 수 있는 육아 도우미를 알아 놓으세요. 직장에 유연성이 없다면, 언제든지 아이를 도와줄 수 있는 유연성 있는 도우미가 반드시 필요합니다.
4. 이런 경우는 특별한 조치가 필요 없습니다.
   1) 아이가 토한다고 항상 아픈 것은 아닙니다.
   2) 알레르기는 감기와 같은 것입니다.
   3) 두드러기의 원인을 다 잡아낼 수는 없습니다. 다만 감염되지 않는다는 사실만 의사에게 확인하세요.
   4) 주스를 비롯한 어떤 특정한 음식들이 설사를 일으킬 수 있습니다.
5. 비상시를 위한 제3의 계획을 생각해 두세요.
6. 어린이집에서 아픈 아이를 대하는 규정을 알아 두세요.
7. 비상시에 집에 와서 아이를 돌봐 줄 수 있는 도우미의 연락망을 확보하세요.
8. 부부가 시간을 나누어 오전과 오후에 부모 중 누구라도 아이와 함께 있도록 계획을 세우세요.
9. 위의 생각들이 계획대로 되지 않았을 때, 직장 상사에게 솔직하게 말하고, 어떻게 일을 보충할지 이야기하세요.

10. 이런 경우는 아이가 진짜 아픈 게 아닐 수도 있습니다.
   1) 오늘은 아이가 시험을 보는 날입니다.
   2) 증상들이 짝이 맞지 않는다면, 꾀병일 수 있습니다. 예컨대 콧물이 나는데 복통이 생기는 일은 없습니다.
   3) 아이가 밥을 잘 먹으면 그 증상은 '가짜'일 수도 있습니다.
   4) 아프다고 하는 아이가 10분이 지나지 않아서 자기 방에서 볼륨을 높여 음악을 듣는다면, 진짜 아픈 게 아닐 수 있습니다. 그렇게 빨리 병이 낫는다면 '가짜'이기 때문입니다.

쉼을 빼앗아 가는 최악의 습관, 비교

"엄마가 무슨 말씀을 하셔도 저를 다른 사람과 비교하는 말씀으로만 들려요. 엄마 입에서 그런 말이 나오기 시작하면 내가 알지도 못하는 그런 사람들까지도 미워져요. 제 시험 성적이 80점에서 90점으로 오르면 나는 너무 좋은데, 엄마는 마지못해 '응, 잘했다.'라고 말씀하세요. 물론 성적이 조금이라도 떨어지면 혼내시고요. 성적을 아무리 올려도 끝이 없고, 집안 분위기는 삭막하고, 우리 집은 우리 집이 아닌 것 같아요. 집에서는 정신적으로 스트레스를 받고, 학교에서는 육체적으로 스트레스를 받는데, 주말에는 그 두 가지 스트레스를 다 받는 것 같아요." – 비교당하기 싫은 어느 청소년

비교는 아이를 좌절하게 한다. 비교야말로 자녀를 가장 효과적으로 자극할 수 있는 방법이라고 생각하는 부모가 있을지 모르지만, 비교당하는 아이는 자신감이 꺾이고 영혼은 상처받고 마음은 처참해진다.

"걔 너무 잘하더라."

다른 사람에 대한 이 단순한 칭찬이 아이에게는 부담감과 절망감을 안겨 줄 수 있다. 누군가를 비판하려고 할 때 가장 나쁜 방법은 그를 다른 사람과 비교하는 것이다. 한 엄마, 아빠에게서 난 자녀들을 서로 비교

하는 것도 결과는 다르지 않다. 비교당하고 차별받는 아이는 정서적으로 심각한 타격을 입는다. 십 대가 지나가기 전에 이미 심각한 신경증이나 정신 불안 증세를 보이기까지 한다. 모든 아이는 비교당하지 않을 권리가 있다. 하나님이 주신 그들 자신만의 고유한 가치가 있다. 사랑은 상대방을 있는 모습 그대로 인정하는 말에서 시작된다.

"난 네가 너무 자랑스러워!"

"오늘도 공부하느라 정말 수고 많았지?"

아이들은 알파고가 아니다. 모든 정보를 주입하면 자동으로 문제 해결 방법이 나오는 컴퓨터가 아니다. 아이들은 '마음'이다. 인정받고 사랑받으면, 스스로 공부하려는 동기가 부여되는 주관적인 존재들이다. 공부는 사랑받는 아이의 자발적인 마음에서 시작된다.

좋은 부모는 거친 비교의 말을 내뱉지 말고 삼켜야 한다. 자신의 기분과 감정을 조절해야 한다. 타락한 인간의 탐욕과 분노에서 쏟아져 나오려는 비교의 말들을 멈추지 않으면 안 된다. 거친 말을 사랑으로 코팅하라. 좋은 부모는 한 번 더 생각하고 말한다. 이것은 부모 자신과의 싸움이다. 상처와 사고는 순식간에 발생한다. 생각 없이 쏟아 내는 언어는 죄이다.

이에 덧붙여, 좋은 부모는 아이를 믿어 준다. 우선 아이 편이 되어 준다. 아이가 공부하는지, 아이가 핸드폰을 하지는 않는지, 아이가 일찍 자는 것은 아닌지, 살며시 문을 열어 체크하는 엄마들은 아이를 노이로제 환자로 만들고 있다. 좋은 부모는 '연기 실력'이 탁월하다. 아이를 의심한다는 느낌을 주지 않고도 모든 것을 점검할 수 있기 때문이다.

이제부터 아이를 남과 비교하는 말을 삼가라. 만일 비교하는 말을 했다면 그 자리에서 곧장 사과하라. 그리고 내 아이가 있는 그대로 얼마나 귀한 존재인지 과장해서, 그러나 진심을 담아서 말하라. 아이는 자신이 얼마나 소중한지, 그것을 표현해 주는 말을 들을 권리가 있다. 아이와 함께 집안일을 해 보라. 함께 쇼핑을 가 보라. 아마도 아이가 가진 긍정적인 자질을 많이 발견할 수 있을 것이다. 그 자질을 축하하고 축복하라. "너와 함께 산다는 것 자체가 정말로 즐겁고 흥미로운 일이구나."라고 아이에게 반드시 말해 주라!

5장

마음의 건축과 인격의 형성

"'아직' 이해가 안 된 것뿐이야!"

과외 선생님: 이 문제를 이해하니?
마이클: 아니요. 이해하지 못하겠어요.
과외 선생님: 넌 '아직'(yet) 이해가 안 된 거지, 못하는 게 아니야!

마이클 오어(Michael Oher)라는 흑인 풋볼 선수의 실화를 바탕으로 만든 영화 '블라인드 사이드'(The Blind Side, 2009)에서, 가정교사 수(Su) 선생이 마이클에게 과외를 하고 있었다. 수 선생이 어려운 문제를 풀고 있는 그에게 "마이클, 너 이거 이해하니?"라고 묻자, 마이클은 고개를 저으며 "아뇨. 이해하지 못하겠어요."라고 대답한다. 그때 수 선생은 곧바로 마이클의 대답을 고쳐 주었다. "아냐. 넌 '아직'(yet) 이해가 안 된 것뿐이야!" 이해 능력이 없는 게 아니라, 조금만 더 생각하면 그 똑똑한 뇌로 얼마든지 이해할 수 있다는 말이다.

아이가 수학 문제를 제대로 풀지 못하면 공부를 '잘했던' 아빠나 엄마는 답답해한다. 해결 방법이 훤히 보이는 문제를 들고 쩔쩔매는 것을 보면 속이 터진다. '저러다가 대학이나 제대로 갈까?' '저렇게 공부에 뒤처져서 사회에서 적응하지 못하면 어떡하지?' 아이의 미래에 대한 걱정이

조바심을 일으킨다. 실망은 걱정이 되고, 걱정은 분노가 되어 아이를 다그친다.

하지만 인간의 뇌는 차분하게 깨우치면 잠에서 깨어나는 거인이다. 우리가 상상할 수 없을 정도로 놀라운 잠재력 덩어리다. 부모가 좀 더 친절하고 따뜻하게 대해 주면 아이는 언젠가 반드시 깨우칠 것이다. 어떤 아빠처럼 진정제라도 먹고, 좀 더 친절하게 아이에게 설명해 보라. 좋은 부모는 천천히 가더라도 아이의 지혜가 깨어나기를 기다리고, 기도하며 인내한다. 그렇게 자란 아이는 결코 부모를 실망시키지 않는다. 따뜻한 양육은 아이의 IQ를 19포인트까지 끌어올릴 수 있다고 한다.

"그것도 못하냐?"라는 핀잔은 비난의 시작이다.

"쟤가 공부 못하는 것은 당신 탓이야! 난 저러지 않았단 말이야!"

엄마, 아빠 사이의 이런 논쟁이 아이에게 무슨 도움이 되는가?

"문제는 네가 풀어 주기를 기다리고 있어. 너에게는 그걸 풀 수 있는 똑똑한 뇌가 있어! 조금만 더 노력해 보자!" 어려운 수학 문제 앞에서 아이들은 이미 충분히 주눅 들어 있다. 거기에 엄마나 아빠의 비난과 잔소리가 더해지면 공부는 '똑똑한' 몇몇 아이들의 일이 되어 버린다.

공부는 결과보다 태도가 중요하다. 꾸준히 공부하는 아이들은 정직하고 성실한 인생을 산다. 1등이 아니면 어떤가? 공부와 담을 쌓게 되면 인생의 다른 문제에 대해서도 똑같은 태도를 갖게 된다. 웬만한 도전 앞에서 쉽게 주저앉아 버린다. 좋은 부모는 인내하고 참을 줄 안다. 문제를 잘 풀지 못하는 이유는 머리가 나빠서가 아니라 더 노력하지 않은 부분이 있기 때문임을 알게 한다. 그리고 조금 더 노력해 보니 문제가 해결된다는 자신감을 얻게 한다.

모든 아이가 다 똑똑해서 하나를 듣고 열을 깨우칠 수는 없다. 물론 알아서 척척 공부하는 아이들도 있다. 그러나 두 번 세 번 일깨워서 천천히 함께 가야 하는 것이 대부분의 아이들이다. 문제는 부모의 인내다. 비록 더뎌도, 아이가 공부에 대한 마음마저 놓아 버리지 않도록 부모는 아이를 격려하고 기다려 주어야 한다. 아이는 '아직' 이해하지 못한 것이지, '아예' 이해하지 못할 것이 아니기 때문이다.

이제부터는 아이 다그치는 횟수를 줄여 보자. 한 번쯤 '이번에는 내가 참자.'라고 물러서면 의외로 아이가 스스로 그 문제와 씨름하는 것을 보게 될 것이다. 부모가 한 발짝 물러서면 아이는 두 발짝 전진하는 날이 곧 오게 된다.

엄마가 이겨야 아이에게 유익이 될 때

"어린아이가 화가 난다고 엄마에게 뭘 던지잖아요? 그럴 때 엄마는 절대 작은 목소리로 '아야, 엄마 아파. 그렇게 하지 마!'라고 '부탁'을 해서는 안 될 것 같아요. 저는 바로 그 자리에서 아이의 손을 붙들고, 눈을 보면서, 평소와 다른 목소리로 아이에게 단호하게 말해요. '너 지금 엄마한테 무슨 일을 한 거야? 네가 화가 난다고 마음대로 행동하면 안 돼. 엄마에게 함부로 물건을 던지면 안 되는 거야.' 아이를 사랑하지만 야단칠 것은 야단쳐야죠!" – 어떤 엄마

주인은 강아지보다 힘이 세야 한다. 철없는 강아지를 방치하면 강아지가 주인을 이긴다. 강아지 앞에서 주인이 약한 모습을 보이면 모든 상황을 강아지가 결정하게 된다. 주인의 단호한 목소리가 개를 길들일 수 있다.

엄마는 아이보다 힘이 세야 한다. 엄마의 단호한 목소리와 눈빛이 아이를 바로잡을 수 있다. 아이들은 신체가 자라면서 자신도 주체하지 못하는 힘까지 함께 자란다. 아직 스스로 힘 조절이 안 되는 자녀를 위해 엄마의 선명한 판단력이 필요하다. 엄마가 아이를 이겨야 한다.

음식 메뉴는 엄마가 주도해야 한다. 조미료를 많이 쓰지 않는 엄마의 음식은 아이들에게는 맛이 없다. 반면 햄버거와 치킨, 라면과 떡볶이는

아이들에게 매력적이다. 온갖 양념과 조미료가 혼합된 맛이기 때문이다. 엄마는 아이의 건강 주권을 포기해서는 안 된다. 엄마는 아이들의 먹는 습관에 적극적으로 개입해서, 엄마가 가정에서 만든 음식에 익숙해지도록 해야 한다. 아이가 무엇을 먹는가는 전적으로 엄마의 소관이다.

미국의 경우, 1980년 이후 30년간 어린아이들의 비만은 두 배, 청소년 비만은 네 배나 늘었다.[38] 우리나라 청소년들도 서구화된 식생활과 자동차 이용, 오랜 공부 시간으로 인해 비만의 속도가 빨라지고 있다. 여학생들보다 남학생들의 비만율이 더 높다. 다이어트 습관을 가진 여학생들에 비해, 남학생들은 다이어트를 하거나 운동을 해야겠다는 동기 부여가 잘 되지 않기 때문이다.

비만은 심장과 순환기 계통에 이상을 불러일으킨다. 어린아이라도 비만해지면 고혈압과 당뇨 및 여러 성인병 합병증을 앓을 수 있다. 비만은 뼈와 관절에 문제를 일으키고, 다양한 종류의 암을 유발하는 원인이 된다. 어릴 때 비만이 있는 아이는 커서도 비만이 될 확률이 높다. 2013년 통계청 발표에 따르면 한국 청소년 열 명 가운데 일곱 명은 규칙적인 운동을 하지 않는다. 열 명 가운데 여섯 명은 일상생활 가운데 지속적인 스트레스를 경험한다. 그리고 열 명 가운데 세 명은 아침 식사를 하지 않고 하루 생활을 시작한다. 이 모든 여건들이 어린이 및 청소년 비만과 밀접하다. 다행히 열 명 가운데 여섯 명 이상은 부모와 대화를 잘한다고 응답했지만, 대화의 주제가 대부분 학교 성적과 진학에 대한 것뿐이라는 데는 문제가 있다.

아이들의 비만과 아동 성인병은 좀처럼 통제가 되지 않고 있다. 너무 많이 커 버린 아이의 몸집 자체는 엄마에게 위협이며 공포가 될 수 있다. 엄마 힘으로는 덩치 큰 아이를 이기기 어렵기 때문이다. 그러므로 아이가 먹을 매끼 음식을 반드시 엄마가 선택해야 한다. 아이의 체중을 통제할 수 없는 상황이 되기 전에 야식부터 절제해야 한다. 그것은 엄마 자신의 야간 식욕 절제와도 관련이 크다.

스마트폰 사용도 이와 비슷한 맥락이다. 처음엔 스마트폰이 바쁜 엄마들에게는 '복음'이었다. 아이들의 주의를 돌리는 데 좋은 도우미였다. 아이가 거기에 신경을 빼앗긴 동안 엄마는 자기 일을 할 수 있었다. 하지만 아이들은 순식간에 엄마보다 스마트폰과 더 친해져 버렸다. 이젠 아이들의 마음이 다시 엄마에게 돌아오려고 하지 않는다. 더 이상 엄마의 말에 귀를 기울이지 않는다. 아이의 눈과 손과 마음이 스마트폰에 묶여 버렸다. 엄마는 더 이상 스마트폰의 대결 상대가 되지 못한다.

지름길은 없다. 더 많은 시간 동안 아이에게만 집중해 주는 엄마의 노력 외에 다른 방법은 없다. 엄마가 아이와 다시 친구가 되고, 신뢰를 얻고, 좋은 모델이 된다면 승산이 있다. 이 무시무시한 적군을 상대할 다른 길은 없다. 아이가 핸드폰 게임보다 더 좋아하는 유일한 것이 엄마와의 놀이와 대화이기 때문이다.

이제 아이와 놀아 보자. 그리고 아이 얼굴만 바라보면서 말을 걸어 보자. 다른 급한 일을 하지 못해 마음이 조급하겠지만 그건 나중에 해도 된다. 하지만 지금 이 아이를 방치하면 아이가 불행해진다. 나중에 땅을 치며 후회하기 전에, 지금 아이의 식단을 점검하고, 요리를 시작하고, 대화를 시작하자. 엄마의 경험, 독서, 인간관계에서 비롯된 많은 이야기들은 아이가 엄마에 대해 경이로움을 느끼게 하는 생생한 간접 경험이 될 것이다. 스마트폰을 이길 수 있는 유일한 대안은 대화이다.

세상을 긍정적인 방식으로 해석해 주세요

"큰아이가 공부는 하지 않고 게임만 좋아해요. 아무리 공부를 시키려 해도 좀처럼 제 말을 듣지 않아요. 자기가 꼭 해야 할 공부가 있는데도 놀기만 하고 공부는 하려고 하지 않아요. 아이가 말을 듣지 않을 때는 머리가 아프고 당황스러워요. 그 대신 아이는 저를 만나면 자신의 선택이나 결정에 대해서 물어봐요. '이런 일이 있었는데 내가 바르게 선택한 거예요?' 제가 밖에서 하는 일이 그렇다 보니까 아이는 올바른 선택이나 판단에 대해 제게 자주 묻는 것 같아요." – 초등학생 아이를 어떻게 공부 시켜야 할지 몰라 당황스러운 엄마

아이들은 엄마와 정말 친해지고 싶어 한다. 엄마와 아들로서 함께 놀고 싶은 마음이 간절하다. 하지만 엄마는 일에 몰입해 있고, 아들은 지금까지 엄마와 친하게 놀아 본 기억이 없다. 그래서 엄마와의 대화가 어색하다. 사회적인 지위와 경제력을 가진 엄마를 존경하지만 엄마의 친밀한 사랑을 진하게 경험한 적은 없다.

아이가 더 자라기 전에 엄마는 아이와 좋은 친구가 되어야 한다. 좋은 친구가 되려면 같이 놀아야 한다. 그것이 '엄마-아들'의 공식이다. 형식적인 대화가 아니라, 친한 친구로서의 놀이와 대화가 있어야 한다. 아이

들의 한 가지 소원은 엄마와 친해지는 것이다. 아이들에게는 엄마가 전부다. 아이들은 엄마만 본다.

그렇다면 주도권을 가진 엄마가 시작해야 한다. 엄마가 아이에 대해 궁금해하고, 사정을 묻고, 대화를 시작하면 된다. 그런데 그 일이 쉽지는 않다. 엄마가 너무 바쁘면 아이들과 형식적인 관계만 맺을 뿐 좀처럼 가까워지기가 어렵다. 서로 머뭇거리며 어색해할 뿐이다.

아이들은 엄마와 함께 있고 싶고, 엄마와 대화하고 싶어 한다. 엄마의 마음이 멀리 있으면 아이는 눈치를 보면서 엄마에게 주춤주춤 말을 건다. 엄마가 좋아할 것 같은 대화로 아이가 맞추어 준다.

이런 엄마들은 당황한다. 사회에서 통하는 소통 방식과 권위가 집에서는 통하지 않기 때문이다. 직장 일은 질서 있게 처리가 되는데, 아이와의 관계는 무질서하고 산만하며 좀처럼 손에 잡히지 않는다. 그 이유는 단순하다. 가정에서의 소통 방식은 바깥에서의 방식과 다르기 때문이다. 아이들은 경제적으로, 효율적으로, 이익을 극대화하는 방식으로 자라지 않는다. 지시와 복종이라는 방식은 아이에게는 무용지물이다.

그래서 당황스럽다. 지시하는 방식에 익숙한 엄마들에게 가정이나 자녀 양육은 혼란의 세계다. 짜증이 밀려오고, 일은 좀처럼 산뜻하게 처리되지 않는다. 엄마가 아이에게 끌려다닌다. 아이를 어떻게 통제해야 하는지에 깜깜하다. 직장 일은 잘할 수 있겠는데 도대체 아이는 어떻게 길러야 하는지 전혀 감이 오지 않는다. 집안 정리나 청소나 요리 같은 집안일은 손에 잡히지 않는다. 누가 봐도 똑똑한 엄마들인데, 집에만 돌아오면 거북이걸음이 시작된다. 하지만 방법이 없는 것은 아니다.

아이와의 대화는 놀이에서 시작된다. 놀이는 서로 양보하고 인정하는 공동의 공간이다. 사소하지만 아이와 엄마의 마음이 함께 만날 수 있는 공간이다. 거기에서 엄마와 아이는 친구가 된다. 그리고 일상적인 이야기를 시작하는 출발점이 된다. 놀이는 엄마와 아이가 공유해야 하는 필수 공간이다. 엄마가 아이 앞에서 쩔쩔매는 이유는 함께할 수 있는 놀이가 없기 때문이다.

직장 일과 아이 양육은 다르다. 아이와의 놀이 시간은 아무런 이유가 없는 시간들로 채워지는 것 같다. 시간이 놀이로 낭비된다. 효율성을 추구하고 강박적인 엄마에게는 있을 수 없는 일이다. 하지만 얼굴을 마주 보며 피부 접촉을 하지 않으면 아이는 절대 내 아이로 자라지 않는다.

엄마와의 대화는 아이가 자신을 가치 있는 존재로 여기게 한다. 아이의 말에 귀를 기울이고 그 말을 받아 주는 것은, 아이를 있는 모습 그대로 받아 주는 것이다. 도대체 아이와 무슨 말을 해야 할지 모른다면, 아이의 말을 그저 그대로 반복해 보라. 거기에서 자연스럽게 질문을 만들어서 아이가 대답하게 하라. 아이가 질문하면 단답형으로 대답해 주지 말고, "우리 ○○이, 그게 궁금했어? 근데 그게 왜 궁금했어?"라고 다시 질문해 보라. 아이와의 대화가 엄마의 단순한 대답으로 끝나 버리지 않도록 불씨를 살려 두라는 말이다. 대화의 불씨를 이어 가는 것은 아이가 가치 있는 존재이며 엄마의 사랑을 받고 있다는 사실을 전달해 주는 방법이다.

대화할 때는 느낌이 중요하다. 엄마와 대화를 하면서 아이는 자신이 중요한 존재임을 느낀다. 대화를 통해 아이는 자신의 말이 상대방에게 의미 있게 받아들여지고 반응을 일으킨다는 '느낌'을 갖는다. 대화할 때의 좋은 느낌은 곧 아이 존재 전체에 전율을 일으키고, 엄마가 좋은 사람이고 세상은 살 만하다는 근거를 제공한다. 좋은 엄마는 대화로 아이를 받아 준다. 대화할 때의 느낌은 이런 것이다: '엄마가 정말 나를 사랑하시는구나. 좋은 느낌인데? 엄마는 무조건 내 편인 것 같아. 나와 함께 있는 시간을 아까워하지 않으시네!'

엄마의 '자기 몰입'은 아이와 함께 있는 것을 어색하고 당황스럽게 만든다. 이것은 아이에게 몰입하는 '모성적 몰두'의 반대말이다. 모성적 몰두는 엄마가 주도적으로 아이에게 관심을 갖고 대화를 통해 관계를 열어 가는 '열린 몰두'이다. 반면 엄마의 자기 몰입은 프로이트가 말한 나르시시즘의 자기중심적 몰입이며, 학업이나 성적, 아이의 성공, 엄마의 체면으로 귀결되는 '닫힌 몰입'이다. 엄마가 나르시시즘적 자기 관심사에 몰입한 결과, 한국 중고등학생들에게 부모와의 '대화'란 모조리 공부와 성적에 대한 '닫힌 것'들뿐이다.

물론 아이의 작은 관심사들이 어른들에게는 '유치하고 재미가 없다.' 아이에게 중요한 것이 어른에게는 사소한 것일 수도 있다. 그저 피곤한 엄마를 괴롭히지 말고, '말없이' 자기 할 일만 해 주면 얼마나 좋겠는가? 그러나 엄마가 아이와 친해지기 위해서는 아이가 겪은 '오늘의' 웃기는 일들, 창피한 일들, 당황스러운 일들, 자랑스러운 일들을 저녁 식탁 위에 올려놓아야 한다.

사실 사회생활을 잘하는 엄마의 경험과 지식은 아이에게 유익하다. 아이의 이야기를 듣고 묻고 경청하고 나면, 아이들은 엄마 이야기를 들을 준비가 된다. 세상에 어떤 일이 일어나는지, 엄마는 회사에서 어떤 일을 하며 어떻게 살아가는지 이야기해 줄 수 있다. 그것은 전업주부 엄마가 줄 수 없는, 일하는 엄마들의 또 다른 장점이다.

아울러 부모는 아이에게 긍정적인 해석자가 되어야 한다. 특히 아빠들은 필요 이상의 자극적이고 부정적인 대화를 경계해야 한다. 아무래도 아빠들은 여과되지 않은 표현을 그대로 전달하는 경향이 있다. 잔인하고 폭력적인 이야기, 부정적이고 비판적인 말들을 많이 한다. 정치 분야든 경제 분야든, 부정적인 이야기만 하다 보면 자신도 모르게 아이들에게 세상은 살 곳이 못 된다는 메시지를 줄 수도 있다. 특히 부모가 자신의 과거 고생을 반복해서 이야기하면 생각지 못한 결과를 가져올 수도 있다. 부모가 신세를 한탄하거나 자신의 절망을 반복해서 이야기하면 아이들이 공격적인 행동을 보인다는 연구 결과도 있다.

식탁 언어가 아이들의 세상을 건설한다. 아이들과 앉은 식탁에서는 맛있는 음식만큼 즐거운 이야기를 하라. 가능하면 엄마, 아빠의 행복했던 일들과 좋은 추억을 이야기하는 것이 바람직하다. 감사한 일들을 이야기하라. 과거 힘들고 가난했던 시간들만 되새기며 자기 연민에 빠지지 말고, 하나님께서 그런 과거를 어떻게 바꾸어 주셨는지 이야기하라. 나라와 세상이 부패했지만, 그러나 하나님께서 세상을 어떻게 변화시켜 가실지 기대하는 말을 하라. 하나님께 받은 복을 하나씩 세어 보면, 그 어떤 식탁보다 풍성한 감사의 만찬이 될 것이다.

식탁 대화의 수준을 조정해야 한다. 부정적이고 자극적인 이야기는 아이들이 듣기에 알맞은 순한 이야기로 등급을 낮추어야 한다. 미래에 대한 부모의 염려가 아무리 타당한 것이라 해도 아이들 귀에 너무 크게 들려서 아이들이 부담을 느끼지 않도록 주의해야 한다. 부모의 걱정을 엿들은 아이들은 그 부담을 덜어 주고 싶은 마음으로 엉뚱한 선택을 할 수도 있기 때문이다. 이혼하고 힘들게 사는 엄마가 딸에게, "너 고등학교 공부 시키는 것이 너무 힘들어!"라고 말한다면, 착한 딸은 '엄마를 위해' 조용히 대학 진학을 포기해 버릴 수도 있다.

아이들은 대체로 착하고 엄마를 위한다. 우울하고 힘들어하는 어떤 엄마가 어린 딸에게 "넌 왜 안 죽어! 차라리 죽어!"라고 말해도 딸은 저항하지 않는다. '내가 죽으면 엄마가 기뻐하겠구나.'라고 생각하고 엄마 소원을 들어주려고 한다. 엄마는 우울증으로 먼저 세상을 떠나 버렸지만, 남아 있는 그 딸의 인생 역시 참 우울하고 불행했다.

엄마는 세상을 보고, 아이들은 엄마의 얼굴만 본다. 엄마에 관한 한 아이들은 참 기특한 생각을 많이 한다. 엄마의 걱정과 근심을 단번에 해결해 주고 싶은 '주제넘는' 마술을 상상한다. 아이들은 생각 이상으로 착하다. 이렇게 착하고 기특한 아이들을 격려해 주어야 한다.

"우리는 힘들고 가난하지만 네가 원하는 공부를 할 수 있도록 최선을 다해서 도와줄 거야. 엄마, 아빠는 열심히 일해서 도울 테니, 너는 공부만 열심히 하면 돼!"

"내일 일은 우리가 염려할 게 아니야. 하나님께서 책임져 주셔. 너는 오늘 해야 할 네 공부만 생각하면 돼!"

아이들은 아이들다워야 한다. 그러기 위해서는 엄마와 아빠의 언어가 아름다워져야 한다. 아이들에게 긍정적인 세상을 보여 주고, 그들에 대한 확고한 지지를 표현해 주어야 한다. 아이들이 안심하고 공부에 집중할 수 있도록 돕는 것은 부모의 책임이다.

엄마와 아빠는 세상을 밝게 보이게 하는 채색자들이다. 비록 그들이 살아온 세상은 어두웠지만, 아이들이 꿈꾸는 세상은 따뜻해야 한다. 함께 꿈을 이야기할 수 있고 자신을 따뜻하게 바라봐 주는 부모가 있다는 사실만으로도 아이들은 꿈을 간직할 수 있다. 우선, 힘든 현실로 뒤틀린 부모의 생각을 밝게 고쳐야 한다.

아이들은 부모의 얼굴을 바라본다. 부모 얼굴에 그려진 희망을 자신의 것이라 믿는다. 부모의 긍정적인 언어에서 아이들은 틈새의 빛을 본다. 가난하고 힘들어도 희망을 놓지 않는 부모의 얼굴에서 아이들은 인생을 열심히 살아야 할 이유를 발견한다. 부모는 감사의 언어로 아이의 미래를 그린다. 좋은 부모는 긍정적인 해석자이다. 부모는 자녀들에게 세상은 살 만한 곳이라는 것을 이야기해 주는 사람이다.

이제부터 식탁에서 정치가들을 욕하거나 교회 지도자들을 비방하지 말자. 직장 동료들을 비난하지도 말자. 그 대신 사소하지만 웃겼던 일, 좋았던 일, 맛있는 음식 이야기를 하자. 감사와 희망의 말을 하자. 식탁 언어가 아이의 세상을 창조한다.

엄마와 아빠가 함께하는 '학부모 회의'

"제 아들은 서른여덟 살입니다. 그런데 자기 방에서 게임만 하고 밖으로 나오지 않습니다. 직장 생활도 하고 결혼해서 가정도 꾸려야 하는데, 아무리 사정을 하고 호통을 쳐도 꿈쩍도 하지 않습니다. 도대체 어떻게 해야 할까요?" - 엄격하고 까다로운 은퇴 여교사

무서운 엄마는 아이의 마음을 얻지 못한다. 차갑고 엄격한 엄마는 아들이 서른여덟 살이 되어서도 무엇이 잘못되었는지 모른다. 마음이 병든 아들이 컴퓨터 게임만 하고 있는 것, 그것이 사실은 병든 자기 자신의 그림자인 것을 모른다. 그 엄마는 엄격하고 무서운 교사였다. 다른 사람의 약점과 단점만 날카롭게 찾아내는 사람이었다. 안타깝게도 자기 아들을 평생 무섭게 다그치면서도 칭찬 한 번 해 줄 줄 몰랐다. 엄마의 인색하고 날카로운 성격 때문에, 그 불쌍한 아들의 일생은 희망 없이 낭비되고 있었다. 이제 그 엄마와 아들에게 어떤 미래를 기대할 수 있겠는가? 만일 그 엄마가 좀 더 현명하게, 아빠와 더불어 좀 더 균형 잡힌 양육을 했다면 어땠을까?

사실 아이를 낳고 나면 아이 때문에 엄마는 더 똑똑해지는 게 정상이

다. 아이를 낳은 엄마는 몇 시간만 지나면 자기 아기 울음소리를 알아듣고, 냄새로 자기 아이의 옷을 구별할 수도 있다. 아이를 낳기 전과는 사람을 보는 눈이 달라져서 다른 사람들의 행동이나 말, 감정적인 반응의 의미를 더 잘 이해하게 된다. 아기가 엄마를 더 똑똑하게 한다.

그러므로 엄마, 아빠는 언제나 두 사람만의 학부모 모임(conference)을 가져야 한다. 학부모 모임이란 아이와 더불어 부모 자신을 돌아보는 시간이다. 아이의 모습을 솔직하게 평가하고, 부정적인 요소들마저 따뜻하게 품어 줄 수 있는 방법을 찾으면 된다.

아이 때문에 받는 도전과 부담은 사실 고마운 일이다. 아이의 진학, 학비, 사회 적응 등등 걱정거리가 많지만 그것은 부모를 성장시키는 도전이기도 하다. 엄마, 아빠 두 사람이 하나가 될 수만 있다면, 기도하며 짐을 나누어서 진다면, 아무리 힘든 미래라도 충분히 감당할 수 있다. 그리고 더 풍성한 삶을 살 수 있다. 아이에 대해 엄마와 아빠가 대화할 때 주의할 점은 아이의 부정적인 면만 부각하지 말아야 한다는 점이다. 아이들이 서로 다름을 인정하고, 아이들의 단점을 상쇄할 만한 장점에 대해 더 많이 이야기해야 한다. 그리고 대화하면서 발견한 좋은 것들은 아이들과 더불어 나누어야 한다.

아이에 대한 엄마, 아빠의 대화는 언제나 따뜻한 결론으로 이어지도록 하자. 이 녀석을 가만두지 않겠다는 으름장이나 호통은 아이를 낙심시키고 문제를 복잡하게 할 뿐이다. 자녀 양육은 부부를 성장시킨다. 아이를 기르고 가르치는 것이 번거롭기도 하고 때로는 분노를 일으키지만, 분명히 엄마와 아빠는 아이 때문에 성장한다. 아이 덕택에 부모는 자신의 생각과 가치관을 반성하고 다듬는다. 아이들은 분명히 부모에게 주신 하나님의 선물이다. 아이 덕택에 부모는 희생을 배우고, 삶을 더욱 진지하게 살아가게 된다.

이제 엄마, 아빠는 똑똑한 부모, 곧 '스마트(smart) 부모'가 되어야 한다. '스마트 부모'는 아이의 눈빛만으로도 아이의 필요를 감지하고, 따뜻한 관심으로 그 필요에 반응한다. 이들은 아이의 연약한 점들을 함께 논의할 뿐 아니라, 아이의 장점을 부각하며 격려한다. 무엇보다도 아이를 통해 자신의 인격을 성숙하게 만들어 가는 부모가 '스마트 부모'이다.

배려하는 아이로 키우기(1)

"요즘, 엄마와 아빠가 너무 싫고 미워요. … 엄마랑 아빠는 제가 하고 싶은 걸 못하게 해요. 제가 게임을 하고 있으면 '너 폐인이니? 뭐가 되려고 그러고 있니?' 하면서 욕을 하세요. 별것도 아닌 일을 가지고 때리기도 해요. 저는 집에서 컴퓨터밖에 안 해요. 사실 엄마, 아빠가 싫어서 집에 들어가기도 싫은데, 집에 들어가면 막상 할 것도 없어서 컴퓨터를 해요. 근데 제가 컴퓨터를 하고 있으면 부모님이 욕하고 때리고…. 암튼 저는 세상에서 부모님이 제일 싫어요. 집에 들어가 봐야 할 게 없으니깐 하루 8시간 이상 게임만 해요."

(게임만 하는 이유가 뭐야?)

"그야 엄마와 아빠가 너무 싫고 말도 안 통하니까요. 그냥 혼자 컴퓨터 앞에 앉아 있는 게 더 나아요. … 엄마, 아빠가 하는 말은 잔소리밖에 없는 것 같아요. 그냥 엄마, 아빠 말은 듣기 싫어요. … 어렸을 때는 엄마랑 아빠랑 놀러도 많이 가고 했는데…. 그땐 너무 좋았어요."

(그럼 이제 어떻게 해야 할까?)

"대화가 좀 필요할 것 같아요. 사실 그동안 엄마가 말을 시켜도 대답도 잘 안했거든요. 엄마가 저 때문에 마음이 많이 아프셨을 것 같아요. … 오늘부터 집에 가면 엄마랑 아빠랑 이야기를 한번 해 볼게요. 인터넷 사용 시간은 줄이고…."

(한 주 후)

"지난주보다 훨씬 좋아졌어요. 이번 주에는 부모님과 이야기도 많이 하고, 외식도

하고, 관계가 좀 나아진 것 같아요. … 제가 그래도 애교가 많잖아요. 그동안 제가 너무 엄마와 아빠를 무시한 것 같아서 마음을 좀 풀어 드리고 싶었어요."

― 어느 여중생

아이들은 언제든지 변할 준비가 되어 있다. 나쁜 습관을 버리고 새로운 모습으로 변신할 준비가 되어 있다. 엄마, 아빠의 배려와 공감은 아이의 좋은 변화와 직결된다. 배려를 받아 본 아이가 남을 배려한다.

이제 세 살 정도 되어 보이는 백인 아이가 아빠를 따라 도서관에 왔다. 아빠보다 먼저 어린이 코너에 도착한 아이는 선글라스를 낀 채 흥분된 목소리로 연이어 아빠를 불렀다.

"아빠, 아빠, 여기 와 보세요!"

"아빠, 아빠…."

아빠가 조금 늦게 도서관 안에 들어왔고, 아이의 말에 대한 대답도 좀 늦었다. 아빠가 도착해서 보니 도서관 안에서 조용히 공부하는 사람들이 있었다. 아이에게 대답하는 아빠의 목소리가 낮아졌다.

아이는 여전히 큰 소리를 아빠를 불렀다.

"아빠, 이 책 어때요?"

아빠는 목소리를 더 낮췄다.

"(작은 목소리로) 그래. 좋아. 그런데 여기서는 조용히 이야기해야 하는 거야!"

"(조금 작아진 목소리로) 아빠, 이 책은 어때요?"

"(작은 목소리로) 그래. 그것도 좋아!"

"(아빠처럼 작은 목소리로) 그럼 이 책들 가져가요."

"(작은 목소리로) 그래, 그러자!"

철없는 어린아이가 아빠처럼 작은 목소리로 말하기 시작하는 데 5분이 채 걸리지 않았다. 아빠와 대화하면서 아이는 공공장소에서 다른 사람들을 어떻게 배려해야 하는지를 그렇게 몸에 익혔다.

세상은 누군가의 수고로 깨끗하고 밝고 아름답다. 공중 화장실에만 가 보아도, 그 누군가가, 남들 없는 늦은 시간에, 거울을 깨끗이 닦아 둔다. 그래서 우리는 아무런 생각 없이 손을 씻으며 거울 속에 있는 나를 본다. 만일 거울 어딘가에 오물이 묻어 있다면 그 불쾌한 기분은 오래갈 것이다. 그 누군가가 자기 일을 제대로 하는 것만으로도 우리는 그에게 빚을 진 것이다. 좋은 사람들이 함께 살고 있어서 세상은 외롭지 않은 곳이 된다.

그래서 우리는 서로를 배려한다. 엄마와 아빠와 아이들은 서로 배려하는 세상을 기대하며 사람들에게 예의를 지켜야 한다. 아이들은 엄마, 아빠의 표정과 말과 행동을 본받는다. 그러므로 엄마, 아빠는 이웃을 배려하는 사람이 되어야 한다. 도덕적이고 윤리적이어야 한다. 바른 행동과 그른 행동을 구별해 주는 기준이 되어야 한다. 누구에게라도 존중과 감사의 마음을 가져야 한다.

만일 어떤 아이가 "대한민국 국민은 미개하다."라고 말했다면 그것은 단순히 그 아이만의 생각이라고 할 수 없다. 그것이 그 아이의 신념과 확신이 되기까지 가정에서 어떤 대화를 했는지 누구든 짐작할 수 있기 때문이다. 아이들의 말과 행동을 탓하기 전에, 부모는 자신들이 얼마나 다른 사람들을 존중하며 이야기하는지 살펴보아야 한다.

"이 바보 xx야!"

"거지 xx야!"

남매로 보이는 어린아이 두 명이 뛰어가다가, 청소를 하고 있는 청소부 아저씨에게 느닷없이 욕설을 퍼부었다. 믿어지지 않는 광경에 필자는 눈을 동그랗게 뜨고 보고 있었는데, 그 아이들의 엄마는 아무렇지도 않은 듯이 아이들을 데리고 유유히 사라졌다. 50대 청소부 아저씨는 아무것도 듣지 못한 것처럼 빗자루를 들고 조용히 거리를 쓸고 있었다. 그 엄마는 자기 아이들이 한 행동을 보고서도 왜 나무라지 않은 것일까?

인간 사회는 성공한 어느 개인의 힘으로 세워지는 것이 아니다. 사람들이 하기 싫어하는 일을 기꺼이 하고, 보수는 적지만 열심히 땀 흘리는 가난한 이들의 손길이 있기 때문에, 우리가 걷는 거리가 깨끗하고, 건물이 말끔하고, 호텔은 그렇게도 반짝거리는 것이다. 인간은 함께 살아가야 하고, 서로 존중해야 한다. 우리 사회는 가난하고 궂은일을 하는 이들이 희망을 가질 수 있는 곳이어야 한다. 그러기 위해서는 우리 아이들을 배려하는 사람으로 길러야 한다.

우리 아이들을 예의 바르고 남을 배려하는 아이, 겸손하고 다른 사람을 존중하는 아이로 키워야 한다. 아이들은 엄마, 아빠의 얼굴이다. 따뜻한 마음으로 할아버지 할머니들을 존중하는 아이들, 가난한 할아버지가 누군가의 도움에 행복해하는 모습을 보면서 가슴 뭉클함을 느끼는 아이들, 노숙자를 보면서 안타까워하는 아이들로 키워야 한다.

아이들은 엄마, 아빠를 보면서 세상에서의 생존 기술을 익힌다. 하지만 인간이 생존할 수 있는 방법은 단순히 돈 잘 버는 길에만 있지 않다.

인간은 하나님의 형상을 가지고 살아간다. 아이들은 이 땅에서 함께 살아가는 다른 사람들의 존재를 감사하게 여기고, 그들을 존중하는 인격을 갖추어야 한다.

이제 곁에 앉아서 내 아이를 가르쳐야 한다. 인간됨이 무엇인지, 다른 사람들도 얼마나 중요한 존재인지를 알려 줘야 한다. 도서관에서는 목소리를 낮추어 다른 사람을 배려해야 함을 아빠의 낮은 목소리로 가르쳐 주어야 한다. 버스나 열차를 탔을 때도 작은 목소리, 조심스러운 행동으로 다른 사람들을 배려해야 함을 가르쳐 주어야 한다.

배려하는 아이로 키우기(2)

"도덕성이란 사회적 관계에서 자연스럽게 발생하며, 어린이들의 도덕성도 예외는 아니다. 인간의 대화와 상호적인 교환이 있을 때 거기에는 언제나 행동의 규칙, 돌봄의 감정들, 의무감이 함께 따른다. 어린이들은 매우 이른 나이에, 실제로는 출생과 더불어 사회적 관계에 참여한다." – 윌리엄 데이먼(William Damon)[39]

배려는 하나님의 손길이다. 로렌스 쿠슈너(Lawrence Kushner)와 게리 슈미트(Gary Schmidt)가 쓴 그림책 *In God's Hands*(하나님의 손으로, 2005)에는 부자인 제이콥과 가난한 데이비드의 이야기가 나온다. 부자인 제이콥은 기도하다가 회당에서 가끔 잠을 자기도 한다. 데이비드는 회당을 청소하고 집에 가는데, 언제나 굶주린 아이들이 그를 기다리고 있다. 어느 날 제이콥은 회당에서 잠을 자다가 문득 레위기의 "진설병 열두 개를 구워 두 줄로 여섯 개씩 나란히 놓으라."라는 말씀을 잠시 듣고는 또 깊이 잠들었다.

집에 돌아와서도 그 목소리를 잊지 못한 제이콥은 밀가루를 반죽해서 빵 열두 개를 구웠다. 그리고 텅 빈 회당에 돌아가 좋은 장소를 물색하다가 강대상 위, 토라를 두는 캐비닛 안에서 빈 공간을 발견하고는 거기에 두 줄로 여섯 개씩 빵을 넣어 두고는 집으로 갔다.

잠시 후 회당 청소를 끝낸 가난한 데이비드가 회당에 와서 기도한다. "하나님, 집에 음식이 다 떨어졌습니다. 기적을 보여 주십시오. 안 그러면 우리 가족은 다 굶습니다." 그리고 문득 강대상 캐비닛의 커튼을 열었을 때 진설병 열두 개가 있었다. "하나님, 감사합니다. 필요한 자에게 응답해 주시니 참 감사합니다."

잠시 후 부자 제이콥이 돌아와서 빵 놓아 둔 곳을 보았다. 텅 비어 있었다. "하나님, 정말 진설병 빵을 드셨네요! 기적입니다. 하나님이 오실 줄 정말 몰랐습니다. 다음에는 비용을 아끼지 않고 더 맛있는 빵을 굽겠습니다." 그러기를 몇 주, 몇 달을 계속했다. 가난한 데이비드의 가족은 더 이상 배고프지 않았다.

어느 날 랍비가 그 광경을 고스란히 지켜보았다. 그리고 제이콥과 데이비드를 함께 불렀다. 제이콥에게 말했다. "사실은 하나님이 빵을 드신 것이 아닐세." 데이비드에게도 말했다. "사실은 하나님께서 빵을 구우신 것이 아닐세!" 두 사람은 잠시 실망했다. "하지만 자네들은 계속 그렇게 하시게. 제이콥, 자네는 계속 빵을 굽게. 데이비드, 자네는 계속 그 빵을 가져가게. 결국 자네들의 손이 하나님의 손이라네!"

다른 사람을 위해 베푸는 손이 곧 하나님의 손이다. 그것을 받아 가족을 따뜻하게 먹이는 손도 하나님의 손이다. 서로 섬기고 사랑하는 것이 하나님이 기뻐하시는 마음이다.

큰일 났다. 초등학생 아들이 시험 점수를 조작했다. 엄마가 100점을 좋아한다는 것을 알고 시험 점수를 바꾸었다. 엄마는 감쪽같이 속았다. 하지만 곧 들통이 났다. 엄마가 사과를 했다. "엄마가 미안해. 너에게

100점만 요구해서⋯." 고등학생 아들이 공부한 양을 조작했다. 방학 중에 풀지 않은 문제를 마치 다 푼 것처럼 엄마에게 말했다가 들통이 났다. 엄마는 아들 눈에서 눈물 나도록 호통을 쳤다. 정직하지 못한 것에 대해 책임을 물었다. 물론 다시는 그런 일이 없었다.

함께 있지 않으면 보이지 않는다. 세심하지 않으면 알 수도 없다. 하지만 가까이에서 보면 보인다. 엄마의 관심과 정직성이 아이를 정직하게 자라게 한다. 비록 타락한 인간으로 태어났지만 세심한 사랑과 돌봄이 악을 규제한다. 자세히 보면 보인다.

아이는 윤리적인 존재다. 남을 배려하고 사랑할 줄도 안다. 어린 오빠는 갓 태어난 여동생을 위해 "까꿍!" 해 줄 줄 안다. 우는 동생을 달래려고 자신이 가장 아끼는 장난감을 주기도 한다. 그 아이는 벌써 옳고 그름이 무엇인지, 바르고 좋은 것이 무엇인지 자기 수준에서 이해하고 실천한다.

소꿉장난을 함께하면서 엄마는 재미있게, 중요한 교훈을 아이에게 가르칠 수 있다.

"그럼, 차 마시는 시간에 누구를 초청할까?"[40]

"음, 옆집 다연이요!"

"그래, 그게 좋겠다. 그러면 할머니하고 사는 경민이도 초대하면 어떨까?"

"좋아요!"

아이들은 이런 방법으로도 소외된 이웃을 돌보는 사람으로 훈련될 수 있다. 엄마와 아빠가 하는 것보다도 더 많이 사람들을 배려하고 좋은 일을 더 많이 하는 사람으로 성장할 것이다. 부모의 소원대로 자녀가 배려하는 사람으로 자라기를 원한다면 먼저 자녀의 소원을 들어주어야 한다. 아이들의 소원은 복잡하지 않다.

무슨 일을 잘못했을 때 벌을 주기에 앞서 차분하게 질문하고 대화를 하면 아이의 공감 능력을 일깨워 준다. 내 아이가 다른 아이의 장난감을 억지로 빼앗았다면, 장난감을 빼앗긴 아이의 기분에 대해서 물어보라. "너 같았으면 기분이 어땠을 것 같아?" 아이는 어리지만 느낄 수 있고 공감할 수 있다. 역지사지로 생각하고 느낄 수 있도록 안내해 주면 비슷한 다른 상황이 왔을 때 아이는 도덕적인 선택을 할 것이다. 아이의 정직성은 다른 사람의 입장에서 생각하는 공감 능력을 길러 줄 때 생긴다.

집 없고 가난한 사람이 구걸하고 있다면 단 돈 몇 천 원이라도 아이의 손을 통해 전달해 보자. 그것은 아이들에게 사랑과 섬김을 훈련할 수 있는 최고의 기회가 된다. 가난한 사람들에 대한 근거 없는 오해나 비방을 하는 대신, 그들에게 따뜻한 손길을 내밀게 하는 것이야말로 최고의 교육이다.

사랑할 줄 아는 아이

"집은 제가 쉴 수 있고 치유받는 공간이어야 하는데, 저는 집이 너무 싫어요. 늘 엄마랑 싸우게 되고, 공부해야 하고, 공부할 책은 쌓여 있고…. 정말 속이 상하고 짜증이 나요. 이런 데 있고 싶지 않아요. 친구에게 그런 말을 했더니 '네가 한번 무너지는 걸 봐야 엄마가 깨달을 텐데….'라고 말하더라고요." – 집에서 정말 잘 쉬고 싶은 여고생

충분히 쉬어야 따뜻한 아이가 된다. 집에서는 몸과 마음이 편안해야 한다. 날카로운 잔소리가 쏟아지는 집은 최악이다.

"오늘 힘든 일 없었니? 정말 고생 많았다. 이제 좀 쉬었다 하자!"

"이리 와. 엄마가 안아 줄게!"

"우리 아들 뽀뽀! 쪽!"

(엉덩이 톡톡!)

아이들은 집에서 이렇게 쉬고 싶다. 잘 쉰 아이는 다른 사람들을 따뜻하게 품어 주고 통솔력 있는 리더로 자란다. 반면, 차갑고 날카로운 말이 오가는 집에서는 아이들이 자기도 모르게 날카로운 성격으로 자란다. 다른 사람을 쉽게 비난하거나 부정적인 아이가 되기 쉽다. 더 이상 머무

르고 싶지도 않은 집에서 사는 아이가 따뜻하게 배려하는 사람으로 자라기는 쉽지 않다.

Growing Compassionate Kids(긍휼이 많은 아이로 키우기)라는 책에서, 잰 존슨(Jan Johnson)은 긍휼이 많은 아이들로 키우기 위한 방법을 몇 가지로 제안한다. 우선 집안 가족들에 대한 긍휼, 특히 연세 드신 부모님에 대한 관심을 가지고 그분들을 위해 기도하라고 한다. 할머니와 할아버지에 대해 관심을 갖고 기도하는 엄마와 아빠를 보며 아이들은 자연스럽게 가족의 중요성을 배우게 된다.

엄마, 아빠가 동물과 식물에 관심을 가져야 한다. 아이들과 대화하면서, 자신이 좋아하는 동물은 무엇인지, 왜 좋아하는지 말하다 보면 살아 있는 것에 대한 소중함을 가르치게 된다.

가난한 사람의 입장에 대해서도 아이들과 긍정적으로 생각해 보고 대화해야 한다. 예를 들어, '우리 가족 다섯 명이 원룸에 모여 산다면 어떨까?'라고 문제를 제기한 뒤에, 그 불편함에 대해 함께 나누고, 그렇게 살아가는 사람들의 어려움을 따뜻하고 긍정적인 시선으로 바라보도록 이끌어 주라는 것이다.

아이들은 어리지만 다른 사람에게 필요한 것이 무엇인지 아는 능력이 있다. 만일 아이와 함께하는 엄마나 아빠가 아이에게 필요한 것을 먼저 알아채고 챙겨 준다면, 아이 역시 다른 사람의 필요를 빨리 알아채고 도와주려 할 것이다. 한편 아이가 엉뚱한 행동으로 다른 사람의 기분을 상하게 했을 때는 사과하는 법을 가르쳐야 한다. 아이에게 굴욕감을 주지 않으면서도, 아이가 용기 있게 사과할 수 있도록 가르치기 위한 지혜와 감각이 부모에게는 필요하다.

내 아이가 다른 사람에게 사과해야 할 때, 때로는 부모의 자존심이 상한다. 하지만 아이가 책임 있는 행동을 하도록 양육하는 것은 부모의 책임이다. 아이들은 만 두 살 반만 되어도 다른 아이의 고통을 알고 그것에 관심을 갖는 아이와, 그런 것에 무관심한 아이로 나누어진다. 그 짧은 기간 동안 엄마와 아빠의 자연스러우면서도 바른 감정 조절이 아이들의 공감 능력에 얼마나 큰 영향을 미치는지 알 수 있다. 이것을 학자들은 "감정에 초점을 둔 훈육"(feeling-focused discipline)이라고 말한다.[41] 부모가 아이의 감정에 초점을 맞추면, 아이도 다른 사람의 감정에 초점을 맞출 줄 알게 된다.

우리의 하늘 아버지 하나님은 용서하시고, 노하기를 더디 하시고, 사랑이 풍성하신 분이다(느 9:17). 그분은 자비와 긍휼에 풍성하신 분이다(고후 1:3). 아이들은 하늘 아버지의 모습을 닮았다. 그리고 그런 하나님을 닮은 행동을 할 수도 있다.

감정 영역을 담당하는 인간의 뇌는 분노와 긍휼을 동시에 통제한다.[42] 중요한 것은 어릴 때 부모로부터 받은 경험이 이 감정 회로를 결정해 놓는다는 것이다. 엄마, 아빠가 사랑과 긍휼로 아이를 일관성 있게 키우면 아이들의 감정 회로는 긍휼로 연결되고 작동되지만, 분노와 짜증을 각인시켜 놓으면 그 회로가 작동한다. 어린 시절에 함께하는 부모의 긍휼이 이 얼마나 중요한가?

이제 아이의 회로를 긍휼로 연결시켜야 한다. 이를 위해 아이를 사랑하고 불쌍히 여기자. 일관성 있는 사랑으로 아이를 양육하고, 아이의 감정에 초점을 두고 마음을 잘 읽어 주자. 동물과 식물을 사랑하도록 이끌어 주고, 가난한 사람들과 더불어 살아가야 함을 이야기해 주자. 그리고 자신이 잘못한 일에 대해 사과하는 것은 결코 굴욕적이거나 자존심 상하는 일이 아니라 오히려 용기 있는 일임을 알게 해 주자.

 **"이웃을 네 몸같이"**

캐롤린 브라운(Carolyn C. Brown)은 *Raising Children to Love Their Neighbors*(이웃을 사랑하는 자녀로 키우기)[43]에서 학년별로 아이들의 성장 목표를 제시한다. (* 안타깝게도 5학년까지만 있다.)
1학년: 우리는 동물을 책임 있게 돌보아야 합니다.
2학년: 서로 나누면 모두가 충분히 갖게 돼요.
3학년: 이제 지구촌 이웃입니다.
4학년: 노숙인 돕기
5학년: 공평하지 않은 세상에서 슈퍼히어로로 되기

그러나 의심할 줄 아는 아이로 키우라(1)

"카톡하기 시작한 지 열흘쯤 됐나? 그 애랑 홍대 앞에서 만났어요. 외모가 사진보다 별루긴 했는데, 카톡에서 되게 자상하게 해 줘서 사귈 마음도 있었어요. 믿었기 때문에 DVD방도 같이 간 거예요. 그런데 그렇게 갑자기 덮칠 거라고는 상상도 못했어요. 지금 생각해 보면 친절하게 대해 줬던 게 스킨십 하려고 밑밥 깐 거였나 봐요. 어이가 없죠!"44

친절도 의심해야 한다. 이제 그런 세상이 되고 말았다. 우리 아이들이 사는 세상에서는 친절한 사람이라고 해서 의심 없이 따라가는 것은 위험한 행위가 되었다. 아빠한테서도 받아 보지 못한 따뜻한 문자 표현에 감동해서 낯선 남자를 만나러 나섰다가 성폭행까지 당한 한 여자 청소년은 불쾌하고 고통스러운 기억으로 오랫동안 힘들어하고 있다. 스킨십을 거절하면 상대방이 자신을 거절할까 두려워서, "싫어, 그만해!"라고 말도 하지 못한 채 어이없는 비극을 초래한 것이다.

"남자들이 너에게 호의를 베풀 때는 반드시 이유가 있다."

좋은 아빠는 딸에게 자주 이런 말을 해 준다. 그런 말이 듣기 싫을 때도 있지만 딸은 아버지의 교훈대로 살아간다. 아무나 쉽게 믿지 않고, 이

성의 어떤 호의에도 쉽게 흔들리지 않는다. 아빠의 사랑과 신뢰는 낯선 사람의 과대한 호의에 대해 "그만해! 싫어!"라고 외칠 수 있는 자신감을 준다. 부모의 무한한 신뢰를 경험한 사람은 자신을 착취하려는 사람들과의 관계를 끊는 것을 두려워하지 않는다. 타인의 불쾌한 행위나 불필요한 호의를 단호히 거절할 수 있는 힘이 있다.

야한 동영상에 익숙한 남자들은 겁에 질린 여성들의 순응적인 태도를 성적(性的) 허용으로 해석한다. 자신을 만나 주는 것 자체만으로도 여자가 먼저 '꼬리 친 것'으로 여긴다. 여자가 섹스를 원해서 자신을 만난 것이라고 해석하고, 여성을 다루기 쉬운 아이 정도로 취급한다. 만일 섹스가 싫었다면 도망갔지, 그렇게 순순히 남아 있지 않았을 것이라며 오히려 자신이 더 억울하다고 말한다.

나쁜 사람들은 아이들의 착한 심성을 이용한다. 잔인한 유괴 살인자는 "우리 강아지가 아픈데 좀 봐 줄래?"라며 어린 여학생들을 이끌고 갔다. 대부분의 성폭행 사건은 피해자인 아이가 아는 남성에 의해 일어난다. 평소에 많은 도움을 준 사람이라 하더라도 부모가 아닌 이상, 자녀들은 의심하는 법을 배워야 한다. 사람들의 불필요한 친절과 선행 뒤에는 불순한 목적이 숨겨져 있을 수 있기 때문이다.

하지만 부모와의 관계가 나쁠수록 아이들은 다른 사람의 인정에 쉽게 이끌린다. 사랑이 그리운 아이들은 약간의 친절에도 겁 없이 낯선 사람을 따라간다. 그러므로 아이가 낯선 사람을 따라가는 것은 우선 부모의 책임이다. 따뜻한 사랑으로 아이의 마음을 채워 주지 않는다면 아이는 낯선 사람의 불필요한 친절에 쉽게 반해 따라갈 것이다. 부모의 사랑이 관건이다.

교육도 필요하다. 다른 사람의 친절에 쉽게 반하거나 넘어가지 않도록 부모는 평소에 자녀를 교육해야 한다. 불필요한 친절은 정중히 거절하고, 자기가 할 수 있는 일은 스스로 해결하라고 말해 주어야 한다. 작은 애정에 이끌려 평생의 고통을 초래하는 안타까운 일이 하루에도 수없이 일어나는 것이 우리가 사는 세상이다.

아빠가 성에 관해 딸과 이야기할 수 있을까? 그것은 더 이상 부끄럽거나 민망한 일이 아니다. 아빠가 생각하는 것보다 청소년 딸아이의 성 의식 수준은 훨씬 높다. 사랑하는 딸에게 남자의 심리를 제대로 가르칠 수 있는 사람은 아빠밖에 없다. 딸을 지키는 것은 아빠의 몫이다.

어린아이일수록 다른 사람의 호의를 면전에서 거절하는 것을 어려워한다. 낯선 사람을 조심하라는 아빠의 말씀을 어린 딸이 귀가 아프도록 반복해서 듣지 않으면, 막상 그런 상황에 처했을 때 올바로 처신하기가 어렵다. 호의 뒤에 감추어진 악한 의도를 알아채지 못한다면 자신을 지키기가 어렵다. 상대방에게 차가운 느낌을 주더라도 어린 딸의 안전이 우선이다. 낯선 사람들이야 한번 지나치면 그만이지만, 혹시라도 딸이 나쁜 일을 당하면 그 상처로 평생 고통받게 된다.

집에서 위로받지 못하는 여학생이 온라인에서 접촉한 낯선 남학생을 만나러 나갔을 때, 남학생 쪽에서는 자신의 작업이 벌써 절반 이상 성공했다고 믿는다. 어린 딸이 혼자 감당해 나가기에 이 세상은 악한 사람들로 가득하고 너무나 험하다. 딸에게는 친절하고 따뜻한 아빠가 필요하다. 엄격한 오빠도 여동생을 잘 보호할 수 있다.

동심을 배신하고 아이들을 이용하는 어른은 악하다. 하지만 안타깝게도 그런 일은 너무 흔하게 일어난다. 어른 한 사람이 나쁜 마음으로 아이들을 이용하기는 식은 죽 먹기처럼 쉬운 일이다. 더구나 고운 심성을 가진 여자아이들이, 한국과 같은 체면 문화에서, 자신에게 호의를 베푸는 사람의 요청을 거절하기는 어렵다. 그만큼 이용당하기도 쉽다. 그럴수록 딸을 사랑하는 아빠는 '의심'할 줄 아는 사고방식을 딸에게 강하게 훈련시켜야 한다.

어른들의 불합리한 요청을 거절하고, 스스로 독립적인 판단을 할 수 있도록 아이에게 가르쳐야 한다. 구명조끼를 입고서는 절대 침몰하는 배 안에 머물러 있어서는 안 된다. 비겁한 선장이 뭐라고 말하든 무조건 갑판으로 뛰어올라가야 살 수 있다. 배에 물이 차 버리면 구명조끼는 배에서 빠져나올 수 없도록 아이를 가둬 버리는 살인 무기가 된다. 위급한 순간에 남의 지시가 아니라 자신의 본능을 따르도록 가르치는 교육이 필요하다.

딸에게 주는 아빠들의 충고는 다양하다. "택시에 탈 때는 반드시 뒷자리에 타고, 뒷자리라 하더라도 반드시 안전벨트를 해야 한다. 비행기를 탔을 때는 심심할 때 자신의 좌석에서 비상구까지 좌석이 몇 개인지 세어 봐라. 승무원이 산소 호흡기 시범을 보일 때는 집중해서 보고 머릿속으로 상상해 봐라. 비행기 객실의 전기가 끊어졌을 때를 상상하며 마음으로 탈출 절차를 반복해 봐라. 호텔에 들어갈 때는 의식적으로 비상구를 확인하라." 그런 작은 연습이 비상시에 생명을 살리기 때문이다.

이제 아빠는 아이의 안전 지킴이가 되어야 한다. 아이들이 겉으로는 귀찮아하는 듯 보여도, 사실은 아빠의 말을 잘 듣고 있다. 자신의 생명과 안전에 관한 일이기 때문이다. 차에 탈 때 아빠부터 안전벨트를 잘 착용하라. 뒷자리에 앉은 아이의 안전벨트를 확인하라. 교통 규칙을 잘 지키고, 올바르게 의심하는 법을 가르치라. 그 작은 교육이 아이의 안전을 지켜 줄 수 있다.

그러나 의심할 줄 아는 아이로 키우라(2)

"부모님이 보고 계셨던 시범 레슨 때는, 강사가 한 시간을 꽉 채워서 레슨을 해 주더니, 그다음부터는 레슨 시간도 제대로 채우지 않고, 한번 밖에 나가면 10분이나 있다가 들어오기도 했어요. 악기 연습을 하는데 선생님이 박자를 맞춘다며 제 허벅지를 탁탁 치는 거예요. 불쾌했어요. 박자는 선생님 손바닥으로 맞출 수도 있고, 보면대를 칠 수도 있는데, 왜 하필 제 허벅지를 치느냐고요. 부모님께 말씀드렸더니 바로 선생님을 바꿔 주셨어요." – 레슨 선생 때문에 놀란 여중생

불편하면 말해야 한다. 이 여학생은 클라리넷 레슨을 받기 위해 음악 학원을 다녔다. 악기를 가르치는 선생님은 그 도시의 교향악단에서 은퇴한 노인 연주자였다. 첫 시범 레슨 시간에 그 선생님은 성의를 다해 한 시간 내내 가르쳤다.

하지만 아이와 단독으로 레슨을 할 때는 달랐다. 아이 앞에서 큰 소리로 트림을 하는가 하면, 한 시간 레슨에 잠시 쉬어야 한다며 나가서는 10분 이상 들어오지 않았다. 좁은 공간에서 선생님과 단 둘이 있으면서 이 학생은 몹시 괴로웠다. 무엇보다 가장 불쾌했던 것은 박자를 맞춘다는 핑계로 손으로 아이의 다리를 두드리는 것이었다.

이 학생은 워낙 조용한 성격이라서 시간이 좀 지나서야 어렵게 부모에게 그 이야기를 했다. 엄마는 아이를 안심시키며 차분히 물었다. 무슨 일이 있었는지, 그리고 기분이 어땠는지, 특히 선생님이 아이 다리를 두드릴 때 마음이 어땠는지…. 그 아이는 한마디로 표현했다. "불쾌했어요!"

고맙게도 아이는 선명하게 자신의 기분을 표현해 주었다. 제대로 된 대답이었다. 그것이 곧 상황 해결의 열쇠가 되었다. 부모는 딸의 말을 듣고 즉시 레슨을 중단했다. 미리 내 놓은 레슨비도 전부 돌려받았다. 악기를 배우는 것보다 중요한 것은 아이가 더 이상 상처받지 않도록 돕는 것이었다. 그리고 아이의 솔직함을 칭찬해 주었다. "그렇게 솔직하게 얘기해 줘서 너무 고마워!"

부모는 아이의 불쾌했던 경험에 대해서 함께 안타까워했다. 여자아이들에게는 언제든지 이런 일이 발생할 수 있으니 자신의 판단력을 믿으라고 격려했다.

"그것은 너의 탓이 아니야. 그 할아버지가 잘못한 거야. 앞으로 다시는 이런 일이 일어나지 않도록 어떤 일이든지 꼭 엄마에게 이야기해 줄래? 너 자신이 불쾌하다고 느꼈다면 그건 뭔가 잘못된 거야. 너 자신의 판단력을 믿어! 그리고 엄마, 아빠에게 꼭 이야기해 줘. 우리는 언제나 네 편인 거 알지?"

부모는 아이의 느낌을 믿어 주어야 하고, 아이가 불편해하는 것을 신속하게 끊어 줌으로써 아이를 보호할 의무가 있다. 나쁜 어른은 어린아이들을 이용하려 든다. 더구나 부모가 없는 상황에서는 물불을 가리지 않는다. 어린 딸이라고 부모가 언제나 동행할 수는 없다. 하지만 아이가 자신의 느낌을 알고, 믿고, 자신 있게 표현할 수 있다면 많은 위험을 피할 수 있을 것이다.

그러므로 딸이 아직 어리다 하더라도, 어떤 종류든 의심이 생길 때에는 자신의 본능과 판단력을 믿도록 가르쳐야 한다. 자기 자신에 대한 자신감이 있으면 불필요한 상처를 예방할 수 있다. 아이를 격려하여 스스로를 지키도록 도와야 할 이유가 여기 있다. 그러므로 엄마는 어린 딸의 하루 생활에 대해 가능한 한 상세하게 묻고 대화를 나누어야 한다.

다정다감한 어린 딸들이지만 어떤 사람에게든, 어떤 경우에라도 불쾌하거나 옳지 않은 것에 대해 "싫어요."라고 말할 수 있는 표현력을 길러야 한다. 잘못된 상황에 대해 불편함을 느낄 때 박차고 일어나 빠져나올 수 있는 능력도 필요하다. 그 불편했던 경험을 엄마에게 말할 수 있는 용기도 필요하다. 엄마는 어떤 이야기든 딸의 편에서 공감해 줄 수 있는 능력을 준비하고 있어야 한다. 그래야 사랑하는 딸을 보호할 수 있다.

어떤 엄마는 하굣길에 성추행을 당한 딸에게, "어떻게 처신을 하고 다니기에 그런 일을 당해? 그건 네가 잘못한 거잖아!"라며 오히려 피해자인 딸을 다그쳤다. 그것은 딸을 보호하지 못하고 위로할 줄도 모르는 미성숙한 어머니의 모습이다. 엄마에게 그런 말을 듣고 상처받게 되면, 그 아이는 자신을 비난하는 우울한 아이로 자라거나, 더 이상 엄마에게는 자기가 당한 힘든 일을 말하지 않는 딸이 될 것이다. 아이는 자신이 당한 어떤 불편한 신체 접촉이든 간과하지 말고, 반드시 엄마나 보호자에게 말할 수 있어야 한다. 부모는 아이의 이야기를 진지하게 경청하고 다독거리며, "이야기 잘했어. 그건 절대 너의 잘못이 아니야!"라고 말함으로써 아이를 안심시켜 주어야 한다.

서구 사회는 소위 정(情)이란 게 없다. 하지만 규칙을 지키면서 안전하게 산다. 우리 자녀들은 어릴 때부터 질서와 권위를 존중하는 법을 배운다. 그러나 무조건 복종해야 하는 것은 아니다. 우리는 전통적으로 권위에 대한 복종을 가르쳤지만, 분별력을 갖는 법과 자기를 보호하는 법은 제대로 가르치지 못했다. 아이 스스로의 판단을 신뢰하도록 가르치지 못했다. 이제는 자기 욕구만 채우려는 나쁜 권위에 대해 거절하는 법을 가르쳐야 한다.

이상한 권위자에게 불편하거나 부당한 일을 당할 때 그 권위의 정당성을 의심하는 것은 건강한 일이다. 그것은 가정, 학교, 교회, 사회, 어디서든 마찬가지이다. 누군가의 권위와 힘이 모두의 유익을 위한 것인지, 아니면 권위자 자신만을 위한 것인지, 어린 딸들이 제대로 분별할 수 있도록 부모는 가르쳐야 할 책임이 있다.

이런 관점에서 우리 아이들을 '의심하는 아이'로 키워야 한다. 자신과 타인의 안전을 우선 생각하고, 떠오르는 의심을 무시하지 말아야 한다. 의심이 들면 지혜롭게 그 일을 피하거나 다른 사람에게 도움을 요청하고, 지혜롭게 저항하며, 잘못된 권위라면 눈감고 따라가지 말아야 한다. 지혜로운 저항이란, 물리적으로 큰 힘을 가진 남성 가해자를 힘으로 대항하기보다 지혜롭게 따돌림으로써 위험에서 벗어나는 것을 말한다.

물론 아이들마다 기질이 다르다. 권위자 앞에서 얼어 버리는 아이라면 행동 선택의 폭도 좁다. 그러나 부모가 도울 수 있는 것이 있다. 아이와 함께 하루 일과를 대화로 훑어 내리고, 숨어 있는 상처는 없는지 아이의 마음을 살펴 주어야 한다. 이를 위해 따뜻하게 대화를 이끌어 주는 엄마가 필요하다. 아이 편에서 말해 주는 아빠가 필요하다.

의심은 성장의 필수 요소이다. 하지만 아이는 얼마만큼의 의심이 정상적인지 잘 모른다. 아이의 의심에 공감해 주고 선을 그어 주는 어른이 곁에 있어야 한다. 아이의 이야기를 끝까지 잘 들어 주고, 아이 편에서 함께 판단해 주는 어른이 꼭 있어야 한다.

아이가 침묵하지 않고 말을 한다면 무조건 칭찬해 주라. 참 고마운 일이다. 아이 마음의 판단력을 인정해 주라. 옳은 것에 대해 고민할 때 "그런 생각을 하다니, 네가 참 많이 성숙해졌구나."라고 말해 주자. 의심할 수 있는 자아는 건강한 자아이다.

이제 의심은 더 이상 믿음의 반대말이 아니다. 자신의 판단력에 대한 분명한 믿음이 있는 아이일수록 그 아이가 하는 의심에는 근거가 있으므로 부모는 아이의 의심에 주목해야 한다. 아이를 믿어 주고, 경청하고, 자기표현을 칭찬해 주어야 한다. 지혜롭고 분별력 있는 아이로 키워야 한다.

의심은 생존을 위한 기술이다

"성폭력이나 고문과 같은 위험한 상황에 처하게 되면 그것과 맞서 싸우려는 인간의 자세는 조금도 발휘되지 않는다.…저항과 탈출이 불가능할 때 인간의 자기방어 체계는 그 앞에서 압도당한 채 무너져 버리고 만다.…그래서 그 위험이 사라진 한참 후까지 아무런 힘도 쓰지 못한다." – 수잔 브라이슨[45]

의심은 예술이다. 이 세상은 아이들을 이용하려는 '점잖은(?) 어른들'의 천국이다. 그들은 말하지 못하는 아이들의 '보호'를 받고 사는 비겁자들이다. 의붓딸을 성폭행한 후에 그 아이를 협박해서 입을 다물게 만드는 의붓아버지가 있다. 의연한 엄마는 이런 남성을 쫓아 버린다. 하지만 비겁한 엄마는 자기 딸의 고통을 알면서도 혹시 그 남성을 잃을까 봐 학대를 방치하거나 묵인한다. 강간범들은 대부분 피해자가 잘 아는 가족, 친척, 이웃 남성들이다.

여대생 딸들을 성폭행하는 남성들은 대개 같은 학번 남학생들이다. 그들에게 술을 먹이고 수면제를 타는 남성들은 평소에 같이 웃고 지내는 동아리 선후배들이다. 이성이 따라주는 술, 이미 열어 놓은 음료수는 함부로 받아 마셔서는 안 된다. 평생 동안 후회할 고통을 당하게 될 수 있다. 평범한 얼굴 뒤에 감추고 있는 무서운 본능과 악한 계획을 딸들은 예상하고 있어야 한다. 인간은 타락했고, 타락한 인간의 본성은 언제든지 희생양을 찾는다.

조건 없는 친절을 기대하지 말라. 계산이 느껴지는 친절은 차갑게 거절하라. 자기 스스로 할 수 있는 일을 구태여 다른 누구에게 맡기지 말라. 부득이하게 도움을 받을 수도 있다. 하지만 외투를 벗어 입혀 주는 남자의 친절을 다 받을 필요는 없다. 그 외투를 받아 들면 잠깐의 추위는 견딜 수 있지만, 그 뒤에 따라오는 남성의 기대와 부담은 감당하기 어려울 수 있다.

우리 딸들에게 무거운 짐이라도 혼자 들 수 있는 정도면, 연약한 척하지 말고 혼자 들도록 가르쳐야 한다. 우리 딸들은 강해져야 한다. 우리는 이유 없이 친절을 베풀어야 하지만, 우리에게 주어지는 이유 없는 친절에 대해서는 의구심을 가져야 한다.

"감사하지만 마음만 받겠습니다. 저 혼자서도 할 수 있을 것 같습니다."

어떤 경우에도 자신의 몸을 남에게 맡기지 말아야 한다. 그것은 올무이며 함정이다. 이 한 번의 사건이 평생 자신의 영혼을 깊은 암흑에 가둘 수도 있다. 위기 상황에 처했을 때 자신의 본능을 믿으라. 본능은 터져 나오는 목소리가 되고, 목소리는 비명이 되어야 한다. "싫어요!", "저한테 손대지 마세요!"라고 단호하게 말해야 한다. 아이의 저항의 목소리는 부모의 격려에서 비롯된다.

 **학대받은 아동을 돌보기 위한 지침**[46]

1. 학대 문제는 해결될 수 있다.
2. 피해 아동은 학대에 대한 책임이 없다.
3. 피해 아동이 겪은 감정을 반드시 수용해 주어야 한다.
4. 학대 문제는 상담 비밀 유지의 예외에 해당한다.
5. 청소년들은 처음엔 학대와 무관한 일로 상담자를 찾아온다.
6. 자살 위험을 인지하라.
7. 과거에 받은 학대 여부와 학대의 정도를 확인하라.
8. 자신의 감정을 느낄 수 있도록 '허용'하라.
9. 슬퍼할 수 있도록 격려하라.
10. 상담자 자신의 감정을 지속적으로 점검하라.
11. 힘을 북돋워 주라.
12. 피해 청소년이 가진 영적인 자원을 점검하라.
13. 용서의 가능성을 살피라.
14. 비슷한 학대를 경험한 사람들의 소그룹 모임을 고려하라.
15. 성폭행에 대해 이해하도록 도우라.

 ## 아이의 감정에 맞장구쳐 주기

"하나밖에 없는 중학생 아들이 뜬금없이 반장이 되었다며 집에 돌아왔더라고요. 반에서 공부를 1등 하는 것도 아닌데 반장이 됐다고 하기에, 당장 학교에 전화를 해서 '우리 애가 왜 반장이냐?'라고 따졌어요. 그리고 어떤 날은 아이가 병원에 갔다 오더니 '나도 의사가 될래요! 친절하고 자상하게 남을 치료해 주는 사람이 되고 싶어요.'라고 하는 거예요. 그래서 제가 '네까짓 게 의사는 무슨 의사? 성적도 안 되는데!'라고 핀잔을 줬어요!" – 아이의 튀는 말이나 행동을 조금도 참지 못하는 엄마

아이의 말을 막으면 아이는 숨까지 막힌다. 이런 엄마는 치료가 필요한 사람이다. 자신의 경험과 두려움 때문에 아이를 옴짝달싹 못 하게 가두어 놓고 있기 때문이다. 그것 때문에 아이가 병원에서 치료를 받는데도 여전히 엄마는 아이를 비난하며 절망하게 만든다. 아이의 말을 막으면서…. 치료받을 사람은 아이와 엄마 모두이다.

지금부터라도 노력만 하면 이 아이는 얼마든지 자신의 꿈을 이룰 수 있다. 아이들의 말은 때로 '계시'와도 같다. 하나님께서 아이들 안에 심어 놓으신 말들이 있기 때문이다. 아이들은 꿈을 꾼다. 부모가 할 일은

아이가 꿈을 이야기하게 하고 그 꿈을 이루어 가도록 격려하는 것이다. 공부 좀 못하면 어떤가? "그래, 그럼 조금만 더 노력해 보자."라며 격려해 주면 아이는 신나게 공부할 것이다. 격려는 혼신의 노력을 기울이게 하지만, 비판은 잠재력을 좌절시킨다.

물론 이 엄마의 트라우마는 이해할 만하다. 자신이 어릴 때, 동네 사람들 보기에 창피할 정도로 부모님이 시끄럽게 싸우셨다. 그럴 때마다 숨어서 부모의 싸움을 지켜보던 이 아이는 큰 불안과 수치심을 느꼈다.

결국 어머니는 가정을 버리고 떠났고, 아버지는 복잡하고 거친 여생을 살았다. 그래서 이 엄마는 시끄러운 것에 큰 트라우마가 있다. 그러다 보니 식당이나 공공장소에서 아이를 꼼짝하지 못하게 붙들어 두었다. 폭력적이고 시끄러운 아버지를 너무나 싫어했기에, 늙고 치매에 걸려서 딸을 알아보지도 못하는 조용한 아버지를 볼 때 오히려 그녀는 편안함을 느꼈다.

아이의 꿈은 부모가 마음으로 받아 적어야 한다. 꿈은 하나님으로부터 오기 때문이다. 요셉의 꿈 이야기를 들은 아버지 야곱은 그것을 마음에 두었다. 열두 살 예수의 대답을 다 이해하지 못했지만, 모친 마리아는 그의 말을 마음에 담아 두었다.

아이는 어떻게든 자기 분량의 말을 해야만 한다. 그것은 칭찬할 일이다. 엄마, 아빠는 마음과 귀만 준비하면 된다. "시끄러워. 조용히 해! 넌 가만히 있어!"라고 말하는 것은 아이의 영혼을 누르는 일이다.

일곱 살 아이가 용기를 내어 자기보다 한 살 어린 태호에게 자기 장난감을 받으러 갔다. 태호가 장난감을 빌려갔는데 오랫동안 돌려주지 않았기 때문이다. 태호는 없었고, 태호 할머니가 무슨 일이냐고 물었다. 잠시 후 태호의 삼촌이 나왔다. 스무 살 넘는 청년이었다. 그는 아이의 이야기를 듣지도 않고 다짜고짜 발길질을 했다. 어디 남의 집에 와서 쓸데없는 말을 하느냐는 것이었다. 아이는 억울했다. 장난감도 찾지 못한 채, 매만 맞고 나왔기 때문이다.

몇 년이 지난 후, 공교롭게도 그 청년이 아이의 이모부가 되었다. 초등학생이 된 그 아이는 엄마에게 그 사람을 이모부라고 부르지 않겠다고 말했다. 엄마는 왜 그런 일을 잊어버리지도 않고 있느냐며 외려 아들에게 핀잔을 주었다. 아들은 엄마에게 이야기한 것을 후회했다.

만일 엄마가 맞장구치며 이렇게 말해 주었으면 어땠을까?
"그런 일이 있었구나. 내가 모르고 있었네. 그때 아프지는 않았어?"
"왜 너의 사정을 듣지도 않고 그 아저씨는 너를 발로 찼을까? 엄마도 화가 나네."

조금이라도 아이 편에서 이해해 주었다면 아이는 자기 자신의 느낌과 판단에 대해 좀 더 자신감을 가졌을 것이다.

시골에서 자라던 어떤 초등학생은 거의 죽을 뻔했다. 비가 온 후 불어난 개울가에서 친구들과 놀다가 물에 휩쓸렸던 것이다. 놀랍게도 아이는 건너편 둑 위로 떠밀려 올라와, 혼자 걸어서 집으로 돌아왔다. 기적이었다. 놀란 아이는 엉엉 울며 집으로 돌아왔.

얼마 후 엄마에게 그 이야기를 했다. 엄마는 불쑥 한마디를 뱉었다. "쓸데없는 이야기 하고 있다!" 아마도 엄마는 상상만 해도 그 상황이 끔찍하고 당황스러웠던 것 같다. 하지만 아들은 자신의 이야기가 전달되지 않았다고 느꼈다.

"괜찮았어? 어떻게 그렇게 둑 위로 떠밀려 올라갔을까? 하나님이 너를 건져 올리셨나 보다!"

아이의 말에 맞장구치며 위로해 주었더라면, 그리고 함께 놀라 주었다면, 그 아이는 자기 삶에도 놀라운 기적이 있다는 것을 믿었을 것이다. 하나님이 하시는 일은 크고 놀랍다.

아이가 이야기를 많이 하면 불편해하는 어른들이 있다. 아이에게 어떤 일이 있더라도 아무 일 없었던 것처럼 넘어가 주기를 바라는 것 같다. 말 그대로 조용히 가만히 있기만을 바라나 보다. 하지만 아이는 말을 해야 하고, 엄마와 아빠는 반응해 주어야 한다.

끝까지 자기 요구를 말하는 아이를 '별난 아이'로 생각해서는 안 된다. 집요하거나 이상한 아이가 아니라, 오히려 건강한 아이다. 우리 아이를, 어른의 눈치를 살피면서 할 말을 하지 못하는 벙어리로 만들어서는 안 된다. 그런 아이가 어른들에게는 성가신 존재일 수 있지만, 아이에게는 자기 목소리를 실험할 기회가 필요하다. 아이의 주장은 엄마와 아빠의 귀에 들어가야 한다. 부적절하거나 의미 없는 아이의 목소리란 존재하지 않는다.

어릴 때는 자기 목소리에 대해 자신이 없다. 그래서 어른이 필요하다. 아이의 서투른 생각과 주장을 들어 주고 평가해 줄 사람이 필요하다. 그것은 부모의 몫이다. 특히 소심하고 조용한 아이라도 집에서는 자신의 말을 하도록 아이의 생각을 묻고 아이의 질문에 응답해 주어야 한다. 처음부터 아이의 말이 틀렸다고 하지 말고, 어떤 면에서 중요하고 의미 있는 말인지 우선 공감해 주어야 한다.

자신에게 있는 스트레스를 글로 써서 표현하는 학생은, 6개월이 지나고 나면, 그렇게 하지 않은 학생에 비해 병원을 찾는 횟수가 줄어든다고 한다. 일주일에 한 번씩 한 달 동안, 자신의 트라우마나 삶의 충격적인 고통에 대해 글로 적은 노동자들은 그렇지 않은 노동자들에 비해 결근율이 낮았다.[47] 우리 아이도 자신의 스트레스를 글로든 말로든 표현해야 살 수 있다.

이제 아이의 목소리에 힘을 실어 주자. 서투르더라도 담대하게 자기주장을 할 수 있도록 경청하고 기다려 주자. 아이 편에서 같이 분노해 주고, 아이와 함께 안도의 한숨을 쉬어 주자. 그리고 숨은그림찾기를 하듯, 아이의 말들 속에서 하나님의 음성을 찾아보자.

깨어진 계란 vs. 떨어진 계란

"제가 초등학교 5학년 때 아빠가 돌아가셨어요. 엄마는 오랫동안 슬퍼하셨어요. 제가 중학생이 되었을 때 엄마 방에 들어가면 가끔 엄마는 혼자 울고 계셨어요. 그럴수록 저는 더 열심히 공부했어요. 엄마를 기쁘게 해 드리려고…. 하지만 엄마는 잔소리를 많이 하시는 편이었어요. 엄마의 모든 슬픔과 스트레스를 두 딸에 대한 잔소리로 해소하셨던 것 같아요. 그러다가 대학 다니던 여동생이 갑자기 죽었어요. 이상하게도, 동생이 죽었을 때 언니로서 슬프기보다는 '부담스럽다'는 마음이 더 컸어요. '아, 이제부터 엄마의 잔소리가 나에게만 집중되겠구나!'라는 생각이 들었거든요. 지금도 엄마와 같은 공간에 있는 것이 너무 부담스러워요. 저의 모든 행동 하나하나에 잔소리를 하시니까요." - 어느 젊은 의사

잔소리는 권력의 과시이다. 지나친 잔소리는 권위의 악용이며 괴롭힘이다. 엄마와 아빠는 잔소리를 조절해야 한다. 잔소리는 아이의 인생을 억누른다.

잔소리가 많다는 것은 부모의 삶 자체가 힘들고 우울하다는 뜻이다. 아빠의 짜증은 우울증 증상일 수 있고, 엄마의 많은 잔소리는 엄마 자신이 받은 스트레스로 인한 신경증일 수 있다. 그런 엄마와 아빠는 아이들

에게 잔소리를 쏟아 내는 대신에 먼저 상담자를 만나 자기 마음의 문제를 해결해야 한다. 그렇지 않으면 잔소리 남용으로 아이들의 영혼에 상처를 준다.

어떤 엄마는 아침에 일어나서 저녁에 잠들 때까지, 남편에 대한 비방과 자녀에 대한 간섭을 멈추지 않았다. 그런 엄마 아래에서 자란 아이에게 하나님은 자신의 죄를 트집 잡아 지옥에 보낼 것 같은 하나님이다. 그러므로 부모는 하나님께서 주신 권위를 더욱 조심스럽고 지혜롭게 사용해야 한다. 지나친 잔소리는 권력 남용이다.

아프리카 가나의 전통적인 지배자들의 지팡이 위에는 계란을 쥐고 있는 손이 있다. 그 의미는 이렇다. "권력은 계란을 쥐는 것과 같다. 너무 꽉 쥐면 깨어질 것이고, 너무 느슨하게 쥐면 떨어질 것이다."

마찬가지로 부모는 자신에게 주어진 권위를 조심스럽게 다루어야 한다. 부모는 계란과 같은 권력의 성질을 이해하고, 손의 힘을 부드럽고 적절하게 조절해서 자녀를 안전하고 조심스럽게 다루어야 한다. 억압적인 부모의 독재적인 권력은 결국 계란처럼 깨지고 만다. 일제의 강압 통치처럼 무고한 이들을 핍박하는 권력은 결국 깨어진다. 자녀들을 사랑하기보다, 아이의 안전을 지켜 주기보다, 일방적으로 힘을 과시하며 아이들을 억압하거나 이용하는 부모의 권력은 결국 스스로 깨지고 만다.

무모한 부모는 계란과 같은 권력의 연약함을 생각하지 않는다. 오직 힘의 과시에만 관심을 갖는다. 권력이란 조금만 세게 쥐면 깨어지고 만다. 권력의 궁극적인 주인이신 하나님은 오만하고 잔인한 어른들의 횡포에 대항하신다. 너무 힘을 많이 주어 사용하는 권력은 자기 힘에 눌려 스스로 깨어지고 만다.

부주의한 부모의 권력은 느슨한 손의 계란처럼 스스로 떨어져서 무너진다. 결과는 똑같다. 계란은 깨지고 말 것이다. 엘리 제사장은 아버지로서의 위엄을 갖추지 못하고 제사장의 권위를 방치했다. 결국 성소에서 죄를 짓는 아들들을 제대로 벌주거나 제재하지 않았기 때문에 가정의 파멸과 이스라엘의 비참한 패배를 초래했다.

암논이 다말을 강간했을 때 아버지 다윗 왕은 범법자 아들에게 벌을 주지도 않았고, 피해자인 딸을 위로하지도 않았다. 아버지의 권위로 자녀를 꾸중하거나 위로함으로써 정의를 세우지 못한 채 미온적으로 방치한 결과, 압살롬이 암논을 살해하고 왕권에 대한 반역을 일으키도록 빌미를 제공했다. 부모는 권위자들이다. 자녀들이 정직하고 정의로운 판단을 하도록 가르치기 위해서는, 부모는 자신의 권위를 함부로 포기해서는 안 된다. 자신의 권위를 포기하는 것은 하나님이 주신 중대한 직무를 유기하는 것이다.

따라서 부모는 계란과도 같은 권력의 습성을 알고, 자신에게 주어진 기간 동안 조심스럽게, 그리고 안전하게 권력을 행사해야 한다. 부모의 권위는 하나님께서 주시는 것이다. 부모는 그것을 주신 하나님 앞에서 책임을 져야 한다. 그것은 윤리적인 책임이다. 부모는 윤리적인 분별력을 가지고 자신에게 주어진 권위를 세심하게 행사해야 한다.

신학자 에드워드 팔리(Edward Farley)는 현실을 해석할 때 상황 속에 있는 힘의 구조를 분석하고 이해하는 것은 필수적이라고 했다. 올바른 현실 분석을 위해, 권위를 가진 부모는 자신의 내면을 의식(self-conscious)할 뿐만 아니라 자기 비판적인(self-critical) 시각을 가져야 한다. 부모 자신의 힘이 아이에게 어떻게 사용되고 있는지 의식하고, 때로 하나님 앞에서 심각하게 자기반성을 해야만 한다. 만일 자기 마음대로 아이에게 화를 내거나 난폭한 말을 휘두른다면 그것은 권력의 악용이다. 자기 인식과 반성, 회개가 이루어지지 않는 모든 권위나 권력은 하나님이 대적하신다. 이것은 두려운 일이다.

계란과 같은 권력을 손에 가진 자로서 부모는 그 권력의 성격을 겸손하게 이해하고 받아들여야 한다. 힘이 있다고 꽉 쥐어 깨뜨리지 않도록, 혹은 부주의하여 떨어뜨리지 않도록, 창조주와의 영적·도덕적 긴장을 유지하는 가운데, 자녀들에 대한 인격적인 힘의 균형을 유지해야 한다.[48] 아무리 똑똑한 말로 가르쳐도 부모가 아이를 사랑하지 않으면 아무 소용이 없다. 아무리 완벽한 육아 방법을 사용한다 해도 부모가 도덕적으로 일관된 행동을 하지 못하면 아이들은 상처를 받는다. 아이들은 그런 부모를 싫어하면서도 그런 부모를 닮아간다. 부모가 자녀를 통제할 수 있는 힘은 사랑과 도덕적 일관성에서 온다.

이제 부모는 자신이 가진 힘의 파괴력을 자각해야 한다. 분노와 잔소리로 아이를 억압하지 말고, 부모의 힘으로 아이를 부드럽게 안아 주고 안심시켜 주어야 한다. 너무 강한 부모의 권력은 스스로 깨어지고 아이의 마음을 잃는다. 너무 약한 부모는 권위를 잃고, 아이를 놓친다. 좋은 부모는 아이와 끊임없이 대화하면서 아이를 견고하게 자라게 한다.

♥

6장

영혼의 양육

태초에 '함께'가 있었다

아기 토끼가 가출할 계획을 세우고, 그 계획을 엄마에게 털어놓았다.

아기 토끼: 엄마, 저 도망갈 거예요.

엄마 토끼: 네가 도망치면 나는 널 따라갈 거야. 너는 내 아기 토끼니까.

아기 토끼: 저는 송어 강에서 물고기가 되어 수영해서 도망갈 거예요.

엄마 토끼: 나는 어부가 되어 너를 건져 낼 거야.

아기 토끼: 저는 산에서 바위가 되어 엄마보다 높은 데 있을 거예요.

엄마 토끼: 나는 등산가가 되어 네가 있는 곳까지 올라갈 거야.

아기 토끼: 저는 숨겨진 정원의 분꽃이 될 거예요.

엄마 토끼: 나는 정원사가 되어 너를 찾아낼 거야.

아기 토끼: 저는 새가 되어 엄마로부터 날아갈 거예요.

엄마 토끼: 나는 네가 와서 깃들일 수 있는 나무가 될 거야.

아기 토끼: 저는 돛단배가 되어 엄마로부터 멀리 떠날 거예요.

엄마 토끼: 나는 바람이 되어 내가 원하는 곳으로 너를 불어 갈 거야.

아기 토끼: 저는 서커스에 들어가 곡예사의 그네를 타고 날아갈 거예요.

엄마 토끼: 나는 줄타기 곡예사가 되어 공중을 지나 너에게로 걸어갈 거야.

아기 토끼: 저는 꼬마 소년이 되어 집으로 뛰어갈 거예요.

엄마 토끼: 나는 너의 엄마가 되어 너를 내 팔로 안아 줄 거야.

아기 토끼: 세상에! 그냥 제가 지금 있는 곳에서 엄마의 꼬마 토끼가 될래요.

엄마 토끼: 그래, 당근 먹어!

— 마가렛 브라운(Margaret Wise Brown)의 *The Runaway Bunny*(가출한 토끼, 1942) 중에서

아기 토끼는 자신이 상상할 수 있는 모든 방법으로 엄마를 떠나겠다고 말한다. 엄마는 아기 토끼가 어디로 가도 놓치지 않고 찾아낼 것이라 말한다. 이유는 하나다.

"너는 내 아기 토끼니까!"

모든 엄마는 초능력을 가지고 있다. 엄마는 다른 사람의 귀에는 들리지 않는 아기의 울음소리를 감지한다. 아기의 울음소리만 들어도 아이가 왜 우는지를 안다. 아기가 배가 고픈지, 기저귀가 젖었는지, 다른 일로 놀랐는지, 엄마는 안다. 엄마의 본능은 놀랍기만 하다.

아기가 처음 태어난 순간을 엄마가 어떻게 잊을 수 있을까? 그날 날씨가 어땠는지, 병원 밖 공기가 어땠는지, 체감 온도가 어땠는지…. 모든 것을 선명하게 기억하는 것이 엄마다. 아이의 탄생이 엄마의 삶을 바꾸어 놓은 분기점인 것을 누가 부인할 수 있을까?

젖을 물리기도 전에 아기가 손가락부터 부지런히 빨았던 것, 첫째인 오빠보다 몸이 더 길어서 엄마가 두 번이나 힘을 주어 겨우 낳았던 것까지…. 세월이 흘러서 그날로부터 아무리 멀어진다 해도 아기가 태어날 때의 그 모든 일을 어떻게 잊을 수 있겠는가?

아이가 태어나 자라면서, 일어나 걷고, 옹알거리다가 처음으로 '엄마',

'아빠'를 분명하게 부르며 세상을 향해 의미 있는 언어를 구사하던 순간을 어찌 잊을 수 있는가? 그때 가족은 함께 있었다. 그 순간의 기억을 공유하는 것이 가족이다.

자기 몸집의 절반만 한 가방을 메고 처음 학교에 가는 날, 아이는 엄마와 아빠의 축하 인사를 받는다. 가족은 그 순간을 기억한다. 가족은 기억을 공유한 공동체이기 때문이다.

태초에 '함께'란 것이 있었다. 세상이 만들어지기 전에 '함께'란 것이 있었다. 그것이 지금의 '부부'가 되었고, 그것이 '부모와 자녀'란 것이 되었다. 우리는 함께 있어야 한다. 어디로 가든지 따라가고, 어디로 가출하든지 찾아내야 한다. 그것이 가족이다.

이제 다른 생각은 하지 말자. 엄마와 아빠는 '가족'이란 '함께'하는 것이라고 믿는 사람들이어야 한다. 다른 가족을 배려한답시고 혼자 가려고 하지 말자. 가족은 함께 가는 것이다. 그 '함께'를 잃어버릴 때, 아내는 외로워지고, 아이들은 고아처럼 헤매고, 가족은 산산조각이 난 천 조각처럼 된다. 태초부터 가족은 함께 있는 존재로 만들어졌다. 아파도, 힘들어도, 무거워도, 가족은 같이 간다.

# 나쁜 가족, 나쁜 '함께'

아빠: ○○아, 새엄마가 너 집에 들어오라고 화장실 찌든 때까지 다 벗겨 놓았어. 나도 변해서 새로운 아빠가 되기 위해 상담실까지 다니고 있고….

딸: 네.

아빠: 아빠가 이제 다시는 너를 안 때릴 거야. 그건 새엄마와도 다 약속한 거야.

딸: 네.

아빠: 할머니도 널 너무나 보고 싶어 하셔. 네가 지금 친엄마 집에 가 있으니까 많이 안심돼. 안 그랬으면 아빠가 어디든지 가서 너를 데려왔을 거야.

딸: 네.

아빠: ○○아, 사랑해.

딸: 네.

아빠: 너도 사랑한다고 해야지. 아빠는 널 사랑해.

딸: 다음에 할게요.

아빠: 그럼 다음에 해도 좋아. 그래, 엄마가 힘드니까 집에 꼭 들어와!

아빠는 너무나 부드럽고 상냥하게 고등학생인 딸을 회유하고 있다. 아빠의 전화를 받은 딸은 완전히 얼어 있다. 그렇게 아빠가 '따뜻하게'

말을 하는데도 딸은 혼이 나간 것처럼 "네"만 반복하고 있다. 딸은 사실 아빠와 함께 있는 것이 가장 두려웠다. 언제 고함을 지르고, 또 언제 자신을 때릴지 알 수 없기 때문이다. 아빠는 집안 물건을 다 던져서 깨트릴 만큼 폭력적이었다. 딸을 침대에 눕히고 목을 조르거나, 딸을 바닥에 내동댕이치는 것은 예사였다. 아이는 아빠와 한 공간에 있는 것조차 싫었다.

그렇게 때린 후에도 채 10분이 지나지 않아 아빠는 방긋 웃으며 아이에게 물을 갖다 주었다. 아이는 무서워서 미칠 지경이다. 자신이 도대체 왜 맞는지도 모르고, 아빠가 왜 자신에게 웃는지도 모른다. 그러다가 언제든지 마음이 뒤틀리면 아빠는 골프채나 회초리를 딸에게 휘둘렀고, 결국 아이는 자신의 손목을 그었다. 분노로 그은 팔목에서 딸은 아픔을 느낄 리가 없었고, 거기서 흐른 피는 바지와 바닥을 적셨다.

이혼한 아빠는 새엄마와 함께 살면서 딸에 대한 큰 기대를 갖고 있었다. 딸이 학교에서 상도 받고 영재 반에도 들어갔기 때문이다. 하지만 정작 딸은 아빠의 폭력 때문에 자살까지 생각했다. 아빠는 술을 마시거나 기분이 나쁘면 아이를 골프채로, 가죽 장갑을 낀 주먹으로, 손바닥으로 아이를 마구 때렸다.

이처럼 예측 불가능한 아빠와 함께 사는 것 자체가 딸에게는 비극이다. 이런 폭력적인 아빠에게 양육권이란 사치다. 이런 '함께'는 그 자체가 악몽이며 지옥이다. '함께'라는 것이 이런 것이라면, 그 가족은 결코 행복할 수 없다.

부모가 아이를 귀찮아하면 아이도 자기 자신을 귀찮은 존재로 생각한다. 아이는 부모의 태도를 자신의 것으로 내면화한다. 아이들의 자존감은 존중받는 만큼 건강하다. 부모의 부정적인 평가나 말은 아이의 자아상에 평생 가는 상처를 그려 넣는다. 날카로운 비판을 받는 만큼 자기 자신에 대해 아픔을 느낀다. 자신을 무가치하고 귀찮은 존재로 생각한다는 말이다.

부모의 직설적인 말은 자녀에게 직접적인 영향을 준다.

"너는 아무짝에도 쓸모없는 인간이야!"

"이런 바보 같은 놈!"

"너 같은 인간을 도대체 어디에 쓰겠니?"

아빠의 야단, 잔소리, 손찌검 3박자는 자녀의 생명까지 위협한다. 그 고통을 견디지 못한 아이가 자해하게 만들기 때문이다. 하지만 그런 아빠라도 누군가가 도와주면 극적인 변화가 가능하다. 상담자가 아빠에게 "이제부터 아버님은 말씀하지 마시고, 잠깐이라도 아이의 말을 들어 주고, '미안하다, 사랑한다.'라고 말씀해 주세요."라고 요청하고, 아빠가 그대로 따라한다면 극적인 변화도 가능하다.

"난생 처음이에요. 아빠가 제 이야기를 들어 준 거요!"

부모는 아이들의 첫 거울이다. 부모는 아이가 세상에 태어나 처음 만난 어른이기 때문이다. 그 어른들이 자신을 어떻게 바라보고, 자신에게 어떻게 말하고, 어떻게 대해 주는가가 아이가 평생 자신을 어떻게 생각하는가를 결정짓는다. 인생을 살 만한 것으로 생각하며 마음껏 세상을 탐험하며 살지, 아니면 아무런 시도도 하지 못한 채 자신은 실패자라고 생각하게 만들지, 그것은 일차적으로 부모에게 달렸다. 부모는 신중하고 따뜻해야 한다. 아이를 존중하고 있음은 우선 말로 전달된다는 것을 알아야 한다.

이제 아빠가 바뀌어야 한다. 아이에게 미안하다고, 사랑한다고 말하라. 더 이상 무섭게 화내지 않겠다고 다짐하고 실천하라. 아이들은 아빠가 함께 있는 것만으로도 너무 좋아하는데, 아빠는 왜 스스로 아이들의 행복을 깨는 것일까? 그리고 아내 아닌 다른 여자를 부지런히 따라다니는 아빠들, 제발 정신 차리세요!

부모가 먼저 아이처럼 되세요

"사람은 태어나면서부터 부모의 사랑을 받으며 성숙해진다. 그러다 하나님의 사랑이 부모 사랑의 근본임을 깨닫게 되고, 하나님의 사랑을 아는 사람은 하나님이 사랑하시는 가족과 이웃을 사랑하게 된다. 그러나 우리 오 남매는 우리를 낳아 주신 어머니의 사랑만 받았을 뿐, 어머니가 돌아가신 후로는 아버지에게 받은 깊은 상처를 부둥켜안고 살았다. 아버지는 재혼하신 후 다행히 재혼한 부인에게서 낳은 자녀들은 사랑했으나, 전처의 자식들에게는 거의 무관심했다." - 『목사의 딸』 중에서[49]

예수님의 가르침은 역사상 자녀 교육의 전환점이 되었다. 지금도 그렇지만, 예수님 이전 유태인들에게 아이들은 교육과 훈련의 객체 혹은 대상이었다. 그러나 예수님에게 있어서 아이들은 어른의 본보기, 즉 주체요 모델이었다. 유태인 교육은 아버지와 조상을 닮은 아이를 만드는 것이다. 조상의 전통을 따르는 아이를 만드는 것이 그들의 목적이다. 하지만 예수님의 교육은 자녀를 닮아 가는 엄마, 아빠를 만드는 교육이다.

"예수께서 한 어린아이를 불러 그들 가운데 세우시고 이르시되 진실로

> 너희에게 이르노니 너희가 돌이켜 어린아이들과 같이 되지 아니하면 결단코 천국에 들어가지 못하리라"(마 18:2-3)[50]

예수님의 어조는 매우 강하다.[51] 이 말씀이 농담이 아닌 이유는 "진실로"라는 표현 때문이다. 이것은 예수님께서 진리를 강조해서 말씀하실 때 사용하는 독특한 메시아적 언어 습관이다. 오직 예수님만이 그렇게 말씀하실 수 있었다.[52]

어린아이가 곁에 있는 것은 번거로운 일이다. 손이 많이 가고, 마음이 많이 쓰인다. 하지만 어린아이는 하늘의 축복이다. 왜냐하면 그들은 우리에게 천국에 들어갈 기준을 보여 주기 때문이다. 우리가 할 일은 지금까지 살아오던 방식에서 '돌이켜' '어린아이와 같이 되는' 것이다. 경험이 많아질수록 완고해지고 나이만큼 고집 센 사람이 되는 것이 아니라, 거꾸로 아이처럼 되는 것이 예수님이 제시하신 삶의 방식이다.

그렇다면 예수님이 관찰하신 아이들은 어떤 존재들인가? 아이들은 우선 자신을 낮춘다. "그러므로 누구든지 이 어린아이와 같이 자기를 낮추는 사람이 천국에서 큰 자니라"(마 18:4). 어린아이들이 자신을 낮추는 것은 거의 본능에 가깝다. 아직 사회적 경험이나 대인 관계의 경험이 적고, 실제로 그것을 감당할 만한 능력이 약하기 때문에, 어린아이가 자신을 낮추고 숨는 것은 자기 보호를 위한 본능에 가깝다.

이것은 천국 시민의 자질이다. 사람들 앞에서 수줍어하고 자신 없어 하는 모습은 천국 사람들의 성품이다. 엄마와 아빠가 아이만큼 자신을 낮추는 것, 그것이 자녀 교육의 시작이다. 목소리가 거칠고 자기주장만 옳다고 고집하는 아빠에게는 천국이 없다. 어린아이를 쉽게 남에게 맡기거나 방치해 버리는 엄마에게는 천국이 없다.

하지만 바쁜 일정 틈틈이 아내의 형편을 살피고 아이를 안아 주는 아빠는 가정을 천국으로 만들어 가는 가장이다. 아무리 밖에서 바쁘게 일하고 있어도, 아이가 생각나고, 보고 싶고, 걱정되고, 아이를 보기만 하면 웃고, 따뜻하게 안아 주고, 미안해하고, 다 주고 싶어 하는 엄마는 아이를 위해 가정을 천국으로 꾸며 주는 엄마다.

아이를 자세히 보면 천국이 보인다. 하나님도 보이고 예수님도 보인다. 꾸미거나 편집하지 않은 아이들의 영혼은 경이롭게 빛난다. "아이가 가진 동정심, 감정 이해 능력, 상황 핵심 파악 능력은 너무나 놀랍다. 그것은 본래 모습 그대로 정말 감격스럽기까지 하다."[53]

그러나 아이를 자세히 보지 않으면 천국은 보이지 않는다. 경험 많고 능력 있는 어른으로만 남아 있으면 절대 천국에 들어갈 수 없다. 아이의 수줍음과 소심함도 없고, 더 많은 소유와 더 큰 힘에 대한 숭배만 있다면 천국에 들어가기도, 가정에서 행복하기도 어렵다.

이런 어른들에게 천국을 보여 주기 위해 하나님은 어린아이들을 보내 주셨다. 그 아이들은 천국에서 왔다. 엄마와 아빠는 그 아이들 속에서 천국을 발견해야만 한다. 아이 속에 있는 천국 시민의 자질을 발견하고 아이같이 되기까지는 절대 천국에 못 간다. 그러므로 엄마와 아빠는 아이에게서 손을 떼서는 안 된다. 눈에서 멀어져서도 안 된다. 먼 곳에 함부로 보내서도 안 된다. 이제 내 아이를 좀 더 자세히 보라. 뚫어지게 보고, 앞뒤로 보라. 아이를 들어 보고, 안아 보고, 아이의 냄새를 맡아 보라. 아이 속에 있는 천국을 발견하기까지 아이에게서 눈도, 관심도 떼지 말라. 아이들 속에 천국의 비밀이 있다.

유태인 교육에는 예수님이 없다

호근이는 85세 증조할머니의 손에 자라고 있다. 어머니는 호근이를 버리고 도망을 갔고, 아버지도 이혼한 후 어디론가 사라져 버렸다. 그래서 이 아이는 사랑이 그립기도 하지만 사랑을 받으려고도 하지 않는다. 부모님께 버림받은 것에 대한 상처가 매우 깊기 때문이다. 사랑을 받고 싶지만 또 다른 배신을 당할까 봐 두려워하는 것이다. 할머니는 몸이 많이 불편하시고 일주일에 세 번씩 투석을 받고 계신다. … 여동생은 겨우 초등학교 2학년인데 집안일을 하고 있었다. 한창 사랑을 받으며 엄마, 아빠에게 응석을 부릴 나이에 아이들은 마음 붙이고 있을 곳이 없다. 그래서 교회에서 떠든다고 혼을 내도 그렇게 자주 교회에 왔었나 보다.

빨간 머리 앤은 고아였다. 그러나 성격은 밝고 명랑했다. 그를 데리러 온 매튜 아저씨를 보자마자 앤은 활짝 웃으면서 반갑다고 인사한다. 앤은 적극적이고 쾌활하다. 자기 마음에 있는 이야기를 다 한다. 만일 그날 저녁에 아저씨가 자신을 데리러 오지 않았다면 활짝 핀 벚나무 위에 올라가서 잠을 잘 생각이었다고 말한다. 가족이 생겼다고 너무너무 좋아하지만, 고아원과 자기의 빨간 머리에 대해 이야기할 때는 금방 표정이 어두워진다. 상담자의 눈으로 볼 때 앤의 정서는 매우 불안정하고, 의존적이며, 우울증 기질이 강하다.

버림받은 아이는 사랑받는 것이 두렵다. 언제 그 사랑이 사라져 버릴지 알 수 없기 때문이다. 배신의 고통을 또다시 당하지 않기 위해 사랑을 멀리한다. 하지만 앤처럼, 혼자 집안일을 하는 호근이의 어린 여동생은 교회에 와서 떠들어야 한다. 교회는 그 '아이 같지 않은 아이'를 '어린아이'로 반겨 주어야 한다. "어린아이들이 내게 오는 것을 용납하고 금하지 말라"(눅 18:16)라고 하신 예수님의 말씀에 순종해야 한다. 아이에게 교회는 엄마다. 칼뱅과 루터의 말처럼!

하지만 유태인 교육은 자녀 양육의 좋은 모델이 아니다. 미국인 흑인 댄서는 이스라엘 공항에서 춤을 추어야 했다. 입국 심사장 직원들이 그의 신분을 믿어 주지 않았기 때문이다. 영어를 잘하지 못해서 이스라엘의 젊은 세관 직원들에게 놀림을 받은 한국인들도 많다.

적대적인 아랍 동맹국들 사이에서 이스라엘은 치열한 생존 정책을 유지하고 있다. 하지만 이스라엘의 팔레스타인 정책은 오랫동안 비판을 받아 왔다. 심지어 팔레스타인 어린아이들의 놀이터에 이스라엘의 미사일이 떨어진 경우도 있었다. 안보 정책과 무기 운용에 정확한 이스라엘이 그곳이 놀이터인 줄 몰라서 그곳에 미사일을 쏘았을까? 이스라엘의 정책을 비판하는 사람들은 푸념 섞인 어조로 말한다.

"그래도 그들에게는 홀로코스트가 있지 않은가?"

나치의 유태인 학살이라는 수난을 당한 적이 있기 때문에 그에 비해 그들이 행하는 '사소한' 폭력들은 정당화되고 있다는 뜻일 것이다.

유태인의 자녀 교육과 기독교인의 자녀 교육은 근본적으로 다르다. 대부분의 유태인들은 예수를 믿지 않는다. 지금도 예수를 믿는 소수 유태인들은 초대 교회 때처럼 주류 유태인들에게 조롱과 핍박을 받는다.

물론 우리의 복음이 유태인들로부터 비롯된 것을 부인할 수는 없다. 예수님도 유태인의 가문과 혈통에서 나셨고, 처음부터 우리에게 복음을 전해 준 제자들도 모두 유태인들이었다. 하지만 유태인의 교육 방식은 우리 그리스도인들의 모델이 아니다. 그 교육은 자녀들을 그리스도의 복음으로 이끌어 주기는커녕 그리스도에 대한 신앙을 방해한다.

우리는 많은 유태인들의 성공담과 권력, 그들의 영향력에 대해 듣고 부러워한다. 그들은 세계 각국에 흩어져서 독특한 공동체를 형성하고 매우 긴밀하게 협력하면서, 다 같이 안정된 부를 얻기 위해 노력한다. 다양한 분야의 인재들을 길러 영향력을 갖게 하고, 후예들을 교육시킴으로써 본토 이스라엘의 번영과 안보를 위해 협력한다.

기독교 신앙으로 시작한 나라인 미국에서도 유태인들은 일찍부터 자리를 잡아, 공교육에 많은 영향력을 미침으로써, 이제는 하누카(수전절로 알려진, 유태인의 봉헌 축제) 없이 크리스마스만 이야기하는 공립학교는 거의 없을 정도이다. 심지어 어떤 유태인은 미국의 한 공항에 설치된 크리스마스트리에 대해 소송을 걸어, 그 트리를 철거하게 만드는 집념을 발휘하기도 했다. 소수민족으로서 이 모든 목소리를 적극적으로 내는 배후에는 자신들의 역사적인 악몽이었던 홀로코스트라는 명분이 있다.

일부 기독교인들은 우리가 유태인 교육을 해서 유태인들처럼 부와 권력과 명성을 가진 인재들을 길러야 한다고 말한다. 그리고 그런 주장에 아무도 반론을 제기하지 않는다. 하지만 그리스도를 따르는 것은 부와 권력과 명성을 가진 유태인들을 따라하는 것과는 정반대의 길이다. 그리스도를 따르는 길은 고난과 순종의 길이기 때문이다.

이제 더 이상 유태인들을 부러워하지 말라. 우리는 유태인들이 아니다. 그들의 성공도, 그들의 자녀 교육도 우리가 부러워할 일이 아니다. 우리는 그들처럼 될 수도 없다. 무엇보다도 일부를 제외하고 유태인들은 지금까지도 예수님을 싫어한다. 예수님을 싫어하는 정도가 거의 그분을 십자가에 못 박으라는 수준이다. 무지한 그들을 불쌍히 여길망정 그들을 가정 교육의 모델로 삼지는 말라. 우리 그리스도인들은 그들을 잘사는 먼 친척 같은 모델로 생각하지 말고, 예수님께서 말씀하시듯 어른으로서 어린아이같이 되는 법이 무엇일까를 진지하게 고민하고 찾아야 한다.

율법 대신 사랑으로 가르치세요

"어릴 때 엄마 침대에 다가가면 엄마는 언제나 물어보셨어요. '너 씻고 왔니? 발 씻었어? 씻지도 않고 오면 어떡해?' 저는 씻고 나서야 엄마 침대로 갈 수 있었어요. 저는 그냥 엄마가 나를 만져 주고 예뻐해 주기를 바랐어요. 그런데 엄마는 '엄마 피곤하니까 나가!'라고 말씀하시는 거예요. 엄마가 교사이셨는데 하루 종일 학교에서 아이들을 가르치다가 집에 오시면 힘이 다 빠져서, 정작 사랑해야 할 자기 아들에게는 그렇게 까다롭고 조건이 많았던 거예요!" - 25년 전의 일 때문에 아직도 눈물짓는 청년

잘못된 율법 교육은 판박이를 만드는 교육이다. 반대로 아무런 조건 없이 아이를 사랑하는 것은 은혜 교육이다. 은혜 교육은 아이가 아이 되게 하는 것이다. 아이 스스로 하나님의 은혜를 깨닫고, 거기에 맞추어 살아가려는 노력을 하도록 격려하는 것이다.

은혜 교육은 통합 교육이다. 구원의 은혜에 이르도록 사랑으로 이끌어 주기도 하고, 구원받은 아이들을 사랑과 경청으로 존중하면서, 스스로 자라고, 깨닫고, 성화하도록 이끌어 주는 교육이다. 부모와 어른들과 친구들은 주인공인 아이의 배경이 되어 줄 뿐이다. 아이를 자라게 하시

는 분은 하나님이시다. 아이를 위한 양분을 채우시는 분은 성령님이시다. 그리고 교육의 내용은 예수 그리스도다.

물론 구약의 율법 자체는 은혜의 율법이다. 함무라비 법전을 비롯한 고대 메소포타미아 지역의 모든 법전을 보아도 구약의 율법과 비교할 만한 법전은 존재하지 않는다. 특히 가난한 자들과 약한 자들 편에 계신 은혜로우신 창조주를 말하는 법은 성경 외에는 없다. 그러나 그 은혜로운 율법으로부터 유태인들은 바리새적 율법주의를 만들었다. 그리고 그것을 아직도 고수하고 있다. 그 맥락에서 율법주의는 자신의 행위로 사랑받을 명분을 획득하고 성취한다.

그러나 은혜는 우리가 선한 행위를 하기 이전에 이미 받은 사랑이다. 아무런 조건 없이 사랑을 먼저 받는 것이다. 가정과 교회는 먼저 아이 자신이 은혜 받은 자임을 보여 주어야 한다. 아무런 조건 없이 아이는 소중하고 특별한 존재다. 도덕적으로 탁월하거나 스스로 착한 행동을 하기 전에라도, 선생의 눈에 총명한 아이가 아니더라도, 부모의 눈에 특별한 재능을 가진 아이가 아니더라도, 그 아이는 사랑받을 자격이 있다.

무조건적인 사랑을 받을 때 아이는 비로소 자신의 가치를 느끼게 된다. 사랑을 받아 자기 가치를 아는 아이는 세상에 대한 두려움이 적다. 담대한 마음과 자신감으로 두려움을 이겨 낸다. 자신감과 자발성이 뒤따른다. 자신감 있는 아이는 자발적으로 부모님이나 선생님이 기대하는 기준을 파악하고, 그 기준을 따라 살려고 노력한다. 공부도 혼자서 잘해 보려고 하고, 다른 친구들을 먼저 배려하는 아이가 되기도 한다.

그러므로 이제 아무런 조건 없이 아이를 사랑하라. 그저 내 아이이기 때문에 예뻐하고 사랑해 주라. 그 받은 사랑과 은혜를 아이는 평생 잊지 않을 것이다. 아이 사랑에 아무런 조건을 달지 말라. "네가 공부 잘하면 내가 너를 사랑해 줄게."라는 말은 백번 틀린 명제이다. "무슨 일이 있어도 나는 널 사랑해!"라는 말이 맞는 명제이다. 은혜가 아이를 건강하게 자라게 한다.

# 엄마 자신의 건강이 중요하다

"이제는 모든 것을 놓고 싶어요. 그래서 저는 하나님께 기도합니다. '하나님, 이제 저를 데려가시면 안 돼요?' 지금 지고 있는 짐이 너무 무거워서, 이제는 다 놓고 떠나고 싶을 뿐이에요. 아이들이 아직 어리긴 하지만 자기들의 인생을 살아가겠죠. 제가 목을 매든, 약을 먹든, 1-2분만 고생하면 다 끝나잖아요. 제가 그냥 조용히 사라지기만 한다면 무슨 문제가 있겠어요?" - 많이 우울한 어떤 엄마

가난해서 자녀를 방치하는 가정에서 자란 이 엄마는 심하게 우울하다. 다른 사람을 만나는 것도 귀찮을 뿐 아니라, 남의 도움을 받는 것도 싫어한다. 위로나 관심도 싫고, 한두 사람 외에는 누구도 상대하지 않는다. 큰아이에 대한 집착이 심하고, 큰아이와 자신을 지나치게 동일시한 나머지 아이에게 너무 미안해한다. 큰아이가 학교에서 따돌림을 당하며 힘들게 생활하는 것이 엄마의 마음을 아프게 한다. 자신이 가진 우울증 때문에 온 가정이 힘들었는데, 이제 아이를 양육하고 돌보는 것이 자신의 삶을 지탱하기조차 어렵게 만드는 버거운 일이 되어 버렸다.

엄마의 우울증을 방치해서는 안 된다. 우울한 엄마에게는 아이를 기르는 것만큼 힘든 일이 없다. 엄마 자신도 삶에 대한 의욕이 없고 누군가에

게 무엇을 줄 수 있는 능력도 없는데, 아이는 끊임없이 엄마에게 입을 벌리며 사랑으로 먹여 달라고 조르기 때문이다. 우울한 엄마는 생명 자체도 위태롭다. 자식을 돌볼 기력도 없다. 게다가 남편은 남편대로 아내에게 요구만 하거나 기대만 하고 있으면 아내의 우울은 폭발할 지경이 된다.

엄마의 우울증은 아이에게 상처를 준다. 우울한 엄마는 아이들에게 짜증과 신경질을 많이 낸다. 심지어 아이를 때리기도 한다. 그러고는 시간이 지나면서 죄책감으로 괴로워한다. 하지만 그 패턴은 좀처럼 바뀌지 않는다.

우울하여 짜증이 많은 엄마일수록 아이들이 공부 못하는 것을 참지 못한다. 아이들은 점점 더 힘들어진다. 엄마가 우울증으로 알코올 중독이나 게임 중독에 빠지게 되면 어린 자녀는 생존도 위험해진다. 엄마가 자신의 문제 때문에 아이를 전혀 돌볼 수 없기 때문이다.

평소 건강한 엄마라도 아이를 낳은 후에는 남편의 특별한 관심이 필요하다. 남편은 아내가 아이에게 집중할 수 있도록 편안한 환경을 만들어 주어야 한다. 더구나 우울하게 자란 엄마들은, 자신의 직업에는 매우 똑똑하게 재능을 발휘하지만, 아이를 양육하는 데는 큰 두려움과 거부감이 있다.

남편이 잠깐이라도 한눈팔아서 아내가 불안해지면 아내는 자신의 우울한 기분을 아이에게 여과 없이 노출시킨다. 그런 엄마를 바라보는 아이는 엄마에 대해 불필요한 죄책감과 연민을 갖는다. 특히 딸들은 엄마의 모든 우울증 증상을 받아서 자기 것으로 흡수한다. 그래서 엄마보다 더 많이 아픈 사람이 된다. 그런 딸들은 자신만이라도 살기 위해 엄마와의 연줄을 끊기보다, 차라리 자신이 아프더라도 엄마와의 관계를 지키려는 모녀연대를 선택하기 때문이다.

큰 사고나 무시무시한 자연재해에서 살아남은 엄마는 조그만 바람 소리에도 쉽게 공포에 빠진다. 그런 엄마를 바라보는 아이는 아무런 위험 요소가 없어도 함께 공포에 빠진다. 그런 아이들에게 엄마란 자신이 의지해야 할 존재임과 동시에, 가까이 갈수록 불안한 공포의 대상이다.

"제 동생들이 물어봐요. '언니는 소원이 뭐예요?' 저는 두 번 생각도 하지 않고 대답해요. '죽는 거다!' 동생들이 많이 놀라죠. 아이들에게도 저는 스스럼없이 말해요. 그러니 동생들이 제 아이들을 놀리죠. '네 엄마의 소원이 죽는 거란다!'"

어릴 때부터 우울했던 50대 엄마는 자신의 엄마가 우울증으로 돌아가신 것을 기억한다. 우울한 엄마 아래에서 자신은 또 얼마나 아팠는지…. 다른 가족들에 대한 걱정도 지나치게 많이 하지만, 자신의 소원은 오직 하나, '죽는 것'이다.

모든 엄마는 아이를 키우기 전에 자신의 우울증을 먼저 치료받아야 한다. 우울한 엄마에게는 "미래에 내가 없을 것 같다."라는 마음뿐이다. 그런 엄마가 미래를 살아갈 아이를 건강하게 키우기는 어렵다.

홀로코스트 생존자인 프리모 레비(Primo Levi)는 '내일 아침'(Morgen früh)이라는 말을 '결코 아니다'(never)라는 뜻의 수용소 은어로 썼다고 전한다. 절망적인 수용소 안에서는 삶의 계획을 세우는 능력이 사라져 버린 채, 당장의 추위와 굶주림만 이기려는 동물처럼, 눈앞의 시간에만 갇혀 있었을 뿐이라고 말한다.[54] 우울한 엄마에게는 내일이 없다. 엄마에게 만일 우울증과 어떤 중독이 있다면 먼저 치료받아야 한다. 남편은 아내의 불안정한 모습을 쉽게 생각해서 방치하지 말고, 엄마와 아이 모두에게 안전한 환경을 만들어야 한다. 엄마 자신도 치료받기를 두려워해서는 안 된다. 완전히 치료되지 않은 엄마의 병은 얼마 지나지 않아 아이의 병으로 '대를 이어' 재발할 수 있기 때문이다. 치료를 통해 불행의 끈을 끊어야 한다.

아내가 우울해한다면, 지체 없이 아내를 데리고 병원과 상담실을 찾으라. 남편으로서, 아빠로서 할 일은 자신의 아내, 아이들의 엄마를 살리는 일이다. 그런 아내에게 소홀했다면 미안하다고 말하라. 엄마의 우울하고 불안한 생활이 오래가면 아이들의 인생이 우울증과 불안함의 위험에 노출된다. 미래가 사라져 버린 가련한 아내에게, "내가 당신과 함께 미래를 향해 가고 싶다."라고 말하라. 그래야 내일이 기대와 소망의 날이 될 것이기 때문이다.

 **자녀를 노엽게 하는 경우**[55]

1. 과잉보호 – 아이의 의견을 묵살하고 숨 막히게 한다.
2. 지나친 방임 – 아이를 불안하게 한다.
3. 차별 대우
4. 비현실적 목표들
5. 낙심
6. 무관심
7. 비하
8. 조건부적인 사랑
9. 과도한 징계

자녀에 대한 기대, 하나님과 먼저 상의하세요

"예수님이 나랑 놀 수 있다면 야구를 하고 싶어요. 친구들이 아빠와 야구했다고 자랑하면 되게 부러웠거든요." (예수님은 네게 어떻게 해 주실까?) "예수님은 내가 칠 수 있도록 공을 잘 주실 것 같아요." – 이혼 가정의 5학년 남자아이[56]

자녀에 대해 큰 기대를 가지는 것은 좋은 일이다. 그러나 먼저 하나님과 상의하라. 과연 부모로서 나의 기대는 하나님의 기대와 일치하는지…. 부모인 나의 마음만 높아져서 아이를 몰아치고 있지는 않은지…. 그리스도인 부모가 세상 부모와 다른 점은 자기 자랑이나 만족을 위해 아이를 기르지 않는다는 것이다. 하나님의 영광을 위해 하나님과 함께 삶의 목표를 세우고, 자녀들과 더불어 대화하고, 그 목표를 조정하며 미래를 향해 나아간다는 것이다.

부모의 과도한 기대는 아이의 자율성을 무너뜨린다. "네가 성공하면 너를 사랑해 줄게."라고 말하는 것은 무조건적이어야 할 부모의 사랑을 물질화하고 조건화한다.

사실 부모의 기대에 순하게 부응하기만 하는 '착하고 똑똑한' 아이들은 감정적 독립과 건강한 성장에서 실패한다. 그런 가족들은 서로에 대한 헌신도가 매우 높지만 결국 역기능적인 가정으로 평가된다. 왜냐하면 보상을 기대하는 엄마와 거기에 부응하려는 아들 사이의 개별적 경계선이 허물어져 있기 때문이다. 그런 아들은 결혼할 때까지 엄마에게 자신의 모든 월급을 갖다 주겠지만, 결혼하는 순간부터 그의 아내는 엄마의 경계 대상이 되고, 가정의 정서적 독립과 성장은 불가능하게 된다.

부모는 아이의 성공을 자랑하고 싶은 유혹을 이겨야 한다. 다른 사람의 자랑에도 위축되지 않고, 여전히 내 아이를 있는 모습 그대로 자랑스러워해야 한다. 우리 인생에서 가장 중요한 순간은, 거대한 성공이 찾아온 그 어떤 순간이 아니라, 오늘 식탁에서 작은 감사의 제목들을 나누고 아이들과 자잘한 일상적인 이야기를 나누는 순간이다.

그러므로 시끄러운 식탁이 되게 하라. 가족이 함께하는 식탁은 시끄러워야 한다. 가족이 함께하는 식탁은 서로에게 최고의 자리다. 엄마와 아빠, 아이들 모두에게 최고로 즐거운 자리다. 웃기는 이야기, 각자의 우스꽝스러운 모습까지 마음껏 보여 줄 수 있는 웃음의 자리다. 엄마와 아빠는 이 멋진 시간을 놓치지 않아야 한다. 시간의 효율성보다는 가족의 즐거움을 생각하는 편안한 시간이어야 한다.

식탁은 감사와 기쁨의 자리이다. 감사하는 마음은 행복의 조건이다. 인간이 더 행복하고 더 지혜롭게 살아가기 위해서는 감사의 마음이 빠질 수 없다. 지금 우리가 가진 것에 대해 감사하는 식탁이 되어야 한다. 성적에 대해서든, 키에 대해서든, 재산에 대해서든, 지금 가진 것에 감사해야 한다. 아무 소용 없는 걱정과 두려움으로, 국가나 이웃에 대한 비판으로, 그 아름다운 식탁을 '낭비'하는 것은 정말 안타까운 일이다.

식탁에서 엄마와 아빠는 자신의 기분을 조절해야 한다. 다른 일로 기분이 나빠 있거나, 아이들 성적 때문에 기분이 좋지 않으면, 식탁 분위기는 무거워진다. 아이들에게 역정을 내거나, 심한 벌을 내릴 수도 있다. 무슨 이유로든, 아무 영문을 모르는 아이들에게 부모의 짜증과 분노가 돌아가지 않도록 주의를 기울여야 한다.

그 대신 식탁에서 오가는 이야기에 집중하고, 이야기하는 사람에게 눈길을 주어야 한다. 산만했던 마음을 정리하고 가족 한 사람 한 사람에게 집중해 주어야 한다. 음식에 대해 불평하기보다는 감사하기를, 상대방의 허물을 용서하고 간과하기를, 굴욕당하는 일이 있더라도 너그럽게 넘길 줄 아는 방법을 연습하고 훈련하는 식탁이 되어야 한다. 한 사람이 아니라 모두가 식탁 대화의 주체가 되어야 한다.

이제 자식에 대해 거대한 기대를 갖거나 자식의 성공을 자랑하기보다 식탁에서 누릴 수 있는 작은 행복에 집중해 보자. 가족이 함께하는 이 순간이 얼마나 소중한지, 내일에 대한 두려움도 있지만 지금 함께한 이 시간이 얼마나 특별한지를 생각하며, 그 순간을 감사하자. 그리고 그 순간에 집중하자. 미래에 대한 가족의 큰 목표들은 반드시 하나님께 묻고 상의하며, 아이들이 그 큰 미래 프로젝트에 직접 참여하도록 격려하자.

스스로 하나님을 찾아가는 아이

"제가 지독한 피부 알레르기로 사람들이 보기에 흉측할 정도여서 마음이 힘들었을 때, 엄마는 언제나 저를 격려해 주셨어요. '넌 좋아질 거야. 넌 언제나 멋져!' 그런 말씀을 하실 때마다 '엄마 눈에만 내가 그렇게 보이는 거지.'라고 생각하기도 했어요. 하지만 알레르기를 치료받는 내내 그 말들이 저를 지탱해 주는 큰 힘이 되었습니다. 지금은 알레르기도 많이 좋아졌고요." - 30대 남성

주일학교에 다니는 어느 초등학생이 주일 아침에 깜빡 늦잠을 자고 말았다. 9시까지 주일학교 예배에 참석해야 하는데 8시 40분까지 잠을 잔 것이다. 선생님의 얼굴이 눈앞을 스치며 지나갔다. "엄마, 엄마, 큰일 났어. 교회 선생님이 무슨 일이 있어도 늦지 말라고 하셨는데…." 아이는 부랴부랴 세수를 하고 아침도 제대로 먹지 못한 채 교회를 향해 달리기 시작했다. "하나님, 도와주세요. 도와주세요. 늦으면 안 돼요! 선생님한테 혼난단 말이에요." 교회에 도착하니 8시 56분이었다. "휴! 다행이다. 하나님 감사합니다!" 아이는 하나님께 감사했다. 그런데 계단을 급히 올라가다가 앞으로 넘어졌다. 다치지는 않았지만 바닥을 짚은 손바닥이 아팠다. 아이는 위를 바라보며 투덜댔다. "하나님, 그렇다고 미실 필요

는 없잖아요!"

아이들에게는 자기들만의 영적인 대화가 있다. 그들은 하나님과 동행하며 하나님의 음성을 듣는다. 그리고 하나님의 인도하심을 받는다. 그런데 선생님들은 착각한다. 말없이 공부만 열심히 하면 착한 모범생이라고 생각한다. 자신이 잘 가르치고 지도하면 다 그렇게 될 것이라 생각한다. 필자 역시 그런 대우를 받았다. 집도 가난한데 혼자 열심히 공부하고 있으니 말이다. 하지만 내 속에는 나만의 세계가 있었고 하나님의 부르심이 있었기에 나는 결국 그 선생님의 기대를 보기 좋게 무너뜨렸다. 선생님의 기대와는 다르게 신학교에 갔기 때문이다. '배신당한' 선생님은 급기야 졸업식에서, 전교생과 학부모 앞에서 마이크에 대고 호통을 치셨다. "하재성, 너 이 xxx, 너는 내 제자가 아니다!"

말 잘 듣는 아이가 착한 아이일까? 그것은 어른들이 만들어 낸 이야기이다. 말 잘 듣고 착한 아이? 그런 아이는 없다. 아니, 그런 아이는 아이가 아니다. 아이가 그럴 수는 없다. 결국 그것은 어른이 만들어 낸, 어른의 기준이다. 착한 아이지만 어른 말을 잘 듣지 않을 수도 있다. 그리고 어른 말을 잘 들어도 착한 아이가 아닐 수 있다. 그리고 아이가 반드시 착해야 할 이유는 없다.

어른이 어떤 아이에게 "넌 원래 착한 아이니까…."라고 말한다면, 그 순간부터 이 아이는 그 말에 갇히게 된다. 이제 그 어른이 있는 동안에는 말도, 행동도, 표정도 착해야 한다는 부담감 때문에, 그 어른의 기대를 내면화하고 그 기대가 만성화되면 아이는 자기 자신이 아닌 다른 사람의 모습으로 살아갈 수도 있다. 그러므로 '착하다'는 말이 의외로 아이의 잠재력을 제한할 수 있음을 이해해야 한다. 그 대신에 "그건 참 잘한 행동이야."라고 말해 준다면 아이는 자신의 판단력과 행동에 자신감을 갖게 되겠지만, "넌 원래 착한 아이니까."라고 말한다면 아이의 선택과 행동은 제한을 받는다.

그렇다면 예수님은 어떤 아이였는가? 세상의 기준으로 보면 예수님은 '착한' 아이가 아니었다. 부모를 순종하고 받드시며 자란 것은 사실이지만, 열두 살 때 예수님은 어머니 마리아와 아버지 요셉에게 말도 하지 않은 채 성전에 머물러 계셨다. 마리아와 요셉은 당황하고 놀라서 며칠 동안 예수님을 찾아다녔다. 그런 의미에서 어린 예수는 착한 아이가 아니라, 하나님 아버지께 순종하는 아이였다.

어린 예수님은 스스로 하나님을 찾아가는 아이였다. 우리 아이들은 모두 하나님을 찾아가는 길에 서 있다. 새끼 거북이 부화하자마자 잠시도 쉬지 않고 있는 힘을 다해 바다로 달려가듯, 아이들은 자신들의 창조주 하나님을 향해 달려가야 한다. 부모는 다만 관찰자이며 격려자일 뿐이다.

착하다고 칭찬하면서 부모 마음대로 아이를 조종해서는 안 된다. 죽을 위기에 처한 아이들에게 "조용히 가만히 있어."라고 말하는 것은 "그대로 죽어."라는 말과 무엇이 다른가? 오히려 하나님이 주신 '너의 본능을 따라' 안전한 곳으로 달려가라고 말해야 한다.

이제 가정에서든 주일학교에서든, 착한 아이를 만들려 하지 말고, 스스로 하나님을 찾아가는 아이로 자라게 하라. 무슨 말로도 아이를 규정 짓거나 제한하지 말라. 아이 스스로 하나님을 찾아가는 길에 방해자가 되지 말라. 부모는 하나님과 아이를 연결시켜 주는 중매자들이다. 진실한 사랑과 격려로 아이들에게 하나님을 소개해 주고, 필요할 때 물러섬으로써 당사자들 곧 하나님과 아이가 직접 친밀해지게 하라. 아이들은 자신을 지으시고 부르신 분의 뜻대로 살아야 한다.

자녀 교육은 투자가 아니다

"공부하다가 힘들다고 말씀드리면, 엄마는 '다른 애들도 다 힘들어.'라고 제 말을 막으세요. '도대체 네가 뭣 때문에 힘들어?'라는 말씀은 다반사예요. 엄마는 저를 공부시키시면서 '투자'라는 말을 자주 쓰셨어요. 정말 이해가 되지 않았어요. 나는 엄마가 돈이나 정신적 가치를 투자하는 상품이라는 뜻이잖아요. 나를 위해 투자한 엄마에게 다시 뭔가를 돌려줘야 한다고 생각하니까 엄마가 더 이상 가족으로 보이질 않아요. 저는 더 이상 엄마에게 맞추고 싶지 않아요. 내 인생의 물은 안 흘러갈 것 같아요." – 엄마 때문에 너무 슬프고 힘든 아이

"다른 애들도 다 힘들어!"

이 말은 결코 위로의 말이 아니다. 궁색한 엄마의 핵심 잃은 꾸중에 불과하다. 아이가 힘들어하는 것을 견디지 못하고 귀찮아하는 엄마들의 대꾸다. 엄마가 말하는 '다른 애들'이란 도대체 누구일까? 누군지도 모르는 '다른 애들'이 힘든 것은 생각해 주면서 정작 자신의 딸은 위로해 주지 않는다면 너무나 안타까운 일이다.

"아, 정말 그렇지? 어떡해? 우리 딸 공부하느라 정말 고생이 많구나!"

이런 말 한마디로 아이의 마음에 공감해 주지 않는다면 그 엄마는 잘

못된 위로자이다. 그러면서도 아이에게 투자했으니 그 본전을 찾아야 한다고 생각하는 것은 잘못이다. 자식 사랑과 자식 교육은 투자가 아니라 낭비여야 한다.

자녀 농사는 비효율적이다. 금방 결과가 나타나는 것이 아니기에 비생산적이다. 그저 평생 뿌리고 쏟아부어야 한다. 아이들은 씨를 뿌려서 거두는 농사가 아니다. 엄마와 아빠에게 아이란 평생 자원을 부어야 하는 그 무엇이다. 그래서 하나님께서는 인간에게 내리사랑이란 것을 주셨다. 아이들은 부모의 그런 사랑을 평생 이해할 수 없다. 그러나 상관없다. 부모에게는 세상을 떠날 때까지 아이들에게 사랑을 주어야 할 의무와 그 사랑을 줄 수 있는 역량이 있기 때문이다.

직장 일에 탁월한 엄마일수록 똑똑한 양육 방법을 찾는다. 성공한 사회인 엄마일수록 노력을 적게 들이고도 큰 효과를 얻을 수 있는 방법을 찾는다는 말이다. 입시를 위한 정보 전쟁에 참여하고, 학원가를 좌지우지한다. 성공한 엄마들은 뜨고, 실패한 엄마들은 사라진다. 하지만 아이들은 꾀돌이 엄마의 효율적인 방법을 거부한다.

자녀 양육은 디지털 방식과 효율성에 익숙한 부모를 처참하게 만든다. 자녀 양육에는 지름길도 없고, 경제적인 방법도 없다. 그래서 많은 엄마, 아빠들이 적잖이 당황한다. 의욕만큼 좀처럼 잘되지 않는 것이 자녀 양육이다. 아이가 부모의 소원만큼 효과적이고 성공적으로 살아 주면 얼마나 좋겠는가? 하지만 아이들은 엄마와 아빠의 기대를 끊임없이 낮아지게 한다.

직장 생활을 하는 엄마든 전업주부 엄마든, 아이를 앞에 두고 당황하는 것은 동일하다. 처음에는 서로 어쩔 줄 모른다. 도대체 어떻게 아이를 키워야 하는지, 엄마들은 그 큰 숙제와 의무 앞에서 똑같이 당황한다.

상황은 달라도 문제 해결 방식은 동일하다. 아이와의 추억을 만들라. 효과적인 자녀 양육 방식은 모르더라도 아이와 더불어 뒹구는 엄마는 자녀 양육에 성공한다. 성공적인 엄마는 아이 수준에서 함께 놀아 주고, 아이와 더불어 시간을 보낸다. 아이와 놀면서 소꿉놀이 친구가 되어 주고, 의사 놀이를 할 때는 환자가 되어 준다. 아이가 스쿨버스를 운전하면 엄마는 버스 타고 학교 가는 아이가 된다. 비가 올 때는 아이와 함께 빗소리를 들으면서 바깥 구경을 하기도 하고, 눈 오는 날엔 따뜻한 초콜릿 밀크를 함께 먹는다.

비싼 장난감이 없어도, 큰 집이 없어도, 엄마와 아이 둘이 함께 있는 세상은 가장 아름답다. 엄마와 함께 자라는 아이들은 세상에서 가장 으리으리하고 '사치스러운' 환경에서 자라는 것과 같다. 미국 일하는 엄마들의 70% 이상이, 경제 사정만 괜찮다면 집에서 전업주부로 지내면서 아이들과 함께 있고 싶어 한다. 엄마의 풀타임 돌봄을 받는 아이들은 가장 화려한 어린 시절을 보내고 있는 것이다. 우리는 지금 무엇을 성공이라 부르고 있는가?

아이와 놀아 준다는 것이 엄마에겐 지루하고 고달픈 일일 수 있지만 그것은 무엇과도 바꿀 수 없는 추억이다. 엄마라면 누구나, 아이가 원하는 것을 다 해 줄 수 없는 것에 대해 안타까운 마음을 가지고 있다. 하지만 그걸로 충분하다. 아이에게는 엄마 한 사람이면 너무나 충분하다. 그리고 엄마의 모든 수고에는 반드시 보상이 따른다.

직장 생활을 하는 엄마들에게는 당황스럽고 괴로운 일들이 더 많다. 우선 아이들을 어디에 맡겨야 할까 하는 문제가 있다. 예민하여 엄마에게 더 많이 치대고 까다로운 아이라면 부담감이 더 크다. 자신의 아이가 애절한 눈으로 보모를 쳐다본다. "당신마저 저를 버리지는 말아 주세요!" 하는 슬픈 눈을 하고 있다면 엄마의 마음은 더 무겁다. 그러므로 일하는 엄마들은 아이 맡길 곳을 잘 찾아야 한다. 어떤 이들은 보모와 아이의 궁합까지 본다고 하는데, 아이를 대신 돌보는 사람은 정말 중요하다. 좋은 보모와 선생님을 만나기 위해 기도하라. 그리고 아이를 진심으로 사랑하는 사람을 찾아야 한다.

아이를 돌보는 것은 오래 기다려야 하는 작업이다. 아이는 부모가 바라는 만큼 빨리 자라지 않는다. 그리고 엄마의 인내심은 쉽게 바닥날 수 있다. 아빠는 가능한 한 빨리 귀가해야 한다. 퇴근 후 스케줄을 가능한 한 줄이고. 엄마와 함께 양육에 참여함으로써, 길고 지루할 수 있는 양육을 분담해야 한다. 혼자서만 양육을 담당하면 엄마는 위태로워진다. 심각하게 우울해질 수도 있다. 우울증의 비용은 가공할 만하다.

전업주부 엄마들에게는 별도의 보람과 위로가 필요하다. 전업주부는 자신의 삶에서, 남편과 아이들을 섬기는 일에서만 보람을 찾을 수 있기 때문이다. 가족들의 무지와 배신은 두려움의 이유다. 자신이 한마음으로 애쓴 것을 가족들이 모른 척하며 자신을 무시할까 봐 두려워한다.

물론 착한 아이들이라도 때로 엄마의 기대를 배신할 수밖에 없다. 그것이 아이들이다. 아이들이 자라면서 부모를 당황시키는 일은 허다하다. "네가 엄마한테 어떻게 이럴 수가 있어? 남들은 다 그래도 넌 그렇게 해선 안 돼!" 하지만 그것은 지극히 정상이다. 그렇다고 해서 전업주부 엄마의 노력이 전혀 헛된 것은 아니다. 아이가 어릴 때부터 엄마가 전심으로 기른 아이들은 다르다.

리 라비(Lee Raby)는 델라웨어 대학교(University of Delaware) 책임 연구원으로서, 어린 시절에 받은 돌봄이 어른이 되었을 때의 학업 성취와 어떤 관련이 있는지 240명을 대상으로 32년간 연구했다. 그 결과 0-3세 시기에 엄마의 명민한 돌봄을 받은 아이들은 19세, 23세, 32세가 되기까지, 중도에 학교를 그만둔 경우가 거의 없었으며, 대학원, 박사 과정에 이르기까지 높은 학업 성취도를 보였다.[57]

양육의 본질은 '함께함'이다. 아이는 엄마와 함께한 시간을 결코 배신하지 않는다. 엄마가 돌보아 준 시간은 즐거움이며, 행복이며, 의미이며, 성숙이다. 그 덕분에 하나님의 사랑도 느낀다. 부모라는 둥지를 떠나는 아이의 날갯짓이 불안해 보여도, 엄마의 돌봄을 충분히 받은 아이는 결코 엄마를 배신하지 않는다. 물론 그때부터는 영적 동행이 시작될 것이다. 아이를 보내는 엄마는 결코 기도를 놓지 않을 것이기 때문이다. 기도는 지구 반대편에 있는 아이를 위로할 수 있는 영적인 동행이다.

이제 엄마는 이 단순한 '함께함'으로 돌아와야 한다. 아이의 공부가 걱정될수록 아이와 더 함께 있어 주어야 한다. 집에서 아이와 함께 뒹굴며 추억을 쌓아 가라. 아프가니스탄에서 탈레반에 억류되어 몇 번이나 죽을 고비를 넘기고 귀환한 한 청년이 매우 흥미로운 증언을 했다. 그가 인질로 잡혀서 동굴과 움막으로 끌려 다니며 죽음을 생각할 때, 가장 그리웠던 것은 엄마와 이마트를 다녔던 추억이라고 했다. 아이는 부모의 투자 상품이 아니라 기억과 추억을 공유해야 할 가족이다. 내 아이와 비교하거나 바꿀 만한 '다른 애들'은 이 세상에 존재하지 않는다. 오직 내 아이에게만 집중하라.

잔소리보다는 차라리 무관심이 낫다

"어머니는 잔소리를 많이 하셨어요. 잔소리 여덟 번 하실 때, 저를 인정해 주는 말씀은 겨우 한두 번 정도 하셨던 것 같아요. 저의 완벽주의적인 성향은 엄마 잔소리 때문인 것 같아요. 아직도 엄마 같은 사람을 만나면 긴장을 많이 하고, 그런 사람들과는 관계도 나빠요. 너무 완벽하게 모든 것을 하려다 보니까 스트레스가 많고, 내 감정을 솔직하게 표현할 줄 몰라요. 사실 내 감정과 기분을 한마디로 표현만 해도 스트레스의 80%는 날아가는데, 완벽해지려다 보면 그걸 전혀 못하죠."
- 완벽주의로 스트레스가 많은 청년

엄마의 잔소리는 엄마 자신의 불안과 낮은 자존감을 말해 준다. 엄마가 겪고 있는 스트레스도 잔소리의 원인이 된다. 아빠와의 불화나 사별이 엄마를 극도로 불안하게 하고 간섭의 말을 많이 하게 한다. 엄마도 사람이다. 엄마의 삶 자체가 너무나 부담스럽고 힘들면 엄마도 누군가에게는 자신의 힘든 감정을 쏟아 내게 된다. 하지만 그 대상이 자녀라면, 아이는 엄마가 주는 상처로 혼자 신음하게 된다. 그 아이가 어른이 되었을 때 불안과 무기력, 중독에 시달리거나, 완벽강박증 때문에 쉽게 지쳐 버리는 것은 부모의 간섭과 잔소리의 부작용이다.

구태여 비교하자면, 잔소리보다는 오히려 무관심이 낫다. 부모의 잔소리가 많을수록 아이는 억압을 받고, 숨도 쉬지 못한 채 질식해 간다. 잔소리는 아이의 마음을 상하게 할 뿐, 아이에게 아무런 긍정적인 영향을 주지 못한다.

물론 잔소리하는 부모의 속은 시원할지도 모른다. 그리고 자신은 잔소리를 하는 것이 아니라 아이를 위해 꼭 필요한 이야기를 하는 것이라고 생각할 수도 있다. 아이가 들어 두면 두고두고 유익한 이야기라고 여긴다. 하지만 아이가 얼굴을 찌푸리며, '다 아는 이야기를 다시 듣는다.'라는 표정을 짓는다면 그것은 100% 잔소리다. "내가 살아 보니, 내가 경험해 보니, 이건 절대 필요하다."라고 부모는 수없이 말하지만, 아이에게 그것은 분명히 불필요한 소음이다. 그것은 아이를 믿어 주지 않고, 기다려 주지 않고, 침착하게 아이의 있는 모습 그대로를 받아 주지 않는 엄마의 조급증이다.

지나친 잔소리는 공부를 잘하고 있는 아이마저 이상하게 만들 수 있다. 견딜 수 없는 아버지의 잔소리 때문에 이성을 잃고 정상적인 생활을 하지 못하는 20대 아들들도 많다. 엄마의 지나치게 높은 기대와 간섭 때문에 스트레스를 받아, 이유 없이 기물을 파손하는 중학생도 있다. 특목고에 가라는 엄마의 성화 때문에 친구들에게 폭력을 휘두르는 중학생도 있다. 앉아 있으면 앉아 있다고, 서 있으면 서 있다고 잔소리하는 엄마 때문에 결국 약물중독에 빠져 버린 딸도 있다!

부모가 자기 하고 싶은 대로 말을 다 쏟아 내는 것은 양육이 아니다. 그것은 자녀에게 고통이며 극심한 압박이다. 잔소리는 아이 영혼에 가하는 폭력이다. 아이의 사정을 제대로 살피지 않고 함부로 말하는 엄마들은 아이 영혼의 숨을 틀어막고 있는 것이다. 어느 정신과 전문의의 말처럼 아이들은 부모 감정의 하수구가 아니다.

이제 엄마는 잔소리를 멈추라. 이 말에 시급히 순종하기를 바란다. 아이의 행동이나 말이 마음에 들지 않아 예민하고 날카롭게 쏟아 내던 말을 이제는 중단하라. 그 대신 침묵과 묵상을 연습하고, 필요하다면 하나님께 입을 벌려 말씀드리라. 완벽한 기준에 억지로 맞추려고 아이를 괴롭히지 말고, 아이가 다소 무기력해 보이더라도 아이를 믿어 주고 기다려 주면서, 한 번 꾹 참아 보는 엄마의 자기 훈련을 해 보자.

 ## 아이를 책망한다면서 저주하지 마세요

"제가 성적을 올리려고 학원에 다니느라 주일 예배를 세 번 빠졌어요. 그러니까 하나님께 너무 죄송한 거예요. 다행히 성적은 올랐는데 하나님이 저를 싫어하시지 않을까 걱정됐어요. 한 달 전만 해도 부흥회에서 신나게 찬양을 하거나 말씀을 듣다가 울기도 했거든요. 그런데 무엇 때문에 그랬는지, 엄마가 제게 '네가 3주간 교회에 안 가더니 마귀에 씌었구나!'라고 말씀하시는 거예요. 제 동생도 그 말을 듣더니 '어떻게 엄마가 딸에게 그런 말을 할 수가 있을까?'라고 말하더라구요." – 어느 여고생

교회 예배에 참석하지 않는다고 마귀에 씌는 것은 아니다. 그렇게 말하는 엄마의 말이 오히려 마귀의 말처럼 무섭게 느껴진다. '하나님은 이런 나를 어떻게 보실까?'라고 생각하는 아이의 마음 자체가 하나님이 기쁘게 받으실 만한 향기로운 제사와 같다. 더구나 은혜를 경험하고 말씀 안에서 더 바르게 살려고 고민하는 아이에게는 "공부하느라 바쁠 텐데, 하나님과 가까이하려고 많이 애쓰는구나."라고 말해 주는 것이 합당하다. 거친 말을 함부로 뱉을 것이 아니라, 자라나는 아이에게 하나님 앞에서 사랑과 격려의 말을 해 주어야 한다.

아이의 마음에 누가 있는가가 삶의 본질을 결정한다. 우리 아이는 그 마음에 누구를 모시고 살고 있는가? 일찍부터 사탄이나 귀신을 모시는 아이들도 있다. 어릴 때부터 제사나 굿, 엄마의 신들림을 보며 자란 아이들은 6-7세의 어린 나이에 영적인 두려움과 어두움에 노출된다. 그런 아이들은 또 그런 꿈을 꾸고, 그런 영들의 음성을 듣는다. 우상을 섬기는 곳에서 자라는 아이들은 성령의 음성을 듣지 못한다. 그것은 아이들의 영혼에 영적 트라우마가 된다.

오래전 진해에서 어린이 전도를 할 때, 다른 종교의 유치원에 다니는 한 여자아이를 만났다. 그 아이에게 복음을 전했다. 하지만 그 아이는 천국과 예수님에 대한 복음을 기쁘게 받아들이는 다른 아이들과는 사뭇 달랐다. 그 아이의 얼굴 표정은 무겁고 어두웠으며 복음을 듣고도 전혀 달라지지 않았다. 그리고 예수님에 대한 이야기를 더 이상 듣고 싶어 하지 않았다.

우상의 영을 가진 아이들은 그 영혼이 억압을 받아 힘들게 살아간다. 심리학자 칼 융(Carl Jung)이 의학박사 논문에서 분석한 S.W.라는 여자아이는 마술로 탁자 돌리기를 하다가 영매(medium)가 되었다. 온갖 귀신들이 그 아이의 몸에 들락거리며 그 아이는 점점 전혀 다른 사람이 되어 갔다. 결국 아무도 손을 쓰지 못한 채, 10년 후 그 소녀는 결핵에 걸려, 두 살 아이의 정신 연령으로 돌아가 죽고 말았다.

인간의 완전한 회복은 예수 그리스도를 모실 때 일어난다. 하지만 엄마, 아빠가 예수님을 믿는다고 그 자녀들이 자동적으로 크리스천이 되지는 않는다. 아이들의 변화는 엄마, 아빠의 온전한 사랑과 인격을 경험하면서 이루어진다. 목사의 아들이나 딸이라고 저절로 좋은 크리스천이 되지 않는 이유가 바로 그것 때문이다.

<blockquote>
한참을 핑계로 일관하던 아버지가 나를 따로 부르셨다. 다시 희망의 끈이 살아난 걸까. 따로 방으로 불러들인 아버지는 갑자기 성경을 펴셨다. 출애굽기 21장 17절을 펴시고는 굳은 표정으로 말씀하셨다. "내가 목사로서 권고한다. 이 말씀을 들어라. '자기의 아버지나 어머니를 저주하는 자는 반드시 죽일지니라.'" "저는 아버지와 어머니를 저주한 것이 아니고 아버지가 현실을 깨달으시기를 바랐던 것입니다."[58]
</blockquote>

아이에게 분노하면서 구약의 정죄와 저주와 책망만을 이용하는 목사 아버지는 예수께서 모든 심판과 저주를 대신 지셨음을 망각했다. 그는 복음의 가장 기본인 긍휼과 자비를 아이에게는 인색하게 아끼고 있다. 마치 영화 속에서 자주 보는 외국 법정에서 "질서 유지, 질서 유지"(Order! Order!)라고만 외치는 판사처럼, 성경을 그 관점에서만 사용하고 있다. 그가 망각한 것은 자신이 목사 이전에 아버지라는 사실이다. 그리고 누가복음 15장에 나오는 아버지는, 탕자인 아들에게 질서와 복종을 요구한 아버지가 아니라, 아들을 애틋하고 불쌍하게 여기며 사랑을 낭비한 '탕부' 아버지라는 사실을 그는 잊었다.

교회를 위해 전심전력한 목회자의 아들들이 그릇된 길을 가는 이유가 여기에 있다. 전도와 기도로 목회자 자신은 교회를 일으켰지만 그 아들들 가운데는 주먹을 휘두르는 폭력배가 되는 경우도 있다. 먼저 하나님 나라와 그 의를 구하면 하나님은 무조건 자녀 양육을 성공하게 하시는가? 그 말씀을 자기중심적으로 믿으면서 자녀를 노엽게 해서는 안 된다.

아이들에게는 엄마, 아빠의 사랑이 먼저다. 사랑하면 신앙도 닮는다. 엘리 제사장의 아들들, 사무엘의 아들들, 다윗의 아들들이 가진 공통점이 무엇인가? 성전을 위한 거룩한 일과 바쁜 공무에 아빠를 빼앗겼을 그 아들들은 아버지의 사랑을 받지 못하고 신앙을 배우지 못한 채 방황하다가, 종국에 배반과 타락으로 삶을 마감했다.

율법이나 규칙을 사랑보다 앞세우면 아이들은 상처를 받는다. 하나님의 종이기에 하나님만 사랑하면 된다고 생각하는 목회자의 자녀들은 사랑과 이해의 대상이 아니라 판단과 정죄의 대상이 된다.

"너 그렇게 하면 하나님께 벌 받는다!"

어릴 때부터 엄마, 아빠에게 이 말을 많이 듣고 자랐는가? 또 지금 아이들에게 그 말을 자주 써먹고 있는가?

"누구든지 악으로 선을 갚으면 악이 그 집을 떠나지 아니하리라"(잠 17:13)
"아버지에게는 무엇을 낳았소 하고 묻고 어머니에게는 무엇을 낳으려고 해산의 수고를 하였소 하고 묻는 자는 화 있을진저"(사 45:10)

아이들을 꾸중할 일이 있으면 아빠로서 꾸중할 것이지, 심판과 저주의 성경 말씀만 골라서 아이에게 적용하며 꾸중하지 말라. 제발 자기 뜻대로 성경 이용하기를 그만두고 아빠 본연의 임무를 먼저 성찰하라. 아빠 때문에 아프고 힘들었다고 말하는 아이에게 성경 말씀으로 책망을 퍼붓는 것은, 같은 성경에 나와 있는 "너희 자녀를 노엽게 하지 말라"라는 말씀으로 자기 책망을 하지 않은 결과이다. 사사건건 성경을 이용해서 아이를 책망하는 것이야말로 아이들을 사랑의 하나님으로부터 멀어지게 하는 지름길이다. 그렇게 해서 아이를 실족시키는 것은 아버지의 잘못이다.

그런 경우라면, 차라리 아빠가 성경 말씀을 모르는 게 아이의 믿음을 위해 더 유익하다. 상황에서 벗어난 말씀의 적용은 자녀 양육에 '적확'하지도, '적절'하지도 않다. 차라리 자신을 먼저 꾸중하라. 제발 말씀을 엄마, 아빠 자신들에게 먼저 적용하라. 자기 자존심 상하지 않으려고 성경 말씀을 이용해서 자녀를 꾸중하는 것은 아이가 복음을 듣지 못하도록 막는 일이다. 예수님의 공로를 내세워야 자녀에게도 복음을 전할 수 있다.

"너의 그런 행동에도 불구하고 하나님은 여전히 너를 사랑하신단다. 예수님의 공로로 너는 새로워질 수 있어. 회개하고 새롭게 되자! 아빠가 먼저 새로워지도록 노력할게. 아빠는 여전히 너를 사랑하고 믿는다!"

구약의 처벌적 징계 구절만 찾는 것은 여전히 헤렘법의 지배를 받는 율법주의자들이다. 헤렘법은 엄격한 처벌을 말한다. 그러나 예수께서 우리를 대신해서 그 엄격한 율법의 저주와 징계를 다 받으셨다. 이제 우리 아이들은 그 징계를 받을 필요가 없다. 그리스도의 복음은 어디에 두고, 무섭고 두려운 징계의 채찍만 휘둘러서 자녀들을 예수님으로부터 멀어지게 만드는가? 왜 자신의 감정을 몇몇 구절에 실어 아이만 변화시키려 하는가?

그리스도의 복음은 아이를 징계해서 바꾸지 않고 사랑함으로 바꾼다. 뭔가를 바꾸어야 한다면 아이를 대하는 부모와 어른들의 태도를 먼저 바꾼다. 예수님은 어른들에게 돌이켜 어린아이와 같이 되라고 말씀하셨다. 아이들에게 어른처럼 되라고 하지 않으셨다. 말씀으로 부모 자신이 더 가슴 깊이 아파하면서 회개하고, 자신의 양육 방법이 잘못되었음을 인정하며 자녀에게 용서를 구하고, 자신을 먼저 바꾸는 것이 복음이다. 그래야 아이들이 자신을 사랑하고 용서하시는 예수님을 믿을 수 있다.

"네가 아빠한테 상처받았다는 게 무슨 뜻이야?"

관심을 갖고 아이에게 이렇게 물었으면, 그 내용도 기꺼이 듣고자 하는 용기가 부모에게는 있어야 한다.

"그래서 네가 힘들었구나. 내가 미처 몰랐다. 안타깝고 미안하구나."

아이를 아프게 하고 화나게 했다면, 아빠와 엄마가 하나님과 아이에게 용서를 빌어야 한다. "너희 자녀를 노엽게 하지 말고"라고 에베소서 6:4에서 말씀하고 있기 때문이다. 엄마, 아빠로 인해 아이에게 분노가 아직 남아 있지는 않은지, 부모는 먼저 살펴야 한다.

이를 위해 엄마, 아빠에게는 용기가 필요하다. 아이의 날카로운 지적은 때로 부모의 자존심을 상하게 한다. 아이에게 '미안하다'라고 말하려면 창피한 마음도 든다. 하지만 아이를 사랑한다면 자존심으로 고집부리기보다 차라리 자신이 민망하고 아픈 쪽을 선택하는 것이 옳다. 엄마, 아빠도 굴욕을 참고 아이와 함께 아파야 한다. 그래야 아이들이 바뀐다.

이제부터 굴욕을 참으라. 성경을 어른 중심적으로 해석하지 말라. 그리고 아이에게 사과할 수 있는 용기를 가지라. 아이에게 필요한 것은 사랑의 복음이지 무서운 처벌이 아니다. 건강한 영혼은 건강한 양육에서 자란다.

 **부모 통솔력의 법칙**[59]

1. 한 번에 너무 많은 지시를 하지 말라. 필요하다면 오직 한 가지 지시로 시작하라.
2. 자녀가 순종할 능력이 없는 것은 강요하지 말라.
3. 쉬운 일에서부터 시작해 점차 어려운 일에 순종하게 하라.
4. 어떤 일을 지시할 때는 조용하고 침착한 어조로, 자제력을 가지고 하라. 성급하고 잘못된 규제 사항은 불순종을 유도할 수 있다.
5. 당신이 자제력을 가지면 아이들도 자제력을 갖게 된다.
6. 그리스도인 부모는 자신이 하나님의 사역을 실행하는 하나님의 사자라는 사실을 기억하라.
7. 하나님의 도우심을 위해 기도하고, 도우심이 임할 것을 사실로 믿는 확신 위에서 행하라.

7장

네가 살아 있다는
사실 하나만으로도

내 인생 최고의 선물

인생은 너무나 후하다

하지만 우리는, 그 선물들을

껍데기만 보고 판단하면서

추하다고

무겁다고 힘들다고

던져 버린다

껍데기를 제거하라

그러면 당신은 그 아래에서

사랑으로, 지혜로

재능으로 엮여 있는,

생명력 있는 광채를

발견하게 될 것이다

— 프라 지오반니(Fra Giovanni)

Gifts(선물)라는 책⁶⁰의 앞부분에는 프라 지오반니(Fra Giovanni)의 시가 걸려 있다. 이 책을 보면 우선 매우 인상적인 표지 사진이 눈에 띈다. 다운신드롬(다운증후군)을 갖고 태어난 아기를 아빠가 자신의 오른팔 위에 얹어 놓은 사진이다. 아이의 머리는 아빠의 손바닥 위에 놓여 있다. 온몸의 핏줄이 보일 만큼 투명한 피부를 가진 이 아기는 보통 건강한 아기들과 같은 몸을 가지고 있지만, 얼굴을 자세히 보면 어떤 장애를 갖고 태어났는지 금방 알 수 있다. 이 책의 부제목은 다음과 같다: "다운신드롬을 가지고 태어난 아이들이 어떻게 자신들의 삶을 풍요롭게 했는지 엄마들이 숙고하다."

장애를 가진 아이가 태어나면 엄마는 깊은 고독과 절망감에 빠질 수 있다.

"그런 아이가 얼마나 특별한지 몰라요!"
"하나님이 당신을 너무나도 귀하게 여기시는 것 같아요."
"그 아이는 틀림없이 큰 축복거리가 될 거예요."

그 어떤 말로도 장애아를 가진 엄마의 마음을 위로할 수는 없다. 사람들에게 그런 관심과 동정을 받는 것조차 엄마들은 힘들어한다. 장애아의 엄마이기도 한 이 책의 편집자를 위로해 주었던 친구가 있다. 편집자의 고등학교 동창인 그 친구에게도 다운신드롬을 가진 남동생이 있었다.

"넌 틀림없이 토마스를 사랑하게 될 것이고 토마스에게 고마워할 거야. 넌 이루 셀 수 없는 보상과 축복의 여정에 들어서고 있어. 토마스는 정말 많은 사람들의 마음을 어루만질 것이고, 주변에 있는 많은 사람들에게 교훈을 줄 거거든. 네가 얼마나 놀라운 선물을 받았는지 알겠니?"⁶¹

여기 '선물'이라는 말에서 이 책의 제목이 나왔다. 선물! 경험해 보지 않은 사람은 그 말을 결코 이해할 수 없을 것이다. 어떤 모습으로 태어났든, 또 어떤 모습으로 살아가든, 가족이 되어 단 한 번의 인생을 함께 살아갈 수 있는 것은 선물이고 축복이다. 이 세상을 함께 살아가고 있다는 사실만으로도 아이는 가정의 선물이며 축복이다. 이제 겉모습은 무시하라.

자폐증을 가진 어린 아들과 엄마가 지하철을 타고 가고 있었다. 이런 아이들은 흔히 반복적인 소리를 갑작스럽게 흉내 내거나 따라한다. 한 아주머니가 그 엄마에게 다가와서 조용히 말을 건넸다.

"만일 아들과 함께 앞으로도 어느 곳에든 가고 싶다면 아이가 소리를 지를 때 정말 아프게 꼬집어 주어야 해요. 마음 약해서 저처럼 꼬집지 못하면, 어디라도 아이와 함께 다닐 수 없게 된답니다."

이 얼마나 가슴 아픈 이야기인가? 하지만 그 덕택에 이 엄마는 아이를 성공적으로 교육시킬 수 있었다. 다만 아이의 옆구리에는 굳은살 한 덩어리가 박여 있다.

움직일 수도, 웃을 수도 없는 장애아 아들이 우연히 엄마를 향해 웃는 표정을 지었을 때, 엄마는 기절할 만큼 기뻤다. 그 웃음이 지금까지 겪었던 모든 고생을 잊게 했다. 불수의근이 만들어 낸 한순간의 웃음. 하지만 엄마는 한 번 더 그 웃음을 보고 싶어서 힘든 줄 모르고 아이를 위해 다시 헌신한다. 엄마들의 마음은 한결같다.

"너와 함께하게 된 것이 내 인생 최고의 영광이야!"

아마도 아이와 함께하는 평생 동안, 엄마와 아빠들은 주문처럼 이 말을 반복하게 될 것이다. 그래야 다른 집 아이와 비교하지 않고, 비참해지지 않고, 오직 내 사랑하는 아이에게만 주목하게 될 테니까….

이제 화려한 껍데기에 집착하지 말라. 세상의 화려한 이력과 소위 성공한 아이콘들을 부러워하지 말고, 지금 당신 앞에서 눈을 깜빡이며 엄마를 부르는 아이에게로 돌아가라. 엄마, 아빠의 타락은 아이 외에 다른 것에 한눈파는 것이다. 약해도, 아파도, 무능력해도, 내 아이가 최고의 선물이다. 이 말이 마음에서 진정으로 흘러나오지 않는 사람은 아직 철들지 않은 엄마, 아빠다.

엄마가 돌아오기를 기다리는 아이들

"제가 고1 때 엄마가 바람나서 가출했어요. 어떤 남자와 떠나는 엄마의 뒷모습을 보면서 저는 죽고 싶었어요. 물론 엄마에게 남자가 있다는 건 동네에 소문까지 날 정도였으니까 저도 다 알고 있었어요. 엄마에게 '그러시면 안 된다.'라고까지 이야기를 했어요. 엄마는 '절대 그런 일 없다.'라고 저를 안심시켜 주었고요. 제가 그렇게 사정을 했는데도 엄마는 저희를 뿌리치고 가 버린 거예요. 절망적이었어요. 엄마를 그렇게 많이 의지했는데 엄마가 저와 동생을 떠나 버리고 나니까, 그 트라우마 때문에 숨이 막혀서 옷을 못 입을 정도였어요. 속옷만 입고 있어도 옷이 나를 조르는 것 같아 죽을 것 같았어요. 사람이 싫었어요. 그러면서 정말 비참할 정도로 악착같이 10년을 살았어요. 그런데 10년 만에 엄마가 불쑥 나타난 거예요. 엄마는 혼자 너무나 행복하게 살아왔고요. 그런데도 저에게는 자기를 봐 달래요. 자기 사정을 알아 달래요. '내 삶이 더 괴로웠다. 너를 버린 것은 아니다. 결국 넌 아버지 편이구나.'라는 말을 쉽게 하시더라고요. 지금 저는 결혼해서 아이까지 있는 가장인데, '네가 혼자였다면 좋았을 텐데…. 내가 너를 데리고 살게.'라고 말씀하세요. 정말 화가 많이 나요. 다 포기하고, 그냥 어디 가서 3일만이라도 푹 쉬었으면 좋겠어요." - 고등학생 때 엄마에게 버림받았던 30대 남성

서른이 다 된 이 아들은 10년 만에 나타난 엄마로부터, 다시 고등학생 아들로 돌아와 주기를 바라는 '압박감'을 느끼고 있다. 이미 그에게는 사랑하는 아내와 어린 아들이 있다. 그런데 갑자기 나타난 엄마는 그를 다시 키워 주겠다며 집착하고 있다.

"네 아들과 네 아내가 없었으면 좋겠다. 엄마는 너하고 살고 싶다."

이 아들에게는 역할 혼돈이 생겼다. 정체성 혼란이 발생했다. "내가 가장인가? 아니면, 아직 고등학생인가?" 자기 마음대로 떠나 버렸던 엄마는 다시 자기 마음대로 아들에게 집착한다. 아들의 마음과 눈이 오직 자신만 봐 주기를 기대하면서….

그렇지 않아도 아들의 인생은 이미 만신창이가 되었다. 고혈압, 두통, 간염 등 온갖 질병을 벌써부터 겪고 있다. 엄마가 떠난 직후에는 공황 장애와 대인 기피증까지, 안 겪어 본 정신 장애가 없었다.

"아, 난 태어나지 말았어야 했나?"

그나마 아내를 만나 위로를 받았는데, 엄마는 그 며느리가 덤벙댄다며 별로 좋아하지 않는다. 엄마가 아내를 꾸중하면 아들은 남편으로서 기분이 좋지 않다. 느닷없이 나타난 엄마가 아들의 인생을 다시 뒤흔들어 놓고 있다. 그 엄마는 자식을 안아 줄 때와 보내야 할 때를 혼동하고 있다.

또 다른 어린아이가 엄마에게 매달리고 있었다.

"엄마, 나 한 번만 안아 주면 안 돼요?"

버림받은 아이는 자신을 버린 엄마를 만나 애절하게 부탁한다. 하지만 엄마의 대답은 날카롭고 차가웠다.

"안아 주면…, 안아 주면 어떡할 건데?"

"한 번만 안아 주시면 안 돼요?"

"괜히 서로 불행하게 만들지 말고 빨리 돌아가!"

새로 시집온 엄마는 몇 년 만에 만난 자신의 친아들을 싸늘하게 밀어내고 있다. 그 순간 아들은 엄마의 허리를 와락 끌어안았다. 엄마는 어쩔 줄 몰라 하며 아이를 떼어냈다. 하지만 아이는 평생 다시 오지 않을 기회를 잡은 것처럼 자신을 밀쳐 내는 엄마를 붙잡듯 끌어안았다.

한번 돌아선 엄마의 품은 돌처럼 딱딱해지나 보다. 새로 맞이한 남편에 대한 애정이 처음의 모성애를 등지게 하나 보다. 물론 그 속사정을 바깥 사람들이 다 알 수는 없겠지만, 자신의 아들딸을 그렇게 모질게 대하는 모습은 안타까울 뿐이다.

아이라면 누구나 엄마의 품을 그리워한다. 아이들은 하염없이 엄마를 기다린다. 중학생 아들도 엄마가 무릎베개해 주며 따뜻한 손으로 얼굴을 어루만져 주기를 기대한다. 그런 접촉이 부담스러운 엄마는 아이 외에 다른 것에 더 관심이 많은 사람이다. 다른 일에는 유능해도 엄마로서는 차갑다.

초등학생은 말할 것도 없고, 중학생이든 고등학생이든, 자녀를 아기처럼 사랑하라. "아이구, 우리 아가. 그랬어? 너무 너무 예쁘고 사랑스러운 우리 아가!"(아이의 등을 톡, 톡, 톡 두드리며…) 아직 늦지 않았다. 사랑은 기회를 남겨 두었다. 아이를 따뜻이 안아 주라! 그러면 아이들은 엄마를 사랑한다.

아이들에게 엄마란 공기다. 있는 동안에는 중요한 줄 모른다. 그저 삶의 당연한 조건이다. 하지만 물속에라도 들어가면 죽을 듯이 공기가 간절해지는 것처럼, 그렇게 그리운 것이 엄마다.

필자가 중학교 1학년이었을 때, 주일 오후만 되면 시골의 간이 정차장에서 부산에서 오는 시외버스를 기다렸다. 집에서 자전거를 타고 제법 가야 하는 정차장에는 진주, 부산에서 오는 버스들이 잠시 멈추고 지나갔다. 부모님이 먼저 부산으로 이사 가신 후, 몇 달 동안이었지만, 전학이 되지 않아 나만 뒤에 남아 있었다.

엄마를 기다리는 것은 주일 오후마다 있었던 나의 일상이었다. 주일이면 교회에서 일을 해야 하는 엄마가 오지 않을 줄 알면서도, 그리고 엄마는 그날 오겠다고 약속하신 적도 없었지만, '혹시나' 하는 마음에 기약도 없이 엄마를 기다리는 것이 그 몇 달 동안 내가 했던 일이다. 하루해가 다 가도록, 자주 오지도 않는 버스가 여러 대 지나가고, 버스에서 내리는 사람들 속에 엄마가 없는 것을 보고서야 자전거를 돌려 집으로 돌아왔다.

자식을 남인 것처럼 외면해 버리는 엄마라도, 그 뒷모습이라도, 멀리서 꼭 한 번이라도 보고 싶은 것이 아이들의 마음이다. 그래서 입양아들에게는 '엄마 환상'이란 게 있다. 터미널이든, 지하철이든, 백화점이든, 자신을 버리고 간 엄마가 그 어디에선가 꼭 자신을 바라보고 있을 것이라는 기대, 그 엄마를 언젠가는 반드시 만날 것만 같은 환상을 갖고 있다. 엄마 나이 또래의 여자들을 볼 때마다, '혹시 저 사람이 내 엄마일까? 혹시 저 사람은?'이라는 생각을 갖는다. 꿈에서도, 생시에서도, 아이들은 엄마를 꿈꾸며 기다린다. 아이는 엄마가 자기를 꼭 찾아와 줄 것이라는 희망의 끈을 놓지 않는다. 그리운 엄마!

이제 제발 아이에게 돌아가라. 마음으로, 몸으로, 기도로, 엄마는 아이에게 돌아가야 한다. 단 한 번이라도 아이를 깊이 품어 주라. 아이의 영혼이 불쌍하게 방황하지 않도록 엄마는 견고한 닻, 언제나 열린 품이 되어 주어야 한다. 강아지는 자기 주인이 병들고 아픈 할머니라도 배신하지 않는다. 혹시 엄마가 가난하거나 아프거나 초라해도, 아이 마음에는 엄마밖에 없다. 제발 아이를 괴롭히며 숨바꼭질하지 말라. 농담으로라도 엄마가 혼자 어디 가 버릴 것이라고 아이에게 장난치지 말라!

열일곱 살? 엄마에겐 아직도 아기다

"저는 한 번도 제 자신을 사랑해 본 적이 없어요. 제가 가지고 있는 것들이 전부 다 싫어요. 제 외모, 제 말투, 심지어 제 목소리도 싫어요. 사람들은 제 목소리가 좋다는 이야기를 자주 하는데, 또 노래할 때 멋있어 보인다 하는데, 그것조차 전부 싫었어요. 그래서 저는 거울을 안 좋아해요. 거울 보는 걸 싫어해요. 근본적으로 제가 저를 바라보는 시선이 전혀 바뀌지 않아서 많이 힘들어요. 이제는 잊어버렸지만, 어릴 때 엄마가 저희 삼 형제를 버리고 갔던 그때부터 제 인생이 완전히 달라진 것 같아요." – 어릴 때 엄마에게 버림받은 어느 30대 청년

엄마를 숨 쉬지 못한 아이들, 엄마를 누리지 못한 아이들, 엄마를 들이마시지 못한 아이들의 영혼은 시들어 있다. 힘이 없고, 풀이 죽고, 어깨가 축 처져 있고, 친구들을 만나서도 좀처럼 자신감이 없다. 오랫동안 자신을 지켜 주어야 할 큰 벽 하나가 너무도 일찍 허물어져 버렸기 때문이다. 그래서 아이는 너무 일찍 철이 들고, 낯선 사람도 두렵지 않고, 예의 바르고 누구에게나 공손하지만, 잠시 돌아서는 얼굴에는 깊은 외로움이 배어 있다. 아이답지 않게 너무 일찍 철들어 버렸다.

'엄마 결핍증'은 아이를 괴롭힌다. 엄마가 자신만 바라봐 주는 시간,

엄마가 내 친구 같은 시간, 엄마가 자신을 무조건 안아 주고, 쓰다듬어 주고, 예쁘다고 말해 주고, 세상에 대해 이야기해 주는 시간이 결핍되면, 아이의 영혼은 산소 결핍, 영양실조, 마음의 불안을 경험한다. 너무 일찍 어른이 되어 버린다. 아이는 아이다워야 한다. 엄마가 아이 취급을 해 줄 때 아이는 비로소 아이가 된다.

고3이 된 한 여학생의 소원은 엄마가 자신을 아기처럼 대해 주는 것이다.

"아유, 우리 아가 너무 예쁘네."

"오늘 하루 공부하느라고 힘들지 않았쩌요? 우쭈쭈!"

이 여학생이 아무리 생각해 봐도 자신은 너무 일찍 철들어 버렸다. 엄마를 이해하는 법을 너무 일찍 익혀 버렸다. 자신보다 남을 먼저 배려하는 것이 일찍부터 몸에 익었다. 그래서 우울하다.

아직 늦지 않았다. 아이가 고3이면 어떤가? 엄마가 바뀌면 아이도 바뀐다. 이제라도 아이를 안아 주면 아이는 원망과 불만을 내려놓을 것이다. 이제라도 아이를 아이처럼 안아 주라. 어른 취급하며 일찍 홀로서기 시키려 하지 말고, 엄마의 사랑스러운 아이로 다시 불러 주라. 아이를 너무 일찍 내보내고, 너무 일찍 멀리하는 게 문제일 뿐, 오래 끌어안고 있는 것은 잘못된 것이 아니다. 가끔은 아이를 아기처럼 안아 주고 아기처럼 불러 주라. 아이는 아이다워야 한다. 아이 나이에 어울리지 않는 어른 됨을 요구하는 부모들 때문에, 아이다운 아이들이 없다.

이제 목소리를 가다듬자. 아이를 부를 때는 다정하게, 한 옥타브 올려서 불러 보자. 아이의 이름을 불러 주고, 아기였을 때의 애칭으로도 불러 주자. "아이를 아이 되게!" 그것은 엄마, 아빠의 임무이다.

소중한 것은 아이의 생명!

"죽고 싶다는 생각을 정말 많이 해 봤어요. 그래서 죽는 게 어렵다는 것도 알고, 아프지 않고 죽는 법은 없다는 것도 알아요. 하나님께서 편하게 나를 안락사 시켜 주셨으면 좋겠다고 생각한 적도 있어요. 그런 면에서 신앙을 갖기 잘한 것 같아요. 힘들어 죽고 싶다는 언니들 가운데, 손목을 칼로 그었는데 안 죽더라는 이야기를 듣고 너무나 끔찍했어요. 며칠 전 학원 옥상에 가서 바람 쐬고 들어왔는데, 그러고 얼마 안 있어 같은 옥상에서 한 여자아이가 투신했다는 이야기를 들었어요. 내가 갔던 옥상에서 그랬다니까 너무나 섬뜩했어요. 유명 연예인이 죽은 후 베르테르 효과가 있다고들 하는데, 저는 그런 대중성은 따라가지 않겠다고 결심했어요." - 죽고 싶을 만큼 우울했던 중학생

필자는 어릴 때 시골에서 소를 치는 목동이었다. 그렇다고 많은 소를 거느린 목장은 아니었다. 많을 때는 네다섯 마리를 키웠는데, 내가 어릴 때는 고작 한 마리 암소만 키우고 있었다. 학교에 다녀오면 아이들과 함께 자기 집 소를 몰고 가서 뒷동산에 방목했다. 공동묘지, 정자나무골, 방천, 채밭골…. 우리가 즐겨 가던 소몰이 동산들이다.

해가 지면 그때까지 자유롭게 풀을 뜯던 자기 소를 찾아 집으로 돌아

간다. 마을에 들어서면 마치 개선장군이 된 것처럼 맘껏 뽐내며, 어른이 다 된 것 같은 기분으로 의기양양하게 집으로 돌아가곤 했다. 하지만 언젠가 하루는 그렇게 할 수 없었다. 그 많은 소들 가운데 우리 소만 찾을 수 없었기 때문이다. 아마 친구들도 우리 소를 찾으려고 도와주었을 것이다. 하지만 소는 보이지 않았다. 나는 빈손으로 집에 돌아왔다. 소가 없어졌다고 부모님께 말씀드렸다.

온 동네에 비상이 걸렸다. 동네 어른들이 너도나도 찾아왔다. 그리고 햇불을 챙겼다. 그때 앞장서 주었던, 내가 늘 '삼촌'이라 불렀던, 오촌 당숙의 얼굴이 아직도 생생히 기억난다. 삼촌은 몇 시인지도 알 수 없는 캄캄한 밤에 우리 집에 찾아와서 '소를 찾았다'는 반가운 소식을 전해 주었다. 소가 풀을 뜯던 곳에서 산을 넘어가, 밤이 되어 무서우니까, 언덕 아래 움푹 파인 곳에 들어가 혼자 앉아 있었다는 이야기도 함께 해 주었다. 시골에서 소는 식구나 마찬가지였다.

100마리 양 가운데 한 마리 양, 비어 있는 그 한 마리 양의 자리는 너무나 컸다. 그래서 착한 목자는 99마리를 안전한 곳에 두고 캄캄한 길을 혼자 훑으며 되돌아갔다. 캄캄한 언덕과 위험한 골짜기 사이를 샅샅이 뒤졌다. 멀리서 야생 동물들의 소리가 들리기 시작할 때는 혹시 그 양의 남은 살점이나 핏자국을 보게 되지는 않을지 불안했을 것이다. 바위 언덕을 올라가며 손이 찢어져도 아프지 않았다. 머릿속에는 온통 길을 잃은 한 마리 양 생각밖에 없었다. 바로 그때, 멀리서 가느다란 양 울음소리가 들린다. "매애애…." 목자는 뛸 듯이 기뻐한다.

이 세상에 귀하지 않은 아이는 없다. 아이는 숫자가 아니라 세상에 단 하나밖에 없는 보물이다. 예수님은 "누구든지 내 이름으로 이런 어린아이를 영접하면 곧 나를 영접함이요"(눅 9:48)라고 하셨다. 이럴 때 아이는 예수님이다.

학교에는 이겨야 할 경쟁자들만 있다. 학원에는 점수로 딛고 올라서야 할 잠재적인 적들만 있을 뿐이다. 그렇지 않으면 어떤 아빠의 말처럼 밑에서 등수나 깔아 주는 사람이 되고 만다. 높은 자리에 올라가야, 세상에서 자신이 소중한 사람이라는 것을 확인받을 수 있다고 생각한다. 혹 일류 대학에 들어간다고 해도, 또 다시 높은 경쟁률을 뚫고 취업에 성공하기까지는 자신이 어떤 중요한 사람이 되었다고 느낄 만한 이유를 찾지 못한다.

그래서 아이들이 탈진하고 우울해한다. 삶의 의미가 없어진다. 인간의 가치가 등수에 의해 매겨지고, 높은 등수를 얻기까지는 모든 사랑과 관심과 기쁨과 의미를 누리는 것이 보류되기 때문이다.

그래서 우리 아이들이 아프다. 죽고 싶을 만큼 아프다. 중학생들이 서로 위로한다. "다들 아프구나, 나만 아픈 게 아니었어." 그래서 자살은 하지 않기로 마음먹는다. 때 이른 죽음은 생각만 해도 끔찍하다. 그 끔찍함을 깨닫는 것은 청소년들에게 좋은 일이다. 생명은 소중하다. "자살하면 지옥 간다."라는 말을 이런 때는 마음껏 써야 할 것 같다. 지옥이 무서워서라도 죽지 않도록 말이다. 하나님께서 주신 내 아이가 지금 살아 있다는 것은 그 자체로 너무나 아름답고 감사한 일이다. 그러니 다른 불평은 하지 말자.

진정한 사랑의 가치는 공유할 때 나타난다. 사랑한다는 말, 고맙다는 말을 내일까지 미루지 말고 지금 자녀에게 말해 주어야 한다.

"사랑해!"

"낙심하지 마."

"끝까지 믿어 줄게."

"너도 우리를 믿고, 어떤 일이든 이야기해 줘야 해!"

"혹시 실패하고 스트레스를 받는 일이 있더라도 우리는 언제나 네 편에 있을 거야."

"네가 태어났을 때부터 너를 가장 잘 아는 사람은 엄마와 아빠야. 다른 걱정은 하지 마. 알았지?"

우리 아이들은 살아 있다는 것만으로도 최선을 다하고 있는 것이다. 『원죄』라는 소설에서, 기독교인이자 소설가인 미우라 아야코는, 고스케 목사의 입을 빌려 이렇게 말한다: "일이 더 중요하다는 생각은, 어딘지 잘못된 것 같다는 마음이 드네 그려. 인간에겐 생존하고 있다는 것, 그것만으로도 커다란 일인 거요.…앓고 있을 때에는 숨을 쉬고 있다는 것만으로도 벅찰 지경으로 큰일이야!"[62]

무엇이 중한가? 누가 어린아이의 생명을 함부로 생각하는가? 누가 아이의 마음보다 성적을 더 중히 여기는가? 아이는 자라고 있는 것만으로도 크고 중한 일을 하고 있다. 먹고, 자고, 숨 쉬고 있다는 것만으로도 벅차게 하루를 살고 있는 것이다. 거기에 무엇을 더해야 하겠는가? 무엇이 더해지면 비로소 내 마음에 맞는 아이라고 인정하겠는가? 아이의 마음은 개의치 않고 좋은 성적만 요구하는 엄마, 아빠는 아이의 생명을 아무렇게나 생각하는 냉정한 사람들이다.

반항아에 반역자였던 아들 압살롬이 죽었을 때, 아버지 다윗은 그렇게도 슬피 통곡했다. "내 아들 압살롬아, 압살롬 내 아들아, 내가 차라리 너를 대신하여 죽었더라면…. 압살롬, 압살롬, 내 아들아!" 세상 모든 엄마, 아빠들은 다윗의 뼈아픈 통한의 아픔을 기억해야 한다. 지금 사랑하라. 사랑받은 아이는 사랑하는 사람이 된다. 그런 사람으로 자라는 것은 세상의 기쁨이다. 아이는 먼저 사랑받아야 한다. 그러면 예수님의 사랑이 피어날 것이다.

아이에게 사랑한다고 말하자. 오늘, 그리고 내일, 가능하면 매일, 사랑한다고, 좋아한다고 말해 주자. 아이의 생명을 위해 아이의 마음을 소중히 여기자. 엄마, 아빠는 언제든 한 걸음 물러설 준비를 해야 한다. 아이가 버틸 힘이 없을 때는 밀지 말고 물러서라. 우선 아이를 쉬게 하고, 충분한 음식을 먹이고, 마음을 안정시켜야 한다. 아이는 반드시 살아야 한다. 아이가 거친 숨을 몰아쉬며 휴식을 취한 후에는 다시 인생을 시작할 수 있다. 하지만 그 기회를 놓치고 후회하는 부모가 얼마나 많은가?

# 이혼·재혼한 부모라면 더 '특별'해져야 한다

"엄마, 아빠가 이혼하실 때, 부부 사랑이 깨질 수도 있구나 생각하며 많이 분노하고 배신감을 느꼈어요. 엄마, 아빠가 이혼하시기 전에 우리는 행복했었는데, 그 행복이 깨졌어요. 그때 엄마는 저에게 '네가 너무 스트레스 받지 않으면 좋겠다.'라고 하시면서 용돈도 많이 주시고, 처음 2년 동안 최대한 저와 함께해 주셨어요. 제가 생각할 때 그것이 저의 탈선과 분노를 막아 주고 안정을 찾게 해 주었던 것 같아요. 정확한 기억은 나지 않지만, 엄마와 함께한 것이 정말 좋았어요."
— 20대 청년

이혼과 재혼 경력이 있는 부모라면 '특별해져야' 한다. 아이들에게 친부모와의 사별이나 부모의 이혼은 너무나 특별한 사건이다. 상황은 너무나 특수한데, 부모가 아무렇지 않은 듯 너무 평범하게 지내면 아이들은 고통을 당한다.

문을 잠그고, 가죽 장갑을 끼고, 골프채로 딸을 때린 그 아빠는 무시무시한 사람이었다. 하지만 자신을 피해 숨어 있는 딸을 회유하는 솜씨는 소름이 돋을 정도로 기가 막혔다. 그 아빠는 폭력적인 언어를 전혀 사용하지 않았다. 20분 대화하는 동안 그 아빠의 언어는 청산유수였다.

폭력을 견디다 못해 집을 나가 버린 딸을 자신이 얼마나 걱정하는지, 자신이 변화되기 위해 얼마나 노력하는지, 딸이 집에 돌아오기만 하면 앞으로 얼마나 예뻐하고 사랑해 줄 것인지, 딸을 어르고 달래는 말솜씨가 듣는 사람의 마음을 감동시킬 정도였다. 누구도 그 말의 진정성을 의심할 수 없을 것 같았다.

하지만 딸은 그런 아빠의 속을 읽고 있었다. 그렇게 발랄하고, 명랑하고, 새처럼 말을 잘하던 아이가, 아빠가 말하는 내내 꽁꽁 얼어 있었다. 아이의 말과 표정은 공포로 굳어 있었다. 그리고 아빠와의 긴 대화에서 아이는 딱 한 가지 단어만 썼다.

"네."

저명한 신학자였지만 전처의 아이들을 학대하거나 방치했던 아버지, 가출한 딸을 죽음으로 몰아간 아버지, 그들에게 아쉬운 점은 그들이 너무나 '평범한' 아빠들이었다는 사실이다. 사랑하는 엄마와의 사별, 그리고 아버지의 재혼이라는, 아이들에게는 너무나 당황스럽고 특별한 상황에서, 그 아버지들은 너무나 '평범하게' 행동했다. 엄마 잃은 아이들의 뼈아픈 울음소리를 이 아버지들은 너무나 쉽게 간과해 버렸다. 새로운 부부 관계에 집중하느라 아이들의 신음소리를 살피지 못했다. 오히려 재혼한 부부 관계를 친밀하게 만드는 수단으로 자기 자녀를 미워했다. 부부 중 한 사람은 자녀의 잘못을 고자질하고, 다른 한 사람은 그 일로 분노하고 아이에게 벌을 주면서, 부부 자신들은 동질감 내지 친밀감을 느꼈다. 자녀들의 필요는 특별한데, 아버지들은 너무나 무심했다. 분노하고 처벌만 할 줄 아는 단순한 아버지들은 회개하고 돌이켜야 할 죄인들이다.

아울러 누군가에게 의붓어머니, 의붓아버지가 되었다면, 그들 역시 특별해져야 한다. 새로 생긴 자녀들을 특별한 축복으로 여기고, 친자식처럼 사랑해야 한다. 아브라함 링컨을 제대로 키운 것도 의붓어머니였다. 링컨은 일찍이 친엄마를 여의고, 열 살 때 새엄마와 함께 살기 시작했다. 당시 새엄마 사라 부시(Sarah Bush Lincoln) 여사에게는 이미 세 명의 친자녀들이 있었다. 하지만 그녀는 두 명의 의붓자식들을 친자녀와 똑같이 대했다. 그 결과 어린 링컨에게 '엄마'(mama)라는 친밀한 호칭을 들을 수 있었다. 그녀 자신은 남편처럼 문맹이었지만, 아들 링컨의 재능을 알아보고, 일찍부터 성경, 이솝 우화, 로빈슨 크루소, 천로역정과 같은 책들을 읽혔다. 링컨도 책 한 권을 빌리기 위해 수 마일을 걸어갈 만큼 책을 좋아하는 사람이 되었다. 아이들은 자기가 좋아하는 사람을 닮는다.

링컨 대통령은 새엄마가 착하고 친절한 엄마였다고 회고했다. 새엄마는 링컨이 성실하고 정직하며 유머 감각이 탁월하고, 배우는 일에 성실한 모범생이었다고 회고했다. 사실, 링컨의 전설적인 유머 감각은 새엄마에게 배운 것이었다.

새엄마는 언제나 웃기를 좋아했고, 링컨을 대하는 그녀의 태도는 늘 따뜻했다. 열여덟 살이 되었을 때 링컨의 키는 6.4피트, 즉 195cm가 되었다. 링컨이 부모님의 농장 부엌에 들어설 때면 머리가 천장에 닿을 정도였다. 새엄마는 언제나 그의 큰 키를 두고 농담했다. "만일 네가 머리를 감지 않으면 천장에 그 자국이 남을 걸!" 이 말을 들은 링컨은 새엄마가 없을 때 친구들 몇 명을 불러 모았다. 그리고 진흙탕에 한 명씩 발을 담갔다가, 그들을 거꾸로 들어서 천장에 발자국을 만들었다. 잠시 후

돌아온 새엄마에게 머리를 감지 않았더니 저런 발자국이 생겼다고 허풍을 쳤다. 새엄마는 실소를 감출 수가 없었다. 그리고 엉덩이를 때려 주겠다고 링컨을 '협박'했다.

의붓어머니, 의붓아버지가 된다는 것은 흔한 일이 아니다. 물론 단순하거나 쉬운 일도 아니다. 그들은 특별하고 새로운 삶의 각오로 새 남편 혹은 새 아내의 친자녀들까지 품어야 한다. 자기 연민에 빠져서 신세 한탄을 할 시기가 아니다. 자신의 인생이 중요하듯, 이제는 새로 생긴 자녀들을 중요하게 여기며, 그들과 대화의 문을 열어야 한다. 최고의 관심 표현 방법은 대화이다. 최고의 대화는 관심을 가지고 아이에게 묻고 아이의 말을 경청하는 것이다. 올바른 자녀 양육과 교육의 출발점은 아이의 목소리에 귀를 기울이는 것이다.

'뉴스위크'(Newsweek) 기자였던 린다 프랭키는 '이혼과 자녀들'이라는 제목으로 기사를 준비하고 있었다. 그리고 가장 먼저 자신의 딸들을 인터뷰했다. 3년 전, 자신이 이혼할 때, 아이들이 좀 안됐다는 생각을 했기 때문이다. 하지만 아이들이 말하는 것을 듣고는 기겁하지 않을 수 없었다. 엄마로서 어떻게 그렇게 아이들의 마음을 모를 수 있었는지, 아이들이 엄마에게 보낸 신호를 어쩜 그렇게 완전히 무시하고 있었는지…. '만일 당시에 조금이라도 그런 상황을 알았더라면, 아이들을 위로하고 달래 줄 수 있었을 텐데…. 적어도 아이들의 말을 경청해 줄 수는 있었을 텐데….' 하는 안타까운 마음이 생겼다.

그래서 딸들에게 물었다. "왜 진작 엄마한테 그토록 마음이 힘들었다고 이야기하지 않았어?" 그때, 둘째딸이 어색하게 웃으면서 대답했다. "엄마가 안 물어보셨잖아요!"

엄마와 아빠가 서로 갈등상태에 있을 때는, 각자 자신에 대한 자기 연민이 강하기 때문에, 그 순간에는 아이들이 보이지 않는다. 아이들이 조용하게 지내 주면 잘 적응하고 있다고 생각한다. 부부 갈등이 지속되는 동안, 아이가 얼마나 비참해하는지 엄마, 아빠는 상상도 하지 못한다. 그러는 사이에 아이들은 깊은 고뇌 속에서 외로이 그 고통을 겪고 있다.

부부의 갈등과 이혼은 아이들을 아프게 한다. 그 아픔이 얼마나 깊은지는 당사자인 아이가 아니면 모른다. 그러므로 부부는 별거나 이별 문제에 관해 신중해야 한다. 자신의 고통이 아무리 크다 해도 반드시 아이에게 먼저 신경 써야 한다. 아이의 표정을 살피고, 마음은 괜찮은지 물어야 한다. 그리고 아이가 말하는 동안에는 고개를 끄덕이며 공감해 주어야 한다.

아이가 힘들 때, 마음이 아프지 않느냐고, 정말 괜찮으냐고 물어 주기만 하면 된다. 힘든 상황과 그 이유에 대해 엄마, 아빠에게 자세히 말해 달라고, 친절하게 질문하라. 대답은 이미 아이가 갖고 있다.

이제 평범함을 거절하라. 저절로 잘될 거라는 낙관론을 접으라. 재혼한 가정의 아이들에게는 특별한 돌봄이 필요하다. 그리고 그 특별한 필요는 부모의 경청과 공감으로 해소된다. 링컨의 의붓어머니처럼 친밀함과 사랑을 보여 줄 때, 아이의 아픔은 해소된다.

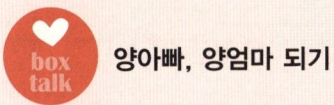 **양아빠, 양엄마 되기**

반항적이고 예민한 새끼 쥐나 새끼 원숭이를 안정적이고 따뜻한 양엄마에게 맡겼을 때 놀라운 결과가 나타났다. 스트레스를 많이 받고 두려워서 꼼짝도 못하던 새끼들이 이런 양엄마 아래에서 매우 용기 있고 탐험적이고 친구들 사이에서 리더십 있는 동물로 자랐다. 따뜻한 양엄마의 특징은 다음과 같다.

1. 따뜻하다.
2. 먹을 것을 골고루 나누어 준다.
3. 안전을 지켜 준다.
4. 탐험을 허락한다.
5. 위험이 있으면 경고한다.
6. 함께 있으면서 버릇없이 자라지 않도록 경계선을 세워 준다.
7. 해야 할 것과 하지 말아야 할 것을 제대로 가르쳐 준다.

 **네가 살아 있다는 사실 하나만으로도!**

"그냥 빨리 죽었으면 좋겠어요. 저는 집에서 존재감이 없어요. 칭찬해 주신 적은 없고 혼만 내는 엄마, 아빠가 있는데, 제발 나만 혼내지 말고, 동생도 좀 혼냈으면 좋겠어요. 엄마가 화나면 저더러 '키우기 싫으니까 나가라.'고 하실 때도 있어요. 집에서 저는 언제나 나쁜 존재예요. 이 생활이 지겨워요. 빨리 끝났으면 좋겠어요. 예수님이 오셨으면 좋겠어요. 마지막 날이 올 때 불이 떨어지고 세상이 끝난다고 했는데, 불이 떨어져서 죽었으면 좋겠어요. 무엇보다도 엄마가 잔소리할 때가 제일 싫어요. 학교는 재미도 없고, 나를 알아주는 사람도 별로 없어요. 저는 못생겼어요. 엄마도 아빠도 여동생을 더 예뻐해요. 여동생은 저보다 신발도 많고…. 저는 사촌형에게 물려받은 것만 입어요. 저도 새 옷과 새 신발을 신어 보고 싶어요." – 죽고 싶을 만큼 슬픈 중학생

내 아이가 지금 살아 있는가? 그렇다면 거두절미하고 우선 생명을 지켜 주신 하나님께 감사하라. 아이가 살아 있음은 엄마, 아빠에게 최고의 축복이다. 바로 지금 감사하라. 그리고 무조건 사랑한다며 안아 주라. 하라는 공부는 하지 않고 항상 게임에만 빠져 있는가? '이놈' 때문에 죽을 만큼 화가 나고 힘든가? 그래도 감사하라. 내 아이가 살아만 있다면, 내 아

이가 살아만 준다면, 그 얼마나 감사한 일인가?

1900년대 초에 유행한 독일의 표현주의 판화들 가운데 'Kindertod' 즉 '아이의 죽음'(Child's Death, 1919)이라는 작품이 있다. 여러 비슷한 작품들 가운데서 유난히 이 작품이 눈에 띄었던 이유는, 쪼글쪼글한 맨손으로 거친 흙과 돌을 집어, 죽은 아이를 덮는 한 노파의 비장한 얼굴 때문이었다. 판화에 그려진 돌멩이 하나, 할머니가 둘러쓴 옷자락조차도, 마치 조그만 아이의 유골을 디자인한 것처럼 보인다.

처음엔 이 노파가 아이의 어머니처럼 보였다. 하지만 자세히 보면 먼 발치에 서서 얼굴을 손으로 덮고, 차마 자신의 눈으로 죽은 아이를 바라보지도 못한 채 서 있는 한 여인이 있다. 배 부분이 유난히 도드라진 것을 보면 아기를 낳은 지 오래되지 않은 것 같다. 어찌 자기 손으로 아이를 묻을 수 있겠는가? 그녀가 어머니임에 틀림없다. 그나마 인생을 좀 더 산 할머니가 이렇게 일찍 떠나 버린 그 어린 것을 책망하며 발부터 몸까지, 그리고 차마 덮기 힘든 아이의 얼굴 위에까지 돌 섞인 흙을 뿌린다. 당시만 해도 여인이 아이를 낳는 것은 생사가 달린 일이었다. 지금도 아마존 밀림에서는 의사 한 명이 없어서 엄마와 아이가 함께 죽는 일이 허다하다.

내 아이 가운데 하나라도 이 세상에 없다는 것을 상상이라도 할 수 있는가? 아니다. 그 끔찍한 일은 아예 생각조차 할 수 없다. 세상 어느 부모가 자신을 앞서 가는 자식을 상상이나 할 수 있을까? 하지만 지금도 아이를 잃고 피눈물 흘리는 부모들이 많다. 죽은 아이에게 달려오며, "아이가 지금 젖 달라고 울었어요."라고 울부짖는 젊은 엄마의 마음을 아는가? 유괴 살해된 초등학생 딸 때문에 관절 마디마디의 힘을 잃고,

길바닥에 주저앉아 좀처럼 일어날 수 없을 만큼 기운이 다 빠져 버린 한 젊은 엄마를 기억하는가? 불치병으로 훌쩍 떠나 버린 초등학생 아들 때문에 죽기보다 더 힘든 죄책감을 지고 이곳저곳을 방황하며 사는 엄마의 삶의 무게를 아는가?

변명은 필요 없다. 지금 살아 있는 내 아이의 생명 자체만으로 무조건 감사하라. 지금 아이의 생명을 유지하시는 하나님께 감사할 뿐이다. 아이의 있는 모습 그대로, 하나님이 빚으신 그대로, 내 아이를 사랑스럽게 받아 주라. 내 아이만큼 내가 잘 알고, 나를 의지하고 살아가는 생명체가 세상에 또 있는가?

집이 텅 빈 둥지가 될 때까지 수단과 방법을 가리지 말고 사랑해 보자. 아이를 건강하게 키운 다음, 케네디 우주 센터를 떠나는 로켓처럼 멋지고 영광스럽게 날려 보내자. 그래서 자기에게 정해진 우주 궤도를 돌게 하자. 날아가는 로켓은 멋있지만, 남아 있는 발사대는 그다지 볼품없다. 여기저기 깨지고 시커멓게 그을린다. 아이를 떠나보낸 내 인생은 그렇게 볼품없을지 몰라도, 내 아이들이 넓은 세상에서 자기 할 일을 열심히 하고 있다면 그 얼마나 자랑스럽고 영광스러운 일인가?

이제 하나님께 감사의 기도를 드리자. 감사를 위한 어떤 조건, 어떤 제목이 더 필요한가? 지금 여기 내 아이가 있지 않은가? 그리고 그 자식 때문에라도 하나님을 두려워하며 하나님 앞에서 겸손히 행하라. 자기 것을 자랑하거나 교만하거나 남을 미워하지 말고, 정직하며 남을 속이지 말라. 자식을 생각해서라도 나쁘게 살지 말고, 아이 얼굴 한 번 볼 때마다 하나님께 "감사합니다."라고 말하라. 습관처럼 감사하는 엄마, 아빠가 되라.

부모의 사랑이 아이의 영혼에 예수님을 심는다

"저의 아이는 귀신을 자주 봐요. 심지어 아이가 화낼 때는 마치 귀신의 눈을 가진 것처럼 보일 때가 있어요. 제가 아이를 낳기 전에 저승사자를 꿈에서 본 적이 있는데, 그것 때문은 아닌지 모르겠어요. 내가 무슨 이야기를 하면, 아이는 혼잣말로, '영자가 하는 말, 내가 들었어!'라고 말할 때도 있어요. 무슨 뜻인지 모르지만 소름이 끼치기도 해요. 혼자 중얼거리며 욕을 하기도 하고, 욕을 할 때는 누구의 목소리인지 모르는 앙칼진 소리를 내요. 어릴 때는 5층 집에서 뛰어내리겠다고 협박하는 바람에 가족들이 놀라기도 했고요." — 중학생 아들을 둔 엄마

구타와 따돌림으로 고생하는 중학생의 엄마는 아이의 예측할 수 없는 행동 때문에 자주 놀랐다. 그리고 깊은 죄책감을 가지고 있다. 그러나 사랑은 귀신을 내쫓는다. 모든 두려움과 죄책감을 몰아낸다. 사랑을 받으면 아이의 영혼은 변한다.

아이의 영혼은 억압당해서는 안 된다. 심지어 신앙과 말씀으로도 아이들의 영혼을 눌러서는 안 된다. 어떤 엄마는 아이가 아플 때마다 안찰한다며 아이를 때렸다. 아이가 반항하면 아이 안에 마귀가 있다면서 더 아프게 때리고 아이의 영혼을 눌러 버렸다. 아이는 신앙을 갖기는커녕

엄마에 대한 깊은 미움만 생겼다. 그래서 게임 중독에 더 빠지고, 유독 엄마에게만 거짓말을 일삼았다. 이빨로 손톱을 깨물며 불안한 증상을 보이기도 했다.

놀라운 것은, 이후에 엄마가 자신의 잘못을 인정하기 시작한 것이다. 자신이 아이에게 잘못했다는 것을 인정하고, 아이에게 미안하다며 마음의 상처를 어루만져 주었다. 이젠 아이가 변하기 시작했다. 아이가 게임에 흥미를 잃었다. 엄마에 대한 공포가 사라졌고, 더 이상 거짓말을 해야 할 필요를 느끼지 못했다.

아이를 변화시키는 것은 목청껏 외치는 율법이 아니라 엄마, 아빠의 인격적인 변화다. 엄마, 아빠가 그렇게 변했을 때가 곧 예수님을 이야기해야 할 때다. 이 회복이 예수님을 위한 공간을 만든다.

아이의 영혼은 세상에서 가장 보배로운 공간이다. 불순물이 섞이면 안 된다. 영혼의 벽에 상처를 주어서도 안 된다. 절대 아무나 들어와서도 안 된다. 절대 아무에게나 주어서도 안 된다.

아이의 영혼은 오직 그 아이를 사랑하시는 하나님의 것이다. 그 영혼 속에는 가장 소중한 보배, 그를 가장 사랑하시는 하나님의 아들 예수님만 담겨야 한다. 그를 아껴 주고, 사랑해 주고, 지켜 주실 수 있는, 그리고 영원히 책임져 줄 수 있는 예수님만이 그 복된 영혼 안에 계셔야 한다.

아이가 자기 영혼에 우상을 두는 것은 탐욕을 모시는 것이다. 자기 몸에 사탄을 부르는 것은 자기 파멸을 부르는 것이다. 아이 영혼에는 예수님만 계셔야 한다. 우리 자녀들의 영혼을 살리고, 창조와 영생의 아름다움을 영원에 이르도록 회복시키는 것은 부활하신 예수님밖에 없다. 예수님을 모시는 것은 아이들 자신과 그들의 가정과 인류를 위해 가장 탁월한, 인격적인 선택이다. 자신의 영혼에 예수님을 초청하도록 아이를 권면하라. 그리고 함께 기도하라.

아이는 자신의 가장 소중한 생명을 오직 예수님께만 드려야 한다. 자신의 마음에 오직 예수님만 모셔야 한다. 아무것도 모시지 않았다면 자신을 모신 것이고, 사실은 우상을 모신 것이다. 어떤 아이라도 예수님을 모시는 것을 이해하지 못할 만큼 어리지 않다. 심지어 서너 살 아이라도 자신의 마음을 예수님께 드릴 수 있다. 아이에게 복음 전하는 것을 미루지 말라.

부모의 마음이 아이의 영혼을 따뜻하고 포근하게 둘러싸고 있다면, 부모는 더 이상 주저하지 말아야 한다. 아이가 담대하고 용기 있게 예수님을 모실 수 있도록 예수님 이야기를 해 주어야 한다. 예수님의 따뜻한 마음이 느껴지도록 아이를 진심으로 사랑해 주어야 한다.

사랑받은 어린아이는 신학자가 될 수도 있다. 그런 아이는 자기만의 특별한 방법으로 하나님을 경험할 수 있기 때문이다. 종이와 연필을 주었을 때 네 살 난 에스더는 예수님의 머리와 면류관과 발이 스케치북 밖으로 나가 있는 그림을 그렸다. 왜 그랬을까? "하나님은 너무 커서 종이에 다 그릴 수가 없어요."라고 에스더는 말했다.[63]

두 살 난 엘리야는 엄마에게 말했다. "이야(엘리야가 자신을 가리키는 이름)는 거룩해요." "거룩(holy)이 무슨 뜻이야?" 엄마가 물었다. 엘리야는 아기인 여동생의 배를 토닥거리면서 말했다. "이야는 예수님 같아요. 내가 아기하고 같이 있어 주었어요!"라고 엄마에게 말했다.[64]

사랑받은 아이는 사랑을 흉내 낸다. 사랑은 언제나 우성이다. 아이는 거친 환경 속에서도 자신을 향한 사랑이 소량이라도 있다면 매우 기뻐

한다. 그리고 그 소량의 사랑을 풍성하게 누린다. 게다가 자신을 사랑해 준 그 사람 안에 있는 예수님을 보고, 믿고, 닮아 간다. 그 사람 속에 있는 예수님을 자기 예수님으로 삼는다. 그때부터는 예수님께서 그 아이 속에서 일하신다.

어떤 부모는 자기 아이에게 복음 전하기를 주저한다. 아이가 커서 스스로 신앙을 선택하거나 결단해야 한다고 생각한다. 유아 세례 주기를 주저한다. 하지만 그것은 부모의 중대한 책임을 회피하는 것이다. 부모 자신의 신앙에 자신감을 가지고 아이에게 반드시 예수님을 전해야 한다. 사랑받은 아이는 스스로 믿음을 결정한다. 사랑이 전부다. 아이를 사랑하는 엄마와 아빠와 그 가족들로부터 예수님은 환영을 받는다.

따뜻한 엄마, 아빠는 아이를 위해 성경을 읽어 준다. 그림 성경책을 같이 읽는다. 잠을 자기 전에 다윗과 골리앗 이야기를 해 준다. 불을 끈 잠자리에서 엄마, 아빠가 들려주는 성경 이야기는 아이가 평생 주님과 동행하게 한다. 아이가 혼자 영적인 여정을 걸어갈 때도 잠잠히 곁에 있어 준 엄마, 아빠로 인해 아이는 예수님을 더 가까이 느끼며 산다.

엄마, 아빠는 아이들의 신앙 체험과 결심을 잘 듣고 축하해 주어야 한다. 예수님을 모신 마음, 예수님 때문에 다른 친구를 배려한 아이의 행동에 대해 칭찬해 주자. 청소년 자녀의 세례나 입교를 온 가족의 행사로 만들어 보자. 아이 혼자만의 선서나 세례가 아니라, 온 가족이 함께 축하하고 즐거워하는 모임이 되게 하자. 내 아이의 영혼이 그리스도께 속하고, 그리스도의 소유가 되는 것이 얼마나 특별한가?

그러므로 이제 아이를 사랑한 부모는 자유를 누려야 한다. 그 자유는 아이들에게 순종을 요구할 자유이다. 그 순종은 하나님을 향한 순종이다. 아이를 사랑한 부모는 아이에게 순종을 요구할 수 있다. 아이에게 순종을 요구할 때 아이의 삶과 신앙을 다듬을 수 있다. 아이와 서로 사랑하고 공감하는 관계가 세워졌다면 무엇이든 원하는 대로 시도해 보자. 같이 성경을 읽고, 같이 설교 말씀을 토론하자. 말씀을 생활에 적용하게 하고, 오늘 순종해야 할 부분들을 이야기하게 해 보자.

가난한 사람을 업신여기지 못하게 하고, 힘든 이웃을 사랑으로 돌보게 하자. 이웃 사랑을 실천하기 위한 꿈을 갖게 하고, 자원 봉사를 하게 하자. 그리고 하나님이 주신 미래에 대해 토론해 보자. 하루하루의 경험에서 오는 하나님의 음성을 분별해 보자. 하나님의 뜻이라고 믿었던 일이, 하나님의 뜻이 아닌 것으로 드러났을 때의 모순을 아이와 이야기해 보자. 우리가 원하던 목표가 좌절되었을 때 하나님은 어떻게 행하실 것인지 이야기해 보자.

아이를 꾸중해야 할 때 꾸중하고, 격려해야 할 때 격려하자. 약할 때 부축해 주고, 사나워질 때 차분히 가라앉혀 주자. 아이에게 공감하는 부모라면, 아이를 적절하게 좌절시키는 것도 아이에게는 약이 된다. 아이와의 공감이 잘 이루어지고 있다면 어떤 훈육 방법이든 의미 있게 소통된다. 사랑 안에 자유가 있다.

 ## 엄마가 떠나 버린 자리에 자라는 사랑

"아버지, 저도 마사끼 씨(* 병원 옥상에서 뛰어내려 자살한 28세 청년)라는 분의 심정을 알 수 있을 것 같아요. 저도 제 자신이 이 세상에서 무엇과도 바꿀 수 없는 존재라는 것을 잘 모르겠어요. 사실은 어떤 사람도 저마다 무엇과도 바꿀 수 없는 존재일 텐데, 그것을 실감하지 못하겠어요. 누가 진심으로 '요오꼬는 무엇과도 바꿀 수 없는 존재'라고 말해 준다면 알 수 있을지 모르지만…. 마사끼 씨라는 분도 누구에게 진정한 사랑을 받고 있었더라면 죽지 않았을 거예요." – 미우라 아야코의 『빙점』중에서[65]

아이 양육에서 엄마의 역할에 집중한 심리학자 도널드 위니캇은 일부 여성들에게 비난을 받았다. 그가 아이 양육을 지나치게 엄마의 일로만 부담 지웠기 때문이다. 그럼에도 불구하고 필자 역시 엄마의 역할을 강조하는 이유는 다른 누구도 엄마를 대신할 수는 없기 때문이다. 하지만 어쩔 수 없는 상황에서 엄마 없이 성장과 성숙의 과업을 수행하며 자라야 하는 많은 아이들이 있다. 그들을 위한 위로와 회복의 방편 역시 중요하다.

많은 심리학자들은 '유아를 돌보는 대상(object)'이라는 말을 쓸 때, 반드시 엄마만을 지칭하지는 않는다. 그 아이를 돌보고 있는 성숙한 어른이라면 누구든지 '대상' 혹은 '자기대상'(self-object)이라고 부를 수 있다. 상황과 형편에 따라 아이를 돌보는 사람은 얼마든지 달라질 수 있기 때문이다. 그 대상이 아빠라 하더라도, 만일 그 아빠가 아이에게 집중하고 아이를 사랑한다면 아이는 건강한 인격으로 자랄 수 있다고 말한다. 그것을 가리켜 심리학자 하인츠 코헛(Heinz Kohut)은 '보상'(compensation)이라고 불렀다.

그러므로 엄마와 사별한 아이 주변의 어른들은 아이를 위해 건강하고 책임감 있는 어른 한 사람이 친엄마의 빈자리를 채울 수 있도록 도와야 한다. 엄마와 아빠가 별거를 하거나 이혼을 할 때도 아이들은 쉽게 방치되거나 조부모들에게 떠넘겨진다. 이 어린아이들은 너무 이른 나이에 트라우마와 애도의 과정을 겪고 있다. 이들을 위해 전문 상담가들이 필요하다. 이 아이들을 친구들과 연결시켜 줄 가족과 같은 공동체가 필요하다. 예컨대 시골 할머니 댁에 맡겨져 외롭고 고달픈 생활을 하는 아이들에게 교회는 확대된 가족이 되어 줄 수 있다. 교회에 다니지 않는 할머니라도 주일에는 손자, 손녀들을 교회에 맡길 줄 안다. 교회는 좀 더 세밀하게 아이들의 필요를 살피고, 완벽할 수는 없지만 주일 하루만이라도 아이들이 엄마의 사랑과 환대를 느낄 수 있도록 한 명 한 명을 따뜻하게 영접해야 한다.

아울러 엄마 없이 이미 성인이 되어 버린 이들에게도 전문 상담가의 도움은 절실히 필요하다. 신데렐라에게서 보듯 엄마의 결핍은 의외의 증상들을 동반할 수 있다. 신데렐라는 아빠마저 부재했던 상황 속에서, 세상 사람들을 착한 사람과 나쁜 사람, 이 두 종류로 나누고, 생쥐들과 이야기하고, 요정 엄마와 대화하며, 왕자님과 쉽게 사랑에 빠졌다. 신데렐라는 일상적인 대인 관계에서 자신감을 갖거나 경계선을 설정하기에 매우 힘든 상태에 있었기 때문이다. '도깨비'라는 텔레비전 드라마에서도 보듯, 엄마, 아빠의 부재는 정신적 · 영적으로 심각한 장애를 가져오고, 영적으로 억압을 당하거나 나쁜 영적 대상들을 만나거나 소통하게 하는 혼란을 일으킬 수 있다. 하지만 모든 사람이 똑같은 증상을 보이는 것은 아니다. 상담자들은 이런 가능성들을 염두에 두고, 아이가 엄마 없이 혼자 성장의 과업을 수행해 온 것을 축하하고 위로해야 한다. 아울러 아이가 가진 자아(ego)의 기능과 대인 관계, 무엇보다도 하나님과의 관계가 사랑 안에서 견고해질 수 있도록 도와야 한다. 그 힘든 시기를 견디고 이렇게 성장한 것만으로도 얼마나 대견하고 자랑스러운 일인가?

상담은 다른 사람의 눈으로 자신을 보게 해 준다. 엄마나 아빠, 할머니나 다른 어른들이, 나의 성장 과정에서 나 자신의 모습을 보게 해 주지 못했다면 상담자는 새로운 눈으로 나를 보게 해 줄 것이다. 마치 내가 보물섬인 듯, 나의 장점과 단점, 나의 멋과 가능성, 잠재력과 자원들을 많이 찾아 줄 것이다. 그러므로 교회와 상담자에게 도움을 요청하는 것은 주저할 일이 아니다.

특히 좋은 기독교 상담자는 자신을 사랑할 수 있는 능력을 회복시켜 준다. 불안하거나 두려워하지 않고 자신 있게 삶의 도전들을 이겨 나갈 수 있는 힘을 준다. 내 인생에서 가장 중요한 시간에 엄마가 없었더라도 지금 나는 혼자가 아니다. 교회의 소그룹을 찾아 확대된 가족을 만들어 보자. 인간관계에서 좌충우돌하며 혼란을 겪고 있다면, 나를 위해 진심으로 기도해 주는 공동체 안에서 그 관계를 정리할 방법을 찾을 수 있다. 하나님의 사랑, 교회 공동체의 돌봄, 상담자의 전문성, 성령님의 위로 안에서 엄마의 부재로 인한 결핍은 충만한 사랑으로 분명히 채워질 수 있을 것이다.

에필로그

아직도 늦지 않았다

아동복지센터에 맡겨진 아이들에게는 두 가지 소원이 있다고 한다. 첫째, 하교할 때 아동복지센터 차를 타야 하는데, 다른 아이들의 눈에 띄지 않는 근처 골목길에서 그 차를 탔으면 하고 바란다. 친구들이 다 보는 학교 정문에서 복지센터 차를 타면 몹시 자존심이 상하기 때문이다. 둘째, 엄마나 아빠가 하루빨리 자신들을 데리러 오기를 바란다. 아동 보호소에 머물고 있는 아이들은 엄마, 아빠를 손꼽아 기다린다. "우리 아빠는 내년 설날에는 꼭 나를 데리러 온다고 그랬다."라며 장담할 수 없는 일을 자랑한다. 그런 말이라도 해서 자신의 불안을 달래는 것이다. 어쩌면 기다림을 이미 포기해 버린 고아원생들보다 이 아이들은 더 고통스럽게 하루하루를 살아간다. 현재 우리나라에는 4,200개가 넘는 아동복지센터가 있다.

어른들에게는 가장 평범하게 보이는 것이 아이들에게는 가장 특별한 돌봄이다. 엄마, 아빠와 함께 자기 집에서 사는 것 자체가 가장 큰 선물이다. 엄마, 아빠가 직접 키워 준다면 아이들의 얼굴은 꽃처럼 환하게 피어난다. 더구나 부모가 따뜻하게 공감해 준다면 아이는 삶에 대한 자신감이 생기고, 인생을 살아갈 용기를 얻는다.

그런데 그런 평범한 것을 기대하기에는 오늘날 엄마, 아빠가 너무 바쁘다. 엄마와 아빠의 관계가 좋지 않으면 상황은 더 나빠진다. 부모 자신의 성공에 대한 야망, 경제적인 어려움, 나쁜 부부 관계로 인한 자기 연민이 아이들을 방치하게 만든다. 자기 일에만 몰입하는 부모에게 아이는 우선순위에서 언제나 두 번째 혹은 그 이하이다. 부모가 잘못을 깨닫고 뒤늦게 후회하지만, 건강한 가족 관계로 변화되기 위해 올바른 방법을 찾기보다는 당황스러운 자녀의 모습에 우왕좌왕할 뿐이다. 아이들은 참 많이 참는다. 그리고 오래 기다린다. 엄마, 아빠가 돌아올 때까지…. 그리고 엄마, 아빠의 태도가 변하기를…. 아직 늦지 않았다. 부모가 먼저 변하면 아이의 모든 문제는 한결 쉽게 풀린다.

  이 책을 쓰게 된 것은 고민하는 부모들의 요청 때문이었다. 성공한 직장 여성이지만 초등학생 아들과 함께 노는 것이 어색한 엄마, 서른 살 넘은 아들이 게임에만 빠져 있어서 절망하는 엄마, 강박증으로 고생하는 고등학생 딸 때문에 좌절하는 엄마…. 엄마들의 사정은 다양하다. 그들의 문제는 현실이다. 문제란 진단과 해결의 시작점이다. 당황스러움과 절망은 '변하라'는 요청과 신호이다. 아이의 변화를 원한다면 엄마, 아빠의 변화가 우선이다.

  물론 아이들에 비해 부모의 태도는 좀처럼 쉽게 변하지 않는다. 아빠들의 변화는 엄마들의 변화보다 더 힘들다. 아빠들은 자신의 급하고 거친 성격을 좀처럼 바꾸려 하지 않는다. 하지만 정확한 진단이 있으면 구체적인 변화를 도모할 수 있다. 필자는 이 책이 지금 일어나는 혼란의 가깝고 먼 원인들을 성찰하는 데 작은 도움이 되기를 희망한다. 원인을 알고 나면 우선 안심할 수 있고, 미래를 어느 정도 예측할 수 있다. 거기서 방법이 나온다.

엄마와 아이의 관계, 가정의 정서적 분위기, 언어의 선택, 자녀에 대한 기대 조절, 그리고 하나님 사랑의 전달에 이르기까지, 필자는 이 책을 통해 부모인 독자들이 자녀와 더불어 살아가는 하루하루의 일상생활을 진단하고, 오류를 반성하고, 서로 변화를 도모해 가기를 기대한다. 그런 의미에서 이 책은 부모가 틀렸다는 선고가 아니라, 이제 다시 한 번 기회를 찾아보자는 처방이다.

자신의 변화는 고통스럽다. 그러나 부모의 변화는 아이의 인생을 바꾼다. 심지어 자식이 마흔 살이 되었다고 해도 아직 남은 기회가 있다. 자녀와의 관계는 반드시 좋아질 수 있다. 이제 부모인 내가 먼저 변할 준비를 해 보자. 성령님께서 그 변화에 기름 부어 주시길 축복한다.

주

1. http://www.simplypsychology.org/attachment.html
2. 스테판 밋첼 & 마가렛 블랙,『프로이트 이후: 현대정신분석학』, 이재훈 역(서울: 한국심리치료연구소, 2002), 223. 밋첼과 블랙의 책에 대한 미주는 전문적 연구자들을 위한 참고 사항이다. 독자들의 이해를 위해서는 이 책의 목적에 맞게 그 내용을 풀거나 쉬운 말로 바꾸어서(paraphrase) 설명하기로 한다.
3. http://www.bundoo.com/articles/6-different-baby-cries-and-what-they-mean/
4. http://www.simplypsychology.org/attachment.html
5. 밋첼 & 블랙,『프로이트 이후: 현대정신분석학』, 222-223.
6. 밋첼 & 블랙,『프로이트 이후: 현대정신분석학』, 222.
7. 밋첼 & 블랙,『프로이트 이후: 현대정신분석학』, 91.
8. 밋첼 & 블랙,『프로이트 이후: 현대정신분석학』, 95.
9. 밋첼 & 블랙,『프로이트 이후: 현대정신분석학』, 84-85.
10. http://www.simplypsychology.org/attachment.html
11. 밋첼 & 블랙,『프로이트 이후: 현대정신분석학』, 130-132.
12. 밋첼 & 블랙,『프로이트 이후: 현대정신분석학』, 220-221.
13. 밋첼 & 블랙,『프로이트 이후: 현대정신분석학』, 189, 191.
14. 밋첼 & 블랙,『프로이트 이후: 현대정신분석학』, 82, 84.
15. http://www.simplypsychology.org/attachment.html
16. http://www.simplypsychology.org/attachment.html
17. http://www.simplypsychology.org/attachment.html
18. 밋첼 & 블랙,『프로이트 이후: 현대정신분석학』, 221.
19. Jane B. Brooks, *The Process of Parenting* (New York: McGraw-Hill Education, 2012), 287.
20. 밋첼 & 블랙,『프로이트 이후: 현대정신분석학』, 89.
21. 밋첼 & 블랙,『프로이트 이후: 현대정신분석학』, 104.

22. Brooks, *The Process of Parenting*, 14.
23. 밋첼 & 블랙, 『프로이트 이후: 현대정신분석학』, 132.
24. Todd Cartmell, *Project Dad: The Complete Do-It-Yourself Guide for Becoming a Great Father* (Grand Rapids, MI.: Revell, 2011), 53.
25. Gary Poole은 미국 윌로우크릭 교회에서 16년간 청소년 사역을 하면서, 어떤 상황에서든 대화를 시작할 수 있는 질문서, *The Complete Book Of Questions: 1001 Conversation Starters For Any Occasion* (Grand Rapids, MI.: Zondervan: 2003)을 저술했다.
26. 댄 킨들런, 『알파 걸』, 최정숙 역(서울: 미래의창, 2007).
27. Karen E. McFadden and Catherine S. Tamis-LeMonda, "Fathers in the U.S.," David W. Shwalb, Barbara J. Shwalb, Michael E. Lamb, eds., *Fathers in Cultural Context* (New York and London: Loutledge, 2013), 262.
28. Brooks, *The Process of Parenting*, 15.
29. http://en.wikipedia.org/wiki/Robert_Todd_Lincoln
30. 루 프로올로, 『네 자녀에게 성경을 가르치라』, 김영실 역(서울: 미션월드라이브 러리, 2005), 50-53.
31. Eric Jenson, "The Effects of Poverty on the Brain," 2006. http://www.brainbasedlearning.net/effects-of-poverty-on-the-brain/
32. Gail MaEachron, *Self in the World: Elementary and Middle School Social Classes* (New York: McGraw-Hill Humanities, 2001), 82.
33. Jeanetta G. Riley and Rose B. Jones, "Acknowledging Learning Through Play in the Primary Grades," *Childhood Education*, Spring 2010, vol. 86. no. 3, 147.
34. Brooks, *The Process of Parenting*, 331.
35. Les Parrott III, *Helping the Struggling Adolescent* (Grand Rapids, MI.: Zondervan, 1993), 213-214.
36. Bonnie Miller-McLemore, *Let the Children Come* (San Francisco: Jossey-Bass, 2003), 141.
37. http://www.todaysparent.com/family/family-health/the-working-parents-guide-to-dealing-with-sick-kids/

38. National Center for Health Statistics. "Health, United States, 2011: With Special Features on Socioeconomic Status and Health." Hyattsville, MD; U.S. Department of Health and Human Services; 2012.
39. William Damon, *The Moral Child* (New York: Free Press, 1988), 2. Brooks, *The Process of Parenting*, 187-188에서 재인용.
40. Catherine Stonehouse & Scottie May, *Listening to Children on the Spiritual Journey: Guidance for Those Who Teach and Nurture* (Grand Rapids, MI: Baker Academic, 2010), 117.
41. Stonehouse & May, *Listening to Children*, 114.
42. Daniel Goleman, *Emotional Intelligence: Why It Can Matter More Than IQ* (New York: Bantam, 1995).
43. Carolyn C. Brown, *Raising Children To Love Their Neighbors: Practical Resources for Congregations* (Nashville: Abingdon, 2008).
44. https://storyfunding.daum.net/episode/1231
45. 수잔 브라이슨,『이야기해 그리고 다시 살아나』, 여성주의 번역 모임 '고픈' 역 (서울: 인향, 2003), 92.
46. Parrott III, *Helping the Struggling Adolescent*, 48-53.
47. Brooks, *The Process of Parenting*, 142.
48. 이 부분의 글은 2012년 10월「기독교보」에 게재한 "깨뜨린 계란과 떨어진 계란"이라는 시론을 부모 권위의 관점에서 인용하고 재서술한 것이다.
49. 박혜란,『목사의 딸』(서울: 아가페북스, 2014), 163.
50. 우리 구원론에는 "돌이켜 어린아이와 같이 되는 것"이 포함되어 있지 않다. 아마도 어떻게 하는 것이 어린아이와 같이 되는 것인지 선명하지 않아서일 수도 있다. 아니면, 이 말씀을 시적(poetic)으로 해석하기 때문일 수도 있다. 하지만 예수님은 분명히 이것을 구원에 대한 가르침에 포함시키셨다.
51. "돌이켜 어린아이들과 같이 되지 아니하면"이라는 말씀에는 동사 2개가 포함되어 있다. "돌이켜"라는 말은 과격하고 급한 질적 변화를 요구하는 말이고, "어린아이같이 되라"는 말씀은 아이를 모델로 삼아 살아야 한다는 말이다.
52. 왜냐하면 유태인이나 어떤 성인이라도 말씀 시작 부분에 "진실로" 곧 "아멘"이라는 말을 할 수 없었기 때문이다.

53. http://www.brainyquote.com/quotes/quotes/d/davidducho601808.
html#bRuZ5fAywGO15It6.99
54. 수잔 브라이슨,『이야기해 그리고 다시 살아나』, 114.
55. 존 맥아더,『하나님의 방식으로 자녀 키우기』, 마영례 역(서울: 디모데, 2001), 167-178.
56. 신은자, "부성 상실을 경험한 어린이를 위한 영성 상담",「목회와 상담」, Vol. 25(2015), 150-189.
57. http://www.parenting.com/news-break/love-em-extra-sensitive-caregiving-increases-these-skills-kids
58. 박혜란,『목사의 딸』, 121.
59. 앤드류 머레이,『자녀를 하나님의 사람으로 만드는 43가지 지혜』, 최예자 역 (서울: 프리셉트, 2005), 142-143.
60. Kathryn L. Soper, *Gifts: Mothers Reflect on How Children with Down Syndrome Enrich Their Lives* (Bethesda, MD: Woodbine House, 2007).
61. Soper, *Gifts*, xxi.
62. 미우라 아야코,『원죄』, 맹사형 역(서울: 양우당, 1983), 270.
63. David M. Csinos & Ivy Beckwith, *Children's Ministry in the Way of Jesus* (Westmont, Ill.: IVP, 2013), 73.
64. David M. Csinos & Ivy Beckwith, *Children's Ministry in the Way of Jesus*, 73.
65. 미우라 아야코,『빙점』, 최현 역(서울: 범우사, 1983), 380. 이 말은 게이조오 (요오꼬의 의붓아버지이자 의사)가 자신의 병원에서 자살한 마사끼 군에 대한 의사로서의 절망을 이야기할 때 요오꼬가 답변한 내용의 일부이다. 아기 때 엄마, 아빠의 버림을 받고 입양된 요오꼬는 자기 출생의 비밀을 알게 되고, 오해를 받아 자살 시도를 하게 된다.